日本中世史の核心

頼朝、尊氏、そして信長へ

本郷和人

JN153830

朝日文庫

本書は二〇〇六年五月、講談社より刊行された『人物を読む 日本中世史——頼朝から信長へ』を改題し、加筆・修正しました。

はじめに

いまそこにある危機

日本史がうまくない。前近代史がとくにうまくない。私はいくつかの学校で中世史を講義しているのだが、最近の学生たちはびっくりするほど日本史を知らないのだ。たしかに大事なのは「考える」ことである。後述する故実家《こじつか》ではあるまいし、ものを「知って」いればエラいというわけではない。けれども知らないにも限度がある。それしか知識がないんじゃあ、いったい何を材料に考えを組み立てるんだい？　思わず問いつめたくなるほどに、歴史的知識が欠けている。

間違えてほしくないのだが、私は「今時の子は……」などと言うつもりは毛頭ない。たしかに「ええっ!?」と仰天する場面は存在する（たとえば小野妹子ならまだしも、聖徳太子を女性と認識していた等）が、そういう困った学生はいつの時代にもいたに違いない。学生たちの多くは、昔も今も、問題意識に富んでいてよく考え、吸収力が旺盛で勉強熱心なのだ。

結局のところ、前近代史は人気がない、そういうことなのだろう。だから学ぶ意欲もわかない。大学であれば、履修する学生が多くない。研究者を目指す人も少ない。学校側も、教員が退任したあとを補充しない。全国的に見ると、教員ポストがどんどん減っているのである。そうすると、今度は優秀な若手研究者の就職機会が激減する。新人が補充できないと、活力は目に見えて失われていく。学界も企業と同じである。このままでは、前近代分野から生気が抜け落ちるまで、さほど時間はかからないのではないか。

人気がないことの極めつきは、高校の必修科目から日本史が外されたことであろう。グローバリゼーションを意識してか、世界史は必修なのに、である。

イヤな言葉だが所謂《いわゆる》先進国の中で、ナショナルヒストリーを重視しない国などない。どう考えても、よそ様の心配をするよりも、自分ちの様子をつらつらとおもんぱかるのが先だと思うのだが。自分が何者かを把握してこそ、世界を舞台に活躍できるのではないか。

それくらいの理屈は、高校生であっても、十分に開陳できるはずだ。それなのに、彼らからも先生からも親たちからも、日本史軽視という措置につき、今のところ格段の不満は出ていないようである。やはり日本史は、相当に、人気がないのだ。

なぜ日本史は人気がないのか

なぜなのだ？？　小谷野敦氏は『バカのための読書術』（ちくま新書、二〇〇一年）の中で、歴史の書き方を大きく二つに分ける。

Ａ．藤原道長の栄華とか、信長、秀吉、家康とか、有名人、つまり政治家や軍人を中心とした歴史。

Ｂ．中世の民衆はどういう生活をしていたか、人口変動はどうだったか、といった民衆史。

その上で、氏はズバリと述べる。Ｂはマルクス主義史学といわれるものの方法であって、戦後アカデミズムに大きな位置を占めてきたが、これがどうも面白くない、つまらない。

さらに比較文学研究者、芳賀徹氏の四〇年以上前に書かれたと覚しき文章（司馬遼太郎『酔って候』文春文庫版の解説より）が、嬉しそうに引用される。

「最近人物研究が再び盛んになってきたのは、戦後ようやく社会科学として地歩を固めた日本の歴史科学の正道に逆らい、それをねじまげようとする反動攻勢の一環である」

——数年前のことにせよ、こういった身ぶるいするほど勇しい議論が中心的な専門雑誌の「学界展望」特集号に掲載されたりするような、実に保守自閉的な日本の歴史学界なのであった。（中略）名も個性もないノッペラボーな「人民」や「民衆」が、おきまりの「暗黒」のなかからおきまりの「変革のエネルギー」を発揮したりする「歴史科学」を書く代りに、（司馬の作品のようなものを書いてみろ＝大意）

なるほど。外からはそう見えるんだよな……。小谷野氏の率直な物言いは羨ましい限りだが、それはそれとして、もちろん、「面白い」には「あはは」という面白さ、「うーむなるほど」というしみじみとした面白さ、「ああ、そうだったのか」と知的好奇心を満足させる面白さ、いろいろあるわけであるし、Bの叙述方法を選択したのはなにも左派の学者ばかりではない（この点は小谷野氏も指摘している）ので、氏の議論のこの部分にすぐさま賛同するわけにはいかない。まして、芳賀氏（あの「新しい歴史教科書をつくる会」の理事でもあった）の挑発は問題外である。私はもう少し小谷野氏のいう「保守自閉的な」学界の片隅に棲息したいから、笑いをかみ殺して声を大にして再度言う。問題外である。

面白い物語でもいいではないか

若者が歴史から遠ざかった理由について、小谷野氏はこのほかにも種々の要素を挙げて興味深く説明しているが、それについてはかの本を購入し直《じか》にあたっていただくとして、さてそこで。Ａの政治家たちを中心とした人物史である。

戦前の歴史学界を支配していた皇国史観は、天皇が至高の存在であることを学問の大前提とし、また人物を歴史叙述の基礎単位としていた。天皇に忠義であったか否か、忠臣か逆臣かで人物を評価し、その人物の行動をあとづけることによって歴史物語を描写したのである。こうした歴史認識が軍国主義を支える理念として機能したことは、疑いようのない事実であった。そのため敗戦を契機として、過ちを痛切に自覚した歴史学界は皇国史観を排斥し、Ａの手法をも否定し、封印した。

Ａはたしかに、科学としての歴史学から逸脱する危険をはらんでいる。だからといって、Ａを頭から否定するのはどうなのだろう。Ａがかつて皇国史観と親しかったから、私たちは過剰にＡを毛嫌いしては来なかったか。「うつけ」信長《のぶなが》の破天荒ストーリーとか、「サル」秀吉《ひでよし》の出世物語とか、「たぬき」家康《いえやす》の苦労話とかは文句なしに面白いし、それをきっかけに歴史に興味をもつ人が増えてくれれば、日本史という学問にとって、決してマイナスにはなるまい。子どもの頃にそうした物語に親しんだ経験は、将来きっと日本史への親近感に成長するに違いない。誤った認識に毒された人には歴史学に近づいてほしくない、などというのは、研究者の思い上がり以外の何物でもないだろう。

日本史の不人気をどうするか。どうしたら日本史に親しんでもらえるか。そう問題を立てたとき、答えはいくつもあるだろうけれど、少なくともこれは提言できる。Aを活用しない手はない！　そろそろ皇国史観アレルギーを克服し、人物史を展開して、人物への興味からも歴史学に踏み込んでもらってはどうだろう。

ただし、そうは言っても、まさか歴史研究者が歴史物語を書くわけにはいかない。いや、不遜《ふそん》な物言いになったので、言い直す。私には司馬遼太郎のような作品は、逆立ちしても書けない。司馬氏の創造した坂本竜馬《さかもとりょうま》や土方歳三《ひじかたとしぞう》のかっこいいこと！　私などには絶対にムリである。ではどうやって。どのようにしてAを書いたらいいのだろうか。それを考えてみよう。

人物史の書き方

人はそれぞれの環境に身を置いて生活をしている。環境の側からは、さまざまな問いかけがなされる。人の生とは、かかる問いへの応答の総体に他ならない。それゆえに歴史的人間を考察する際には、この相関関係に留意する必要がある。

歴史的人間が環境を自分なりに解釈し、歴史的な行動を起こす。この時、彼の行動を理解するには、「三つの視点」から複合的に観察するべきである。

① 彼自身が環境をどう解釈し、その上でどのように考え行動したか。
② 彼の周囲の人々が環境をどう解釈し、彼の行動をどう判断するか。
③ 現在の私たちが、当時の環境をどう解釈し、彼の行動をどう判断するか。

この、いわば三層からなる観察と分析は、一つとして欠くことができない。

それから、もう一つ。分析は実証的でなくてはならない。憶測や感想をもとに、勝手に考察することは許されない。なぜそのように考察し、解釈するのか。証拠を明示しながら、他の人の検証に堪える人物解析が求められる。

たとえば皇国史観を例に取ってみよう。この歴史の見方においては、①と②とは顧みられることがなかった。当時の人々の如何《いかん》を知る努力は、まったくなされなかったのである。その代わりに、天皇に忠実であれば善、しからずんば悪、という不動の理念がまずあって、その物差しで過去を裁断していく。つまり異様な(「物差し」自体への批判が禁じられているという意味で)③だけによって人物史が構築されたのであり、これでは到底、誰もが実証可能な科学とは言い難い。

国文学との比較

論理的な説明だけでは退屈であろう。話を分かりやすく進めるためにも、ここで私が提案している人物史のあり方を、国文学における人間の捉え方と比較してみよう。実例として、北朝に仕えた重臣たちをとりあげる。まことに恐縮だが、私の友人であり、たいへんに優秀な国文学研究者である小川剛生《たけお》氏の論述を参考にさせていただく(出典は「『園太暦《えんたいりやく》』と北朝の重臣たち」、五味文彦編『日記に中世を読む』所収、吉川弘文館、一九九八年)。

足利尊氏《あしかがたかうじ》(一三〇五~五八)と直義《ただよし》(一三〇六~五二)兄弟が水面下で権力闘争を繰り広げていた、一三四〇年代後半の朝廷。光明《こうみよう》天皇(一三二一~八〇)は政務に意欲を燃やし、人事を厳密に行おうと努めた。恣意《しい》的な人物の取捨は、朝廷全体の士気の低下に結びつく、との判断からである。

この時に大いに議論されたのが、官僚の推薦制度であった。大臣など高位の貴族は、従者や縁者、自らに近しい人物をしかるべき官職に推薦する権利を有していた。この権利はいわばポイント制で、加算することで上位の官職への推薦が可能になった。

吉野花本？

具体的に問題になったのは「二合《にごう》」の制度であった。ポイント1の「史生《ししょう》」とポイント2の「目《さかん》」（各国の№4）を推薦する権利を足し合わせる（二つを合わせるから「二合」）ことで、ポイント3の「掾《じょう》」（各国の№3）を申請するというもの。大臣であれば二年に一回の申請を許可する。大・中納言は四年に一回申請してよい。参議以下は認めない、などの規定があった。

朝廷の人事は一年に一、二回催される「叙位《じょい》・除目《じもく》」で一斉に行われるが、当時は南北朝の争乱の最中であり、時としてこの儀式が行われないことがあった。そうすると「叙位・除目」がなかった年の分を「二合」に含めていいのか、いけないのか。それが争点になった。

分かりにくいのでもう少し説明する。ある大臣は一年目の叙位・除目で誰も推さなかった。とすると二年目の叙位・除目では「二合」の申請ができる。ここまでは普通。でもたとえば、一年目が戦乱の年で叙位・除目ができなかったとする。だから、大臣は誰も推すことができなかった。そこで、二年目の叙位・除目。昨年は推してない。だから、今年は二合ができる？ それとも去年はノーカウントと見なし、できない？

光明天皇は「叙位・除目」が執り行えぬのは非常事態であるから、「二合」に含めるのは不可である、と主張した。これに対し、二条良基《にじょうよしもと》（一三二〇～八八）や洞院公《とういんきん》賢《かた》（一二九一～一三六〇）らが故実に範を求めつつ、反対の論陣を張る。光明天皇は官位は貴重なものであるから、軽々に与えてはならないと考えていた。良基や公賢は近しい者の速やかな出世を願った。

この事案を先述の「三つの視点」にあてはめてみよう。小川氏も指摘しているように、①光明天皇や良基・公賢は叙位・除目での人事が政治的にきわめて重要であると認識している。加えて②朝廷に属する貴族たちも同様の考えを共有していたと想定できる。だからこそ、彼らは互いに容易に退かず、真摯に討議を重ねていたのだ。

ところが、である。実際に「二合」によって任命された人を見て、私はアホらしくなってしまった。一三四六（貞和二）年の新任名簿にはこうある。

下野掾　　　吉野花本（良基「二合」）
美濃大掾　　藤原宗継（関白「二合」）
長門大掾　　栄山花繁（権大納言藤原資明「二合」）
安芸大掾　　藤井繁清（権大納言源通冬「二合」）

藤原宗継なら分かるけれども、吉野花本だって？　栄山花繁？　そんな名前の人は実在しないだろう、いくら何でも。なんだ、推薦する人なんて実際には存在せず、架空の人名で名簿を埋めるのか。

たしかに考えてみれば、掾が仕事をするべき各国の国衙《こくが》（現在の県庁）は、武家の守護所に機能を奪われて久しい。各国の№1の「守《かみ》」ですら有名無実になっているのだから、№3の「掾」になるべき官人がいなくても不思議はない。

そうすると、ここで大きな疑問が生じてくる。二条良基、洞院公賢を「故実家」（先例に通暁する人）として見るならともかく、朝廷をリードする政治家であることを考慮した場合、空理空論に執着する彼らをどう評価すべきだろうか。

国文学は「故実家」としての彼らをきわめて高く評価する。それゆえに、小川氏が説くように、「儀礼としての体裁を整えるために、架空の人名の申文（推薦書）を出すことも多かった。それでも除目の重要さは聊《いささ》かも減じなかった」の叙述が容易に成立し得る。

だが、歴史学的に人を論じるなら、彼らはまずは朝廷政治を担う重臣として判断されねばならない。武士たちが勢力を伸ばし、京に置かれた幕府は朝廷を圧倒しつつある。そんな時に「吉野花本」で本当にいいのか？　過去の慣習を重んじ、現実を見つめないでいいのか？

ここで、どうしても③の視座が必要になる。当時の政治状況の解析を進めながら、歴史的人間の理解を深めていかねばならぬのだ。

北朝消滅計画

もう一つ例を引く。これは右の例などとは比べものにならぬ、重大事であった。観応《かんのう》の擾乱《じょうらん》（足利尊氏と直義の争い。本書「第五章　足利尊氏」を参照）が勃発して一年、一三五一（観応二）年末、足利尊氏は鎌倉にある直義を討伐するため、軍を率いて東に下った。翌年閏《うるう》二月、尊氏不在の京都に南朝軍が侵攻、光厳《こうごん》・光明・崇光《すこう》（尊氏が方便として南朝に降伏したために、崇光天皇は皇位を降り、南朝の後村上《ごむらかみ》だけが皇位にあった）の三上皇と皇太子直仁《なおひと》親王を連れ去った。当時の南朝の指導者、北畠親房《きたばたけちかふさ》

（一二九三～一三五四）の、乾坤一擲《けんこんいってき》の大博打だった。皇位の周辺にいる人物を根こそぎ拉致することにより、北朝の消滅を策したのである。

足利義詮《よしあきら》（一三三〇～六七）は程なく京都を奪還したが、京都の朝廷からは天皇が消えてしまっていた。困り果てた幕府は、それでもしぶとく対策を練り、ついに奇想天外な対応策を打ち出した。光厳上皇の生母、広義門院《こうぎもんいん》藤原寧子《やすこ》（西園寺公衡《さいおんじきんひら》の娘。当時六一歳、一二九二～一三五七）を、むりやり政務を総攬《そうらん》する上皇（治天の君、という）になぞらえ、ついでその広義門院の意思として、光厳上皇の第二皇子弥仁《いやひと》王を即位させたのである。後光厳天皇（一三三八～七四）であった。

小川氏によると、ちょうどこの頃、奈良の春日山の木々が枯れ始めた（枯槁《ここう》という）。被害総数八〇〇〇本。春日山の枯槁は藤原氏の氏神である春日大明神の怒りであると考えられており、それまでも武家との間に政治的緊張が生じたときに見られたという。当時左大臣の地位にあった洞院公賢はこの事態を深く憂慮し、春日大明神を鎮めるための方途を模索した。同時に、新帝の即位ばかりを重要視する関白二条良基を厳しく批判した。

幕府あっての天皇制

「三つの視点」にそってまとめてみよう。①についていうと、公賢は春日枯槁を重く見ていた。良基は新帝擁立の方に熱心であった。②については、おそらく貴族たちは公賢に批判的であった。というのは、彼の子息の実世《さねよ》は南朝の柱石であり、公賢は南朝にも受けがよい。そのために南朝軍が京に入ったとき、公賢は朝廷の政務責任者に指名されていた。南朝軍が没落して北朝再建の運びになると、良基が返り咲き、公賢は権勢を失った。新帝践祚《せんそ》の政治的動向から公賢は疎外されており、だから彼は半ばふて腐れているのだ、一大イベントに対して冷ややかなのだ、と人々から見られていたに相違ない。

公賢のメンタリティーを探るにあたり、小川氏は「践祚と枯槁と、どちらが重大かを（いま私たちが）議論する事は意味をなさないが〈（　）内は筆者の注〉」と述べている。国文学の立場からすると、そうなのかもしれない。しかし、歴史学から見ると、それは絶対に違う。たしかに①の視点、公賢にとってはそうだろう。仲間はずれにされた意地からもそうした見方を内外に表明したであろう。しかし③の視点を設定してみれば、彼らから時間的距離をとって眺めてみれば、践祚は枯槁よりも明らかに重大事なのである。とくに、この時は。

詳しくは本文をお読みいただきたいのだが、室町幕府は朝廷と一体化し、その権限を吸収していった。将軍権力も天皇固有の機能を包摂するようになり、天皇の地位は時を逐《お》って低下していく。貴族たちは天皇に臣従するように将軍に仕えるようになっていき、三代将軍足利義満《よしみつ》（一三五八〜一四〇八）などは事実上の治天の君として振る舞った。幕府の朝廷に対する、将軍の天皇に対する優越、こうした趨勢《すうせい》の決定的な画期となったかもしれないのが、後光厳天皇の嗣立《しりつ》なのである。

三上皇と皇太子の拉致。それにより天皇の系譜は、事実上途絶えてしまった。もはや朝廷は、天皇の存在を自ら復元することができなかった。天皇は幕府の窮余の一策によって再興されたのであり、幕府あっての天皇、という図式が天下に明示されたのである。北朝があるから幕府が成り立ち得るのではない。室町幕府があるからこそ、北朝が延命できたのだ。

こうした歴史理解なくして、政治家としての洞院公賢は考察できない。人を、彼が生きた状況に置いてみることは重要である。だが同時に、当時の観念にいたずらに囚われていたのでは、人間が時間という大きな流れの中で果たした役割は、見えてこないのである。それこそが③の視座——時間の流れの中で人を見る——を立てる所以《ゆえん》である。

人物の内面――「悪人」尊氏の内なる声

「三つの視点」の①は「人はどう行動したか」であったが、本当はさらに視線を沈潜させて、人の内面についても知りたいところである。つまり、人はどう思ったか、どういう感情を有していたのか。

環境からの干渉が穏やかであれば、「思う」ことと「行う」ことを直線的な因果関係として実現できる。たとえば干渉を理解しない幼児は、「思った」ことを直ちに実行に移す。人目のないところであれば、自分を厳しく律する人は希《まれ》である。

けれども、何らかの分野で傑出している歴史上の人物の場合、それだけ環境からの要求が苛烈であって、両者は単純には結びつかない。泣いて馬謖《ばしょく》を斬らねばならぬこともあるだろうし、愛するが故に別離することもあったろう。結果としての行動からは、人の内面を捕捉することは難しい。この課題については、歴史学的なアプローチは、国文学的なそれに遠く及ばない。

次の文書を見てほしい。これは足利尊氏が清水寺に捧げた願文《がんもん》である。読んでみよう。

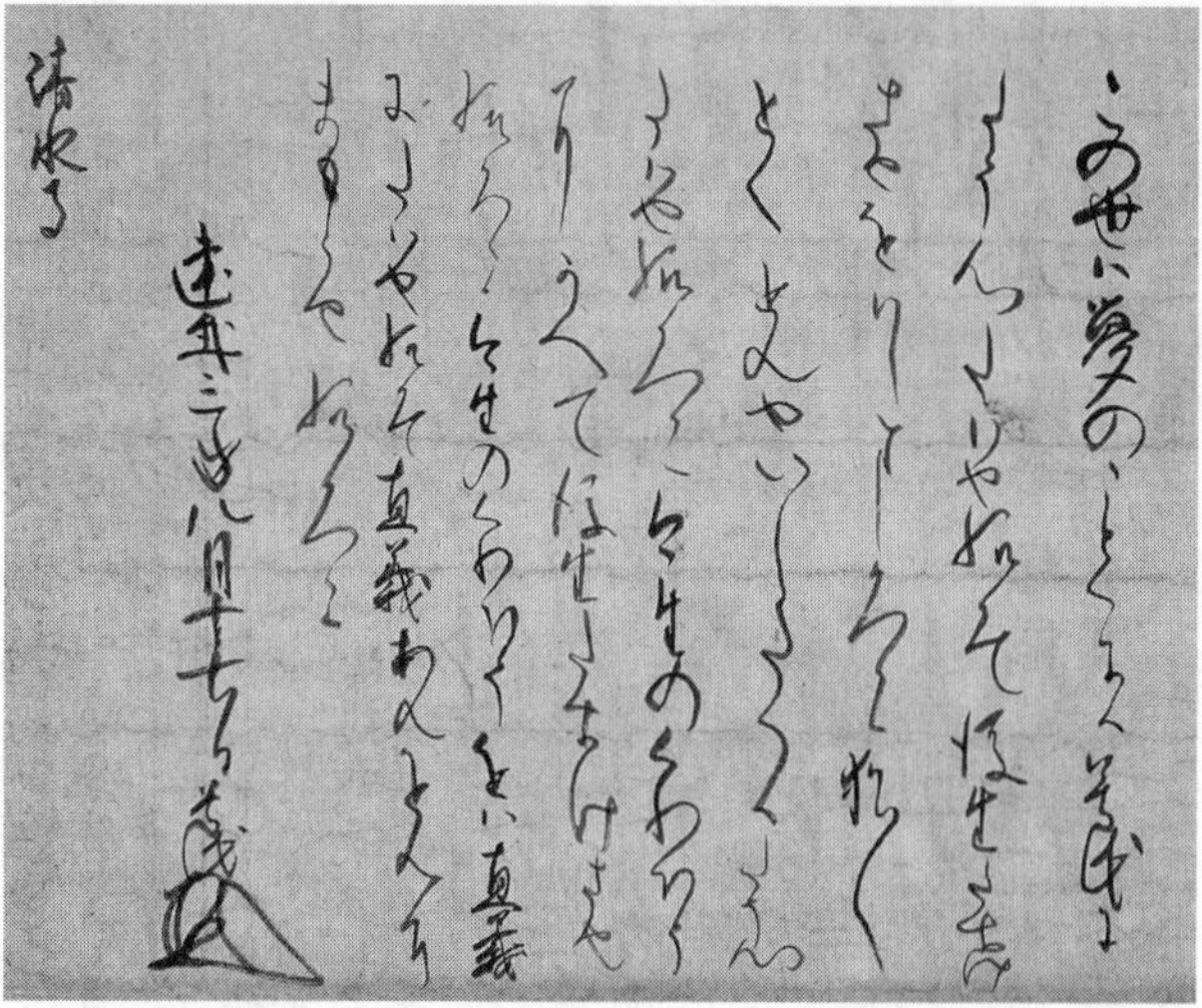

足利尊氏自筆願文（常盤山文庫所蔵）

この世は夢の如くに候。尊氏に道心賜せ給候て、後生救けさせをはしまし候べく候。猶々疾く遁世したく候。道心賜せ給候べく候。今生の果報に代へて後生救けさせ給候べく候。今生の果報をば直義に賜せ給候て、直義安穏に守らせ給候べく候。

建武三年八月十七日

尊氏（花押）

清水寺

（この世は夢の如きものです。私にどうか仏道への信心をお与えください。あの世で私をお救いください。私はすぐに俗世を捨て、信仰に生きたく存じます。仏道への信心をお与えください。この世で私が受ける予定の果報に代えて、あの世での私をお救いください。この世での私の果報は、弟の直義にお与えください。直義をどうか安穏にお守りください)

願いが記された建武三（一三三六）年八月一七日、尊氏は得意の絶頂にいたはずであった。後醍醐《ごだいご》天皇方の組織的な抵抗は壊滅した。この日の二日前には彼が奉戴する、すなわち何でも言うことを聞いてくれる光明天皇が即位した。あとは念願の武家政治を開始すればよい。事態はすべて整い、順風満帆であるように見える。

ところが、彼は世を捨てたい、と清水寺の観音さまに願うのである。私はこれから信仰の道を生きていきたい。私が受けるべき栄誉も富も直義に与えてほしい。心の内をそう吐露するのである。俄《にわか》には信じがたい。だが、願文の字は、尊氏の自筆に間違いがない。戦前、尊氏は日本史上第一の悪人とされた。よくて梟雄《きょうゆう》である。だが、ここには気が小さく、弟思いの男が一人いるだけである。

繰り返しになるが、人間は思った通りに生きることは難しい。あいつ嫌いだな、と思っても仕事柄ニコニコと交際しなくてはならないし、自分が悪いなんてちっとも思ってないのに、家族のためだ、と頭を下げる。歴史上の人物も同様であって、結果としての行動からでは、その人の内面を計り知ることは容易ではない。

歴史的事実は、観応の擾乱の結果として、尊氏が直義を暗殺したことを伝える。では、尊氏は直義を憎んでいたのか。一六年前の右の願文を見れば、とてもそうは思えない。一六年の間に尊氏の思いが変化したのか、そもそも願文がウソに満ちたものだったのか。それとも心では泣きながら、愛する弟を手にかけたのか。それらはみな実証が不可能であるから、「分からない」というしかないのだ。

歴史学的な人物考察では、その人の気持ちまでを類推できない。この点はどうしても、短所として残らざるを得ない。まあ、これらは小川さんのような優れた国文学研究者や、あるいは文学者に任せることにしよう。

それでは面倒くさい屁理屈はこれくらいにして、いよいよ実際の人物に当たってみましょう。どうぞお目を通してください。この「はじめに」が能書き倒れになっていなければ、これにまさる喜びはありません。

日本中世史の核心　目次

図版作成　谷口正孝

日本中世史の核心

頼朝、尊氏、そして信長へ

第一章

源頼朝

【新しい王】

源頼朝
(東京大学史料編纂所所蔵肖像画模本)

源頼朝略伝　［一一四七〜一一九九・一・一三］

源義朝《みなもとのよしとも》の三男。一一五九（平治元）年の平治の乱に父義朝が敗北したために、平家に捕縛される。処刑されるべきところ、平清盛《たいらのきよもり》の継母池禅尼《いけのぜんに》の嘆願により罪一等を減じられ、伊豆国に流される。北条政子《ほうじょうまさこ》と結ばれたのは七〇年代末か。八〇（治承四）年、反平家の兵を挙げる。石橋山の戦いで完膚無きまでに敗れたが、海路房総半島に逃れるや、彼の元には東国武士が続々と駆けつけ、一大勢力になる。本拠を父祖ゆかりの地鎌倉に置き、関東地方を掌握。八三（寿永二）年には源義仲《よしなか》との対立に悩む後《ご》白河《しらかわ》上皇から、東海・東山道諸国への支配権を認められる。八四年、弟の範頼《のりより》・義経《よしつね》を大将として軍勢を西上させ、義仲を滅ぼす。続いて八五年には平家を討ち滅ぼした。

同年、後白河上皇が義経を用いて頼朝を討伐しようとすると、北条時政《ときまさ》と大軍を京都に送って上皇を難詰し、全国に守護・地頭を置く権利を認めさせた。八九年、奥州藤原《ふじわら》氏を攻め滅ぼす。九〇年に初めて上洛、権大納言・右近衛大将に任じる。後白河上皇が没すると、九二年に征夷大将軍に任じる。いまだにこの史実をもって鎌倉幕府開設の契機と考える書物があるが、この理解ははなはだ疑問である。実質を重んじるならば、頼朝は八〇年以来一貫して武士の棟梁として機能しているのだから、幕府開設はこの年となる。また、先行する公権力からの権力委譲を重視するならば、八三年、もしくは八五年が妥当である。現在は総合的に考えて、一一八五年の守護・地頭の設置をもって、幕府開設を説く研究者が多い。

奥州藤原氏攻めに後付けの理屈を付してことさらに難しく考え、征夷大将軍という官職とも連動させて理解しようとする研究者もいるが、これも本末転倒。八九年時点で、鎌倉政権の難敵は奥州藤原氏だけであった。現実の脅威である藤原氏を排除することこそが目的であったのであり、机上の理論が先行して奥州合戦の必要性が導き出されたのではない。征夷大将軍という官職にしても、この官職だけが希求されたわけではない。律令制から比較的自由で、武家の棟梁の指標となるものならば十分だったのであり、実際に頼朝は征夷大将軍を辞任した後、「前将軍《さきの》」のほかに「前右大将」とも自己を表現している。

歴史研究者の夫婦の会話

A　糟糠《そうこう》の妻は堂より下さず、って言うよね。

B　ええ。宋弘《そうこう》でしょう？

A　ん？　いや糟糠だよ。さけかすとぬか、粗末な食べ物という意味の。

B　いいえ、だから宋弘の話でしょう？　後漢初め、光武帝《こうぶてい》の重臣の宋弘。粗末なものを食べ、苦労をともにした奥さんのことを、自分が世に出て栄達したからといって捨てたり離婚したりしないってことでしょ。漢語を振り回すのなら、出典くらい調べておきなさい。ホントに詰めが甘いんだから。

A　いや、面目ない……。でもさ、これって結構いまでも通用する話じゃないかな。

B　そうねえ、ミュージシャンとか、スポーツ選手とか、からだに絵が描いてある人たちとか。名前が売れて収入がぐうんと増えると、貧乏時代の奥さんとか恋人をないがしろにして、すごく綺麗だったり、お金持ちのお嬢さんとつきあうようになるっていうのは、わりと聞く話よね。もちろんサイテーだと思うけど。

北条政子？　WHO？

A　どうして源頼朝はセレブな奥さんに取り替えなかったんだろう？

B　えっ？　北条政子を？　あなた妙なことというと、女性史研究者に怒られるわよ。

A　こんな疑問をもった人はいないだろうね。後の北条氏の鎌倉幕府を知っているから。慈円《じえん》の『愚管抄《ぐかんしょう》』には「女人入眼《じゅげん》の日本国」、北条政子ほかの女性が日本を動かしている、なんて表現もあるしね。だけど、彼女は本来は伊豆国の一土豪の娘なんだよ。京都のお姫様みたいに、雅やかな感じではないよね。みやこ風の教養に富んでいたわけでもなさそうだし。国家的犯罪者で流人の頼朝の嫁なら分かるけど、日本国有数のＶＩＰ、将軍頼朝の御台所、いうなればファーストレディーに相応《ふさわ》しいのかな？

Ｂ　まあ今なら絶対に許せない発想だけど、身分が重視される中世ですものね。そういう考え方もアリかしら？

Ａ　仮に離縁するとかじゃなくてもさ、ね。もっと別の女性を正妻として迎えるとかさ。いい年した北条時政ですら、京都のお姫様を妻にもらっているし。

Ｂ　うーん、でも二人の間にはもう子どもだっていたわけよね。なんといっても子どもはかわいいわよ。

Ａ　頼家《よりいえ》のことかい？　そりゃあ現代的な感覚だよ。だって、頼朝の父さんの義朝を見てごらん。義朝は相模国第一の武士、三浦義明《みうらよしあき》の娘（遊女説もあり）を娶《めと》って長男の義平《よしひら》を産ませている。でも京都でも羽振りのよかった熱田《あつた》大宮司家のお嬢さんを正妻とし、頼朝が産まれたわけだよな。源氏の跡継ぎは平治の乱の時点で無位無官の「悪源太《あくげんた》」だった兄貴の義平ではなく、「従五位下、右兵衛佐《うひょうえのすけ》」だった弟の頼朝だよ。

Ｂ　そう言えばそうね。三浦氏は北条氏よりはるかに勢力が大きくて、三浦の最大動員は兵三〇〇、北条はどんなにがんばっても五〇未満ってあなた試算してたわよね。

【系図1】

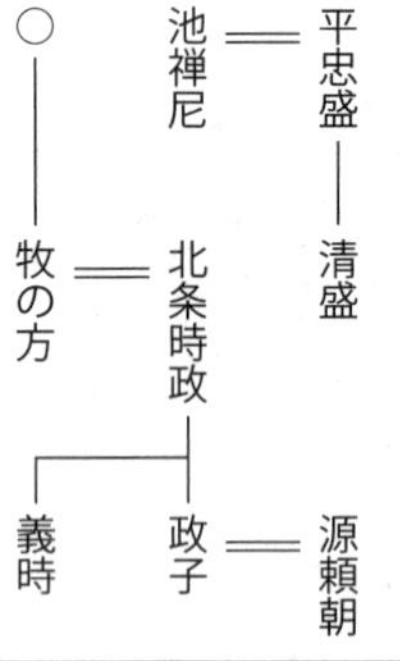

武士団の規模としては北条氏をはるかにしのぐ三浦氏の娘を娶って、それでもなお義朝は貴族の娘との縁を求めているのね。さらに頼朝と義朝では、掌握した権力は断然頼朝が上。なるほど、そうやって当時の目線で考えていくと、どうして頼朝は政子のほかに妻をもたなかったのか、気にする必要はありそうね……。でも待って。最近では北条氏は伊豆国の小土豪ではなかった、という説もあるんでしょ？

A　うん。北条時政の後妻の牧《まき》の方が、平清盛の継母の池禅尼の実の姪だ、ということが杉橋隆夫《すぎはしたかお》という研究者の論文によって明らかになったんだ。池禅尼・牧の方の実家は下級ながらも代々の上皇の側近くに仕える貴族だ。

B　だとすれば、そんな「いいとこのお嬢さん」を妻に迎えられる北条氏は、かなりの勢力を有していたと考えるのが自然よね。

A　そうだね。土地をもっていたか、商業ルートを握っていたか、水運に関与していたか、その辺はいろいろ言う人がいるが、そういうことになるね。それで、二人の婚姻が行われたのは平治の乱以前であり、池禅尼の嘆願で助命された頼朝は禅尼の姪婿、北条時政の監視下に置かれた、と話が続くとすれば……。

B　それは、すごく面白い。つじつまがよく合うわね。

さえない北条家

A　うん。話としてはよくできている。ただね、時政と牧の方の間には一一八九年に産まれた政範《まさのり》という子がいる。平治の乱以前の婚姻とすると、どうしたって牧の方は四〇代後半になっている。これは無理だよ。人生五〇年の時代だし、女性は一〇代で出産するのが普通なんだ。五〇近くで子どもを産んでると想定するよりも、頼朝が東国の覇者となった後、今をときめく覇者の舅《しゅうと》だからこそ牧の方が嫁に来た。このほうがしっくりくるだろう？

B　かつては平忠盛《ただもり》に後室を送り込み、新しい時代の担い手である武士と結びつくのに積極的だった牧の方の実家は、ここでも勝ち馬に乗ったわけね。そういうふうに想定すれば、源平の内乱前の北条氏が小土豪でも、なんら問題はないわけね。

A　昔から言われてることだけど、内乱時の時政は単に「四郎時政」だもんなあ。権勢を誇る武士なら、何か官位・官職をもっているよな。

B　じゃあ、話を元に戻しましょう。たしかに頼朝は「糟糠の妻」を堂より下していないわね。どうして？　そうだ、身寄りのない頼朝にとって、北条氏はすでにかけがえのない「身内」になっていたんじゃない？

A　うん。それはかなり良い線だろうな。でも北条氏が絶対の身内か、というと、そんなこともない。たとえば比企《ひき》氏をあげてみよう。頼朝の乳母である比企尼の長女は頼朝の第一の側近、安達盛長《あだちもりなが》に嫁ぐ。彼らの娘が源範頼の奥さんだ。二女は河越重頼《かわごえしげより》の妻で、その娘は源義経の正室。三女は源氏の名門、平賀義信《ひらがよしのぶ》の妻。みんな源氏一門だよ。この比企氏と源氏の濃い血縁関係、知ってた？

B　ああ、そういえばたしか、その二女と三女は源頼家の乳母になるのよね。で、頼家の妻も比企能員《よしかず》の娘の若狭局《わかさのつぼね》ね。なるほど。比企氏だって北条氏に負けてないわね。

A　そうなんだ。北条氏＝源氏将軍家外戚《がいせき》、という図式は、この時点ではそんなに確固たるものではなかったんだと思うな。

B　じゃあ、時政の能力じゃない？　守護と地頭を全国に設置する時、時政は頼朝の名代として京都に赴いているんでしょ？　それに後年の政治的駆け引きからすると、時政の政治力はかなりのものと評価できる。政治的に時政を高く評価したからこそ、頼朝は北条氏に外戚の座を与え続けたんじゃないかしら？

A　うーん、どうかなあ。京都における時政の活動については、いまだ評価が定まっていないんだ。首尾よく守護・地頭の設置を朝廷に認めさせたから、まあうまくやったんだ、と言われてきたんだけど、最近では朝廷側の巻き返しを高く評価し、時政の政治手腕を疑問視する研究者も多いらしいよ。それから、幕府政治における時政だけど、そんなに重要な地位を与えられてたわけじゃないんだ。大江広元《おおえひろもと》らの実務吏僚こそが、将軍頼朝の補弼《ほひつ》の任にあたっていたんだと考えられている。いわゆる「将軍独裁」だよね。

北条氏「存在意義」の砦、政子

B　それじゃあ、話はいっぺんに下世話になるけど、政子の猛妻ぶり、っていうのは考慮に値しないの？　頼朝が亀の前とかいう女性を愛したら、彼女の家を壊してしまったんでしょう？　頼朝は個人的に、政子に頭が上がらなかったんじゃない？

A　『吾妻鏡』が記す有名なエピソードだよねえ。蛇ににらまれたカエルか。ただ、『尊卑分脈』が頼朝の子は、みんな政子の産んだ子だ、ってことになってるしね。頼朝の子として、貞暁《じょうぎょう》・能寛《のうかん》という人を記しているのは注意すべきかもしれない。この人は『仁和寺《にんなじ》諸院家記』という史料にちゃんと記載されている。それによると、はじめ能寛、のち貞暁と名を改めた僧侶で、仁和寺勝宝院《しょうほういん》の院主だ。彼が頼朝の子であることを否定する材料はない。

B　へえ、じゃあ頼朝、ちゃんと愛人がいたのね。浮気は御法度ってわけじゃないんだ。あの時代なら、その方が自然よね。ところで、その貞暁って人、源氏正統の血を引いてるわけでしょう。源氏将軍の廃絶後はどうなったの？

A　いや、それが経緯はよく分からないんだけど、一二三一年に高野山で自害している。

B　北条氏にやられた？

A　たぶんね。

B　え、そういう人物なら、他にもいる可能性があるんじゃないの？　頼朝の子どもで、僧籍に入っていたがために政治とは関わりをもたなかったけれど、やがて人知れず北条氏に消されてしまったような。

A　うん。そうなんだ。ぼくもそれを考えていたんだ。さっきも言ったように、北条時政は別に政治的に重んじられていたわけじゃない。血縁を考えても、比企氏という強力なライバルがいる。そうなるとさ、頼朝が将軍になってからの北条氏って、実は頼朝の正妻が政子であるってことにしか、存在意義を認められないいんじゃないかな。だからこそ、政子は、また北条時政は、頼朝が他の女性に関心を示すのに細心の注意を払わざるを得なかった。そのことが『吾妻鏡』の記述にも影響していて、頼朝周辺の女性や子どもに関する記事は全部消されているんじゃないかな。もっともこれは、推測にすぎないんだけれど。

頼朝＝悪人説は正しいか？

B　なるほど……。あ、それなら、あなたのそもそもの疑問が一層問題になると思うんだけど。頼朝はなぜ、北条政子を堂より下さなかったの？

A　いやあ、分からない。結局「分からない」が答えなんだよな。もしかしたら頼朝は貴族が嫌いだっただけなのかもしれない。

B　だったら、娘を入内《じゅだい》させようとはしないんじゃない？　長女の大姫を後鳥羽《ごとば》天皇の后にしようと熱心に運動したわよね。

A　うーん、そうだね。だけどそれは、政治・政略の話だから。ま、ともかく彼の個人的資質に帰するのが一番手っ取り早いような気がしているんだな、今は。だから、そんなこと言ったら笑うしかないんだけどさ、案外、頼朝は北条政子をとても愛していたからです、というのが答えかな、とも思っているんだ。

B　それはすごい結論ね。歴史研究者の解答としては零点ね。

A　やっぱりそう思う？　でもぼくは最近思っているんだよ。頼朝って義経を殺させたり、もう一人の弟の範頼も誅《ちゅう》しているんで、判官贔屓《ほうがんびいき》の反対で極悪人みたいにいわれているじゃない？　あれ、違うんじゃないのかな。

この書状は本物だ！

一九九七年に九州に史料調査に赴いた私は、ある資料館で源頼朝の書状（手紙）に出会った。頼朝文書研究の第一人者として広く知られるA先生に鑑定をお願いしたところ、直ちに「いいものではない」というお答えが返ってきたとのこと。資料館の方は「まあこんなものなのですが」と、袋からごそごそと文書を取り出し、見せてくださった。

いや、驚いた。興奮を抑えきれなかった。差出人はたしかに頼朝と書いてある。花《か》押《おう》（サイン）の形状も頼朝のものだ。紙質も良い。頼朝の書状としてまったく悪いところはない。A先生、どこがお気に召さなかったのだろう。首をかしげながら写真を撮らせていただき、帰京して分析を進めた。

書状は差出人が自分で書くのが原則だが、身分の高い人は右筆《ゆうひつ》、すなわち秘書官に書かせることもある。頼朝自筆の書状は今のところ発見されておらず、すべて右筆に

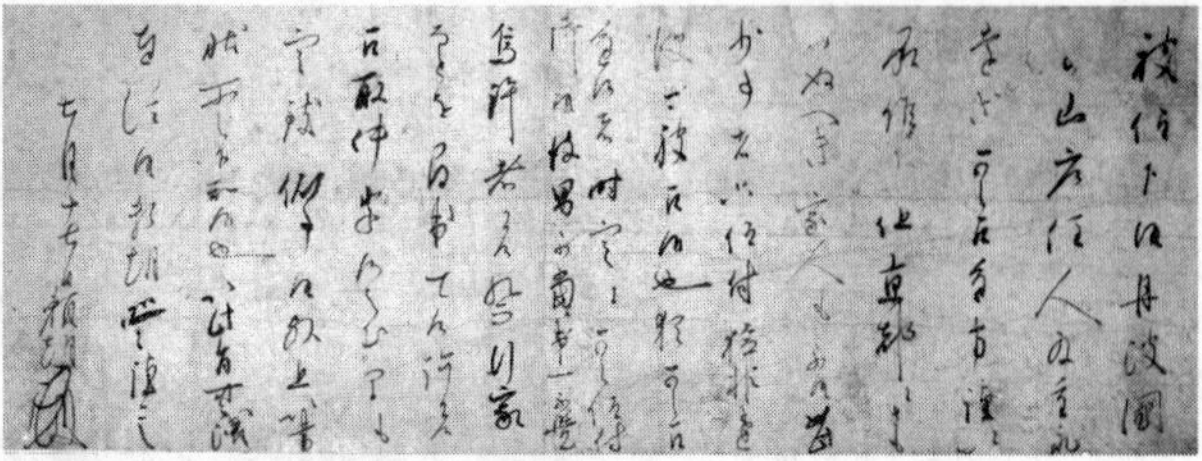
源頼朝書状（大分市歴史資料館所蔵）

書かせたものである。そこでこの書状の字をよく見ると、代表的な右筆である平盛時《もりとき》の字に間違いない。本物だ。私はワクワクしながら、文書の本文を読んでいった。

宛先は京都の後白河上皇（一一二七〜九二）らしい。なになに。「丹波国の為重と永遠を捕縛せよとのご意向、たしかに承りました。いま京都には北条時定《ときさだ》という者がおります」。時定というと、北条時政（一一三八〜一二一五）の一族だよな。甥とも従兄弟ともいったな。彼の方が北条の本家だ、という説もあった。「この者は『不当第一、不覚烏許《おこ》の者』です」。烏許（正しくは烏滸）はバカ。むごいことを言う。自分の子をへりくだって愚息とか豚児とかいうけど、いくら自分の従者だからって、ここまで卑下することはないだろう。頼朝はやはり関東の武人を内心では軽蔑していたのか？「しかれども」。おや、風向きが変わった。「ではありますが、近頃この時定はお尋ね者の源行家《ゆきいえ》（？〜一一八六）の行方を探り当て、誅殺するという殊功を挙げました。私からもよく言っておきますので、使ってやってください」。義経（一一五九〜八九）とともに指名手配された行家が和泉国で討たれたのは、一一八六（文治二）年のことだから、この書状も同年のものと推定できる。

不当第一、不覚烏許の者。まことにひどい罵《ば》詈《り》雑言《ぞうごん》ではある。でもそれは何のために記されるのか。時定が為重と永遠を捕縛する際にヘマをしでかす可能性を考慮に入れて、あらかじめかばっているのではないのか。だからこその「しかれども」なのだろう。頼朝は決して時定を評価していないわけではない。「頼りないヤツではありますが、こんな功績も挙げているのです。（どうぞ小さいミスは大目に見て）彼に任せてください」。一見冷たく見えながら、時定への頼朝の視線は、存外あたたかい。

後白河院
（『天子摂関御影』宮内庁三の丸尚蔵館所蔵）

忠義の武士を厚遇する

平賀義信という武士がいる。信濃源氏の一門ではあるが、血筋がそう良いわけではない。京都で栄達したわけでもない。ところが頼朝は、彼をともかく厚遇した。儀式の時は最上席に据える。名門、足利氏より上である。守護職にも任じる。朝廷の官職も与える。義信自身は武蔵守になり、子息の大内惟義《おおうちこれよし》は相模守になった。

幕府のお膝元たる重要な両国の国司を併せ持った家は、平賀氏と、後の北条氏だけである。なぜこんなにも。調べてみて、やっと「これかな」という史実に行き当たった。義信は頼朝の父、義朝（一一二三〜六〇?）に、最後まで付き従った武士だったのである。

一一五九（平治元）年、平治の乱に敗北した源義朝は東国に落ち延び、再挙をはかろうとする。供をする者、わずかに七人。その中に一三歳の頼朝と、義信がいた。やがて若年の頼朝は一行からはぐれて捕まり、伊豆に流される。義朝は尾張国の長田忠《おさだただ》致《むね》の屋敷でだまし討ちに遭い、落命する。義信は義朝の死を知って血路を開き、本拠である信濃国平賀郷に逃げ延びた。

二〇年を経て、挙兵した頼朝の元に馳せ参じた義信は、義朝の最期を語り伝えただろう。頼朝はこの忠義な武士を手厚く遇した。源氏一門の筆頭に置き、御家人の第一

【系図2】

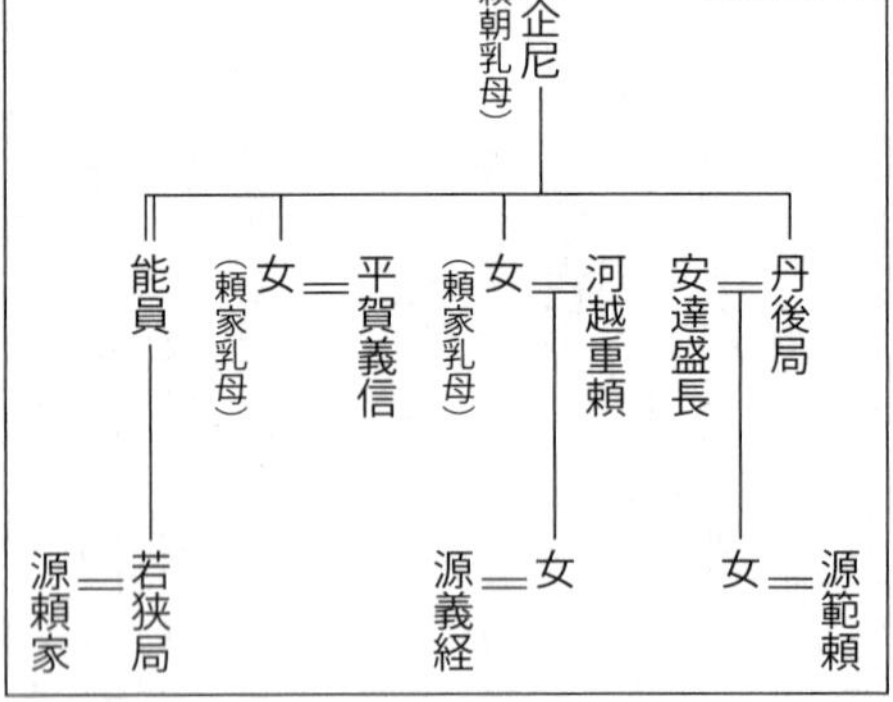

席を用意した。鎌倉に勝長寿院という大寺が建てられ、義朝の遺骨が葬られる場面は象徴的である。頼朝の供を許されたのは三人だけ。平治の乱で戦死した源義隆《よしたか》の子の頼隆《よりたか》と、義信と、義信の子の惟義であった。

【系図2】を見てほしい。義信は頼朝から新しい妻を配された。彼女は比企尼の三女。尼の長女は安達盛長の妻となり、その娘は源範頼（生没年未詳）の正室となった。二女は河越重頼の妻で、その娘が源義経の正室。尼の養子の比企能員（?～一二〇三）は二代将軍頼家（一一八二～一二〇四）の後見人であり、頼家の室は能員の娘の若狭局である。ここでも、なぜこんなにも、と疑問が生じる。頼朝は源氏一門の縁戚を比企氏に求めたのか。

報恩の人

比企尼は頼朝の乳母の一人であった。頼朝が伊豆国へ配流されると、本領である武蔵国比企郷へ帰り、この地から頼朝のもとに生活物資を送り続けた。将来がまったく見えない時期の頼朝に、二〇年にわたっての援助である。なまなかのことではない。頼朝にとって、比企尼は、もっとも慈愛深い母親を意識させる存在だったと思われる。だからこそ比企氏は、北条氏すらを差し置いて、第一の身内に選ばれたのだ。

尼の長女、丹後内侍《たんごのないし》は京で近衛《このえ》家に仕え、そこで下級官人の惟宗《これむね》氏と結ばれて男子を産んだ。彼は後に頼朝に重く用いられて島津《しまづ》忠久《ただひさ》と名乗り、島津家の祖となった。内侍は先述の如く安達盛長に再嫁するが、この盛長は流人時代の頼朝の唯一の従者であった。二人の間には景盛《かげもり》が生まれ、何の財産ももっていなかった安達氏は、こののち有力な御家人として繁栄していく。

このように見ていったとき、私には頼朝という人物が、冷酷な人間にはどうしても思えなくなった。あたたかいとか優しいとかまで言うつもりはない。ただ、彼は受けた恩を忘れる人間ではないように思う。流人から鎌倉殿へ。人生の変転を経験した彼は、不遇の時代を支えてくれた人間の真心に報いることを知っていた。

明の太祖、朱元璋《しゅげんしょう》（一三二八〜九八）は貧しい僧侶だった若年を恥じ、剃髪《ていはつ》を連想させる「光」という字の使用を禁じ、違反者を大量に虐殺したといわれる。頼朝は逆に流人であったことに自分の原点を置き、じっと人間を見詰めていたように思える。だからこそ彼は、何も持っていなかった頃の自分を認めてくれた政子（一一五七〜一二二五）を、武士の棟梁と仰がれるようになった後も、変わることなく大事にしたのではないか。

義経、そして主従制

ならばどうして、頼朝は義経を破滅に追い込んだのか。義経さえ適当に処遇しておけば、後の人々に冷酷とか非道とか批判されることはなかったろうに。

まず第一に確認しておきたい。権力の座はそもそも残酷なもので、血縁によって権力者の近くに位置する者、すなわち権力者に容易に取って代わる可能性をもつ者は、粛清される危険性をはじめから有しているのだ。例を挙げることはまことにたやすい。足利尊氏も織田《おだ》信長も毛利《もうり》元就《もとなり》も伊達《だて》政宗《まさむね》も弟を殺害している。父を殺した者、子どもを手にかけた者も多い。

武士の棟梁として振る舞うことを義務づけられた源氏の場合、一族の歴史は近親者による殺し合いの歴史であるといっても過言ではない。古く源義家《よしいえ》は弟の義綱《よしつな》と棟梁の座を争い、敗れた義綱の一族はみな殺害された。義家の嫡子、義忠《よしただ》暗殺は義家の弟である義光《よしみつ》によるといわれる。頼朝の父の義朝は、保元の乱で敵方についた父と弟たちを斬らねばならなかった。これより先、頼朝の兄の義平は、叔父の義賢《よしかた》（義仲の父）を討っている。源平合戦時の殺し合いは言わずもがなのことであろう。たいていは一族の手にかかり、とにもかくにも畳の上で死ねたのは源義家・義光と頼朝三人だけ、それが源氏という家であった。

第二に、これこそが重要なのだが、主従制の問題にはどうしても触れておかねばならない。

【系図3】

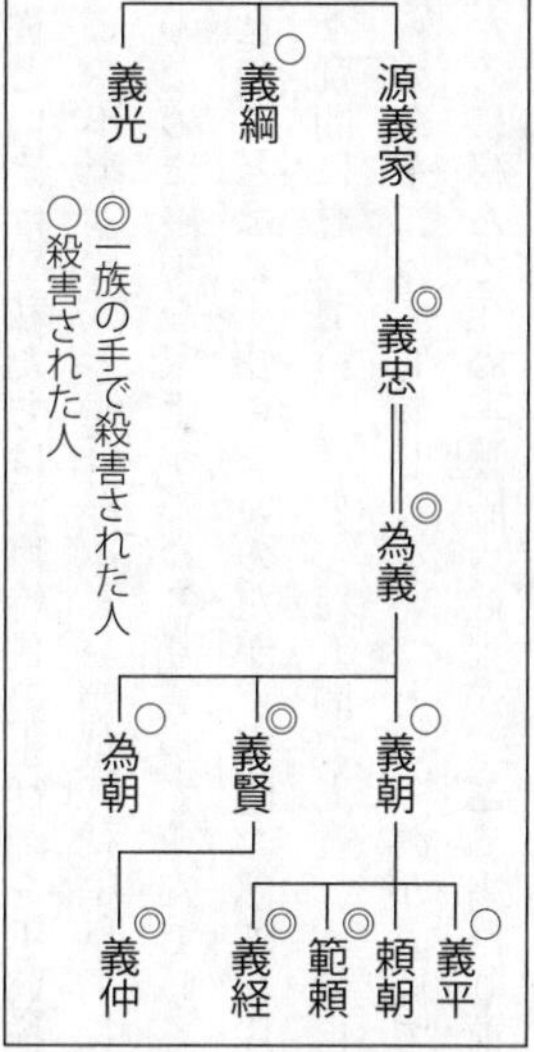

主従といえば、私たちは江戸時代の主従制を思い描きがちである。しかもそれは、テレビや小説が好んで題材にする、「君は君たらずとも、臣は臣たれ」式の、愚かな殿様のために優秀な家臣がにっこり笑って死んでいく、理不尽で一方的な関係である。

近世のことはよく知らないのだが、家臣の熱烈な片思いが本当にあり得たのか、私は常々疑問に思っている。どんな人間であれ、人は自分の人生の主人公なのだ。訳の分からぬ命令には、冗談じゃない、というのが人間ではないのか。バカ殿のバカな命令のために喜んで死ぬ「葉隠《はがくれ》」武士が、ごく当たり前にいるものだろうか。そうではないからこそ、忠臣蔵が世に喧伝《けんでん》されたのではないか。

いや、近世のことはさておこう。中世の主従を改めて見てみると、少なくともこの時期には、両者はもっと双務的な関係を有していた。思い切っていうと、「主人であり従者であることは、相互の契約であった」と表現した方が実状に近い。従者が期待された働きをしない場合、主人は従者を解雇した。これは近世と同様である。一方で、働きがいのない主人、いくら尽くしても十分に酬いてくれない主人は、従者の方から縁を切ったのである。もうあなたとはやってられない、と見限られたのだ。

無能な主人は焼き殺せ

藤堂高虎《とうどうたかとら》（一五五六～一六三〇）が浅井《あざい》長政《ながまさ》、津田《つだ》信澄《のぶずみ》、羽柴《はしば》秀長《ひでなが》、羽柴秀吉、徳川《とくがわ》家康と主君を替えて、伊勢・伊賀の大大名に成り上がったのは有名な話である。忠臣は二君に仕えず、どころの話ではない。その高虎に仕えた渡辺了《わたなべさとる》（勘兵衛《かんべえ》）にしても、はじめ近江の阿《あ》閉《つじ》貞征《さだゆき》、つぎに羽柴秀吉に仕え、そののち中村一氏《なかむらかずうじ》、増田《ました》長盛《ながもり》、藤堂高虎と主を替え、二万石もの禄を与えられながら結局そりがあわずに浪人している。

彼らはまだしも、取りあえずは穏やかに主人を替えたが、宇喜多《うきた》秀家《ひでいえ》と坂崎《さかざき》成正《なりまさ》、黒《くろ》田《だ》長政《ながまさ》と後藤《ごとう》又兵衛《またべえ》、加藤《かとう》明成《あきなり》と堀主水《ほりもんど》などは一触即発の事件になった。より物騒な例もある。南北朝時代、青野原の戦いの折、今川《いまがわ》範国《のりくに》が空き屋に陣取ってぐずぐずしていたところ、米倉八郎左衛門という家来は「こんなバカな大将は焼き殺すのが一番」といって本当に火をつけた。範国は命からがら黒血《くろち》川の友軍に合流した。無能な主人への対応はかくの如くである。

室町・戦国時代の下克上の風も、結局は従者が主人に、全面的に異議を申し立てているのだ、と解釈できる。有名な話では将軍足利氏は管領細川《かんれいほそかわ》氏に、細川氏は家宰《かさい》の三好《みよし》氏に、三好氏は松永久秀《まつながひさひで》に実権を奪取される。実力ある従者が主人に取って代わることは世の中である程度容認されていたと見えて、将軍足利義輝《よしてる》を弑殺《しいさつ》した梟雄《きょうゆう》松永久秀ですら、いったんは織田信長に許されている。また早くも鎌倉時代初め、東国武士の鑑《かがみ》として描写される畠山重忠《はたけやましげただ》（一一六四～一二〇五）は、将軍への反逆の嫌疑をかけられると、「謀反の噂をたてられるのは武士の面目」と言い放っている。

複数の主人をもつ武士

いろいろなケースを挙げてみた。ただしこれらは、主従間の緊張感に大きな差異が見られるものの、江戸時代の主従制と本質的には変わらない。江戸時代より中世の方が、従者の権利がより大きく認められていましたよ、ということである。ところが中世の主従制は、それとは別に、まったく異質な要素をも併せ持っていたのだ。それが「兼参《けんざん》」であり、従者が複数の主人をもつことを意味している。

平安時代後期から鎌倉時代前期にかけて、貴族と武士とを問わず、主従関係はきわめて緩やかであった。主人が複数の従者をもつのは当然として、従者の側も、複数の主人に仕えることがごく普通に行われていた。これが「兼参」である。

貴族での好例は、実務に堪能な中級貴族である。彼らはもちろん天皇の臣である。そのほかに彼らは才を買われて上皇や女院、摂関家や大臣家などに奉仕した。それぞれの主人から荘園での利益・各種の税収などの俸給を得、また官位昇進の後援を受けたのである。やがてその中からは、院政を行う上皇の補弼の臣として権勢を振るう者も生まれ、「なんだあいつは。ちょっと前までは私にぺこぺこしていたくせに。最近は道で会っても、挨拶もしやしない」と上流貴族のぼやきが生じることになる。さらに室町時代になると、彼らは上皇に仕える如くに足利将軍家に仕え、豊かな生活を維持していく。

武士に目を転じると、やはり彼らも複数の主人をもつことが普通であった。たとえば伊勢国の加藤光員《みつかず》という武士は、検非違使《けびいし》（高級警察官僚）として後鳥羽上皇（一一八〇～一二三九）に仕え、在地領主として荘園領主の大中臣《おおなかとみ》氏（伊勢神宮神官のトップ）に仕え、御家人として鎌倉の将軍に仕えていた。光員は有力御家人であったから後鳥羽上皇の知遇を得たのであって、この関係は数少ない事例としても、御家人は荘園に生活する在地領主であったから、少なくとも将軍と荘園領主、二人の主人をもっていたことになる。源平合戦が行われていたころ、光員のように、複数の主人をもつ武士は数多くいた。

こうした趨勢《すうせい》の中で、源頼朝は従者たる東国の武士たちに、鎌倉殿への奉公を何よりも重んじることを要求した。なかでも武士が鎌倉を離れ、朝廷に接近することを強く警戒した。

なんといっても京都は政治・文化の中心である。御家人たちが京都の生活に魅せられて、天皇や貴族に臣従しては、草深い鎌倉に生まれたばかりの政権は簡単に崩壊してしまうのである。有名な話だが、頼朝は無断で任官した御家人たちを「おまえたちは京都がいいのだろう。京都に滞在して朝廷に仕えたらいいではないか。東国に帰ってこようものなら死罪にするぞ」と脅し、一人一人に罵詈雑言を浴びせかけた。一見おとなげない振る舞いに見え、頼朝の評価を下げる役割を果たしている逸話であるが、鎌倉幕府立ち上げのピリピリした緊張感を考慮すると、やむを得ない対応だったのかもしれない。鎌倉殿源頼朝こそを真の主人と仰ぎ、専《もっぱ》ら忠勤を励む者。それこそが御家人だったのであり、そうした御家人の集団が幕府という権力体を構成したのである。

朝廷の恩賞①――あいまいな土地の所有権

朝廷が武士を従えたいときに恩賞として与えるものは、何よりも土地の権利であった。当時の言葉でいえば荘園所職である。ん？　土地の「権利」？　江戸時代のように土地そのものを与えたのではないのか？　そうなのだ。この点が面倒なのだが、中世においては「所有」の概念が成熟していない。子ども同士ならば「昨日あげたエンピツ、やっぱり返して」という会話が一定の意味をもつが、一般社会ではクーリング

図１　荘園の職の体系

本家（皇室・摂関家・大社寺）
｜
領家（貴族・社寺）
｜
預所（本家・領家が派遣する土地経営のプロ）
｜
下司（現地責任者。在地領主）

荘　園

在地領主である下司が鎌倉殿を主人とし、御家人になっていく

オフ制度はあるものの「昨月売却した土地、近くにスーパーができて便利になるらしいから、返して」は認められるはずもない。所有権の移転は厳密な契約として広く認知されている。ところが、中世はむしろ子ども社会に似ているところがあって、所有するという行為があやふやなのである。

所有を保証する公権力が一元的に確定していないため、「所有」概念はきちんと成立していない。そのために、土地の所有権は重層性を帯びることになり、一つの土地には本家《ほんけ》職《しき》、領家職《りょうけしき》、預所職《あずかりどころしき》、下《げ》司《す》職《しき》というように、いくつもの権利が設定された（図1）。本当の意味での一貫した土地支配が実現するのは戦国時代を待たねばならず、それまでは土地の所有とは、「土地への一定の権利」の所有にすぎないのである。この話を本格的に展開するとたいへんなことになるのでこれくらいにとどめることとして、ともかく

も朝廷は恩賞として荘園の権利、たいていの場合は下司職を武士に与え、見返りとしてさまざまな奉公を要求した。荘園の治安維持、荘園年貢の徴収、内裏の警護、都市京都の警護、さらには命がけの働きとなる朝敵の討伐等々である。

土地を媒介とした主従制度に基づく社会は、周知の如く、「封建制社会」と呼ばれる。天皇・貴族も将軍も土地の権利を付与して武士を従属させており、この点で「中世は封建制社会である」といっても誤りではない。ただ、この土地所有の限定性には、留意しておいていただきたい。

朝廷の恩賞②――一生もののお買い物

それはさておき、朝廷・天皇が武士に与える主たる恩賞はもう一つあった。官位・官職である。朝廷は律令によって官位・官職の制度を構築した。それはきわめて精緻《せいち》なもので、武士はついに江戸時代の終わりまで、それに代わる秩序を用意できなかったのである。鎌倉時代の武士は、識字率も低く、教養に乏しく、それゆえに彼我《ひが》の立場が即座に明らかになる官位・官職の体系を進んで受容している。そうなると、現在でも功成り名遂げた人が競って勲章を欲しがるように、少しでも高位を、顕職を望むのは自然の成り行きであった。

現金収入の欠乏に苦しんだ朝廷は、実のない官職を売りに出した。これが成功《じょうごう》である。もちろん売られたのは、繰り返すが「実のない」それであって、大納言とか蔵人頭《くろうどのとう》とか、朝廷の施政に必要不可欠な官は対象にならなかった。購入したのは寺社関係者、地方の有力者などだが、何と言っても最も大事な顧客は鎌倉幕府であった。幕府は鎌倉時代の中期以降、朝廷経済を補完する役割を果たすようになっており、御家人たちが成功に応じることを公認していたのである。ただし、幕府の認可を得た後に、であるが。

御家人たちは高い金額を支出して、何ら具体的な利益を伴わない官職を競って購入した。たとえば一三二一（元亨元）年、幕府の実務官僚として活躍する二階堂行雄《にかいどうゆきお》は東大寺を修理する経費を捻出するための成功に応じ、一〇〇貫文の銭を上納、左衛門《さえもん》少尉《のじょう》の官職を得ている。一〇〇貫文というと、一貫が一〇万円くらいにあたるので、一〇〇〇万円くらいだろうか。左衛門少尉は警察機構の上級官であるが、ここではあくまでも名のみの職である。本来それが有している権限と義務とを伴うものではない。行雄は名誉だけに一〇〇〇万円をポンと支払ったのだ。官位・官職は武士にとってまさに垂涎《すいぜん》の的であり、一生の買い物だった。

官位・官職への需要は高く、そのために十分「恩賞」としての価値をもった。源義経が頼朝に断りなく後白河上皇から授けられた官職が、まさに右の「左衛門少尉」であった。これを黙認しては、頼朝への奉公を第一に、と訴える御家人制度を維持することはできない。たとえ将軍の肉親でも、ルールを破った者は処罰は免れない。見せしめの効果も兼ねて、義経は罰せられねばならなかった。それは冷徹な「政治」であって、そこには頼朝個人の感情が介在する余地はきわめて小さかったのだと考えられる。

「源平の戦い」の本質

鎌倉幕府を生み出した一連の内戦は、学術的には「治承・寿永の内乱」と呼びならわされ、一般には「源平の戦い」とか「源平合戦」という。ではそれは、源氏と平氏が天下の覇権をかけて、しのぎを削った争いなのか。あるいは、天皇・朝廷を軍事力でもって守護する栄光ある役目を果たすのが、源氏なのか平氏がふさわしいのか。互いの存亡をかけて、それを決定する戦いだったのか。

「源氏対平氏」というまとめ方が多く見られることで分かるように、右のように解釈している方は数多い。だが、それは違う。もしそういう性格のものであったなら、いくら平清盛（一一一八〜八一）が慈悲深い大人物であろうとも、池禅尼が命乞いをし

在地領主たちの戦闘
（『男衾三郎絵詞』国立国会図書館デジタルコレクション）

ようとも、源氏の嫡男であった頼朝が助命されるはずがなかった。清盛の暗殺を企てた長男義平を別としても、頼朝と同母の希義《まれよし》、高倉家という貴族の家（後に後鳥羽上皇の近臣として権勢をふるう）にいたらしい範頼、義経ほかの常盤《ときわ》の子三人はみな助けられている。かくも寛大な処置はあり得ない。

「源氏対平氏」というくくりは、科学としての歴史学が発達する以前の、江戸時代までの「温故知新」歴史学に強い影響を受けた考え方だと私は思う。では、あの戦いはいったい何だったというのか。そう問われれば、私は答える。それは全国各地の在地領主たちが中央政府のくびきを脱し、自立を勝ち取るための戦い、在地領主たちのいわば独立戦争だったのだ、と。

一一七九（治承三）年一一月、平清盛は軍兵を動員して後白河上皇を幽閉し、軍事力を中核に据えた政権を樹立した。これに先立つ一一七〇年には、お隣の朝鮮半島の高麗でも、武臣の鄭仲夫《ていちゅうふ》らがクーデターを起こし、文臣らを排除して武人政権を樹立している。両者の間には必ずや何らかの関連が見いだせるはずであるが、それはさておいて、平氏の武力によって新たな政治権力が立ち上がるさまを、各地の在地領主たちは目を凝らして見ていたのである。

翌一一八〇年、平氏の専横を糺《ただ》さんと、以仁王《もちひと》と源頼政《よりまさ》が挙兵する。蜂起は失敗して王以下は討たれるが、これに続いて頼朝が立ち上がり、全国は内乱状態になる。

八月　源頼朝、伊豆国目代の山木兼隆《やまきかねたか》を襲い、挙兵する。

九月　源義仲、信濃国に挙兵。同国の国衙《こくが》（現在の県庁）を掌握。

一一月　近江源氏蜂起。

若狭国在庁官人（国衙の役人）謀反。

美濃源氏蜂起。

肥後国第一の武士、菊池隆直《きくちたかなお》謀反。

この頃　伊予国第一の武士、河野通清《こうのみちきよ》謀反。

河内源氏蜂起。

これを見れば分かるように、不遇であった源氏を奉戴して軍事活動を起こす者がある一方で、単独で反旗を翻している者もある。内乱はまず「反平家」＝中央の平家政権への反逆として噴出している。

小型クーデターの主役が熾烈な抗争

では「反平家」とは何だろうか。畏れ多くも上皇を幽閉し奉り、国政を壟断《ろうだん》する平家は許せない。平家を打倒し、朝廷を正しい姿に復し奉ろう。そういう意味なのか。驚いたことにそういう理解をしている研究者はいまでも多いようだが、それは浅薄な解釈である。

在地領主にとって平家政権とは、あくまでも朝廷政治の帰結としての政治存在であった。長年にわたり唯一の国家機構として機能し続けた朝廷。平家政権とは、仮に鬼子であるとしても、朝廷が生み出した政治体制であった。それゆえに在地の武士にとって、平家を否定することは、朝廷に異議を申し立てることに他ならなかった。

クーデターが起きるときには古今東西を問わず、「君側《くんそく》の奸《かん》を除く」という大義名分が立てられる。五・一五や二・二六をはじめとして、私たちはそうした実例を数多く知っているではないか。

挙兵した在地領主＝武士たちは、みな等しくその国の国衙を目指す。政治・経済・文化の中心たる国衙を掌握し、地域における統治秩序の頂点に立とうとする。一一七九年の清盛のクーデターの小型版ともいうべき変革が、各国の国衙レベルで生起したのである。ただし、それが各地での孤立した動きである限り、朝廷のありように効果的に異を唱えたり、干渉の手を伸ばすことなど、できようはずもなかった。

軍事力に基礎を置く小さな各地の勢力は、その欠点を克服するために、合従連衡《がっしょうれんこう》を繰り返して、より優勢な武力集団を形成していく。その上で、さらに一つにまとまるべく、優勝劣敗の競争を続けていく。それが源平の内乱の正体であり、誰が軍事力を束ねるのか、武士の棟梁になるのかが、試されていった。いち早く京を制圧した源義仲（一一五四〜八四）は候補者の一人であったし、一度は都落ちしながらも九州・四国で再起した平家、平宗盛《むねもり》（一一四七〜八五）も十分な資格を有していた。実際のところは武士たちに見向きもされなかったものの、後白河上皇は便宜的にせよ、源義経・行家を棟梁に据えようとした。また、北方の王者、藤原秀衡《ひでひら》（？〜一一八七）の名を忘れるわけにはいかない。そして、そうした勢力との熾烈《しれつ》な抗争に打ち克《か》ち、武士の代表となったのが、源頼朝と、彼を主人と仰ぐ御家人集団に他ならなかった。

武士たちの王、鎌倉殿

頼朝は自らに課せられた使命によく応え、巧みに朝廷と折衝し、ある時は後白河法皇を恫喝《どうかつ》し、在地領主＝武士たちの権利を伸張していった。頼朝に臣従して鎌倉幕府の御家人になることで、彼は自己の所領を、鎌倉殿の名のもとに保全・保護された（当時の言葉でいうと、安堵《あんど》された）のである。いまや彼の権利を妨げ、否定する者は、頼朝が統轄するすべての軍事力を敵として戦わねばならない。一人の御家人はすべての御家人のために、すべての御家人は一人の御家人のために。在地領主の、在地領主による、在地領主のための権力。こうした権力機構こそを在地領主たちは長い長いあいだ希求し続けていたのであり、それこそが鎌倉の幕府だったのだ。

幕府の本質をこのように解釈してみると、それが朝廷とはまったく異質の存在であることは明らかである。それはもともと、朝廷の体制に反旗を翻した勢力の集合体であった。軍事力を本質とし、在地領主の利害を代弁し、朝廷に対抗するものであった。だから、朝廷を一つの王権と定義するならば、幕府はまったく別の、もう一つの王権と捉えねばならない。天皇を一人の王と想定するならば、将軍源頼朝は、もう一人の王である。

源頼朝は自分が果たすべき役割を、十二分に自覚していたように思う。だから彼は決して鎌倉を離れなかった。彼の心には、生まれ育った典雅な京の文物への憧憬が、あるいはあったかもしれない。抱きしめると香が匂い立つ、都の美姫への思いもあったかもしれない。それでも彼は、いまだ草深い鎌倉に、土臭い北条政子との家庭を大切にして、日々を送るのである。

武士たちよ、私はいつもお前たちとともにあるぞ。私はお前たちの「新しい王」なのだ。政子との鎌倉での日々は、頼朝の武士たちへの、絶え間なく力強いメッセージに他ならなかったのである。

第二章

法然

【平等の創出】

法然
（東京大学史料編纂所所蔵肖像画模本）

法然略伝　［一一三三・四・七～一二一二・一・二五］

美作国《みまさかのくに》稲岡庄の武士、漆間《うるま》時国《ときくに》の子として生まれる。九歳の時、時国が勢力争いに敗れて殺害されたため、叔父の寺に引き取られる。一三歳で比叡山に登り、二年後に受戒。一八歳で西塔黒谷《さいとうくろだに》の叡空《えいくう》に師事し、法然房源空《ほうねんぼうげんくう》と名乗る。長い仏典研究の末に、唐の善導《ぜんどう》の『観経疏《かんきょうしょ》』などに導かれて『無量寿経《むりょうじゅきょう》』ほかの浄土三部経を重んじるようになる。困難な修行（「苦行」）を否定し、やさしい修行（「易行《いぎょう》」）である称名念仏《しょうみょうねんぶつ》によって阿弥陀如来に帰依し、もって極楽に往生する、という教えを打ち立てた。一一七五（承安五）年三月のことで、このとき法然は四三歳であった。

やがて比叡山を下り、東山吉水《ひがしやまよしみず》に居住するようになった法然のもとには、多くの人が法を聴きに参集するようになった。彼に帰依した人には、後鳥羽上皇や九条兼実《くじょうかねざね》、女性では宜秋門院《ぎしゅうもんいん》（後鳥羽天皇の中宮）、武士では宇《う》都宮頼綱《つのみやよりつな》や熊谷直実《くまがいなおざね》、僧侶では天台座《ざ》主《す》の明雲《みょううん》や慈円（『愚管抄』の作者）、庶民には強盗（！）の天野四郎などがいる。

一二〇四、〇五年には、旧仏教の牙城たる比叡山・興福寺が専修《せんじゅ》念仏（阿弥陀仏に帰依し、称名念仏を専らにすること）の禁止を強く訴えた。朝廷はこの動きを重視し、〇七年、法然の門弟と官女との密通を口実に念仏弾圧に踏み切った。門弟四人が死罪に処され、親鸞《しんらん》らは流罪となった。法然自身も老齢でありながら、土佐国に流された。四年後の一一一年一一月、法然は許されて京都に帰り、東山の大谷に入った。現在、知恩院が建つところである。身体が衰弱するなかで念仏を唱え続け、翌一二年一月に示寂《じじゃく》した。

宗性のノート

法然を激しく糾弾した東大寺に、時期は少し後になるが、尊勝院宗性《そんしょういんそうしょう》（一二〇二〜七八）という名だたる学僧がいた。中級貴族の藤原隆兼《たかかね》の子。父は無名であったが、祖父の隆信《たかのぶ》と叔父の信実《のぶざね》は優れた歌人であり、似絵《にせえ》（写実的な肖像画）の名手として知られていた。ただし、彼らも正四位止まりで、一流貴族たる「公卿《くぎょう》」（官位については次章「九条道家」を参照）の仲間入りは果たせなかった。また、隆信の異父弟があの藤原定家《ていか》（一一六二〜一二四一）であり、宗性は定家とわずかながら血が繋がっていた。

宗性は一二一四（建保二）年に得度し、僧侶としての道を歩み出す。彼はどうやらこの頃に、葉室宗行《はむろむねゆき》の猶子《ゆうし》となったらしい。宗行は有能な実務官として知られた人で、権中納言。後鳥羽上皇（一一八〇〜一二三九）のブレーンで、院政の柱石であった。それ故に承久の乱の後に幕府から厳しく政治責任を追及され、駿河国で処刑されている。子孫は零落を余儀なくされ、程なく家は絶えてしまった。

新たな権力者として台頭してきた幕府に危険視され、処刑された義父。貴族としては冴えない実家。それでも宗性はめげずに一生懸命に教学を学んだ。いつしか彼は第一の学僧として知らぬ者はないほどの存在となり、六〇（文応元）年、五九歳にして東大寺別当《べつとう》（東大寺のトップ）に昇りつめた。僧位も権僧正《ごんのそうじょう》になっている。

さて、この宗性、けた外れに勉強熱心であった。彼の遺した自筆の原稿は東大寺に大事に保存されているのだが、その量たるや膨大で、もうイヤになるほどである。というのは、私の本業は『大日本史料』第五編の編纂《へんさん》であり、鎌倉時代を守備範囲としているために、宗性のノートを何とか活字にして収録しなくてはならないのだ。その作業の苦しさは、筆舌に尽くしがたい。

いや、泣き言はやめておこう。彼の話を持ち出したのは、『大日本史料』編纂の困難さを訴えるためではない。そうではなくて、彼の仏教ノートを否応なく解読させられるうちに、私は根本的な疑問を抱かずにいられなかったからなのだ。

南都六宗と密教

　教科書的な理解を先に記す。奈良時代、古都平城京に花開いた仏教は、学問的な色彩を色濃くもっていた。南都六宗《なんとりくしゅう》と総称されたこれらの仏教は「鎮護国家」を標榜して国家の宗教の座を不動のものとし、やがて政治にまで介入するようになった。桓武《かんむ》天皇の平安京遷都の理由の一つとして、天皇と周囲の人々が仏教勢力の容喙《ようかい》を忌避したことが挙げられている。

　平安京に移転した朝廷を魅了したのは、新しい宗教、最澄（伝教大師、七六七〜八二二）の天台宗と空海（弘法大師、七七四〜八三五）の真言宗であった。はじめ天台宗は理論を重視する顕教《けんぎょう》、真言宗は世俗の理論だけでは説明しきれぬ密教を説いた。だが、貴族たちは神秘的な密教を好んだので天台宗も密教の考えを受容し、天台宗の台密《たいみつ》、真言宗の東密《とうみつ》が並び立つ。両者はともに加持・祈禱《きとう》を行い、天皇・国家・朝廷の安穏を祈願した。やがて南都六宗もこの流れに取り込まれ、仏教行事は朝廷の年中行事の中にしっかりと根を下ろすようになる。

たとえば法華八講《ほっけはっこう》という仏事がある。法華経八巻を八座に分けて論議する法要のことである。経文の内容を問う僧侶・問者《もんじゃ》が立って質問をし、論者がそれに答える。この応酬が一座である。朝と夕に一座ずつ、一日二座を行い、四日で八座。この議論の積み重ねにより、国家の護持を祈願したり、亡き人の菩提を弔ったりする。

仏教のやりとりは難しい

宗性は学僧として名高かったから、鎌倉時代にも盛んに行われた法華八講の問者や論者を務めることが多かった。もちろん、その草稿はすべて書き残されている。彼の独特な癖のある字。どんな辞書にも出ていない固有名詞。それでも仕事であるし、鎌倉時代の仏教の大事な史料であるから、私は翻刻にこれ努めた。たとえばこんな具合である。

〔諸宗疑問論義抄〕 十二 建長元年之中 自七月至中冬〉 ○東大寺圖書館所藏

(端書)「建長元年藤大納言爲家八講、宗性問智圓法印、」

問、經文云、住王舍城文、爲指上茅城、爲當可寒林城耶、答、或云上茅城、或云寒林城之二義可有也、兩方若寒林城者、法花論云、如王舍城勝於諸餘一切城舍文、而寒林城是不祥地、非最勝城、難顯一乘勝諸乘之義、尤可指上茅城也、是以妙樂(湛然)大師、引西域記云、景山四周以爲外墎文、此釋無諍可指上茅城見、加

之、智論中王舍城者上茅城見、若依之爾者、山家大師解釋中、王舍城者寒林城文、如何、

〈「建長元年に藤原為家《ためいえ》が主催する法華八講。宗性が智円法印に問う。（為家は藤原定家の息子。定家は先述したように宗性のお祖父さんの異父弟であるから、為家と宗性も多少の血縁がある）」

宗性が問う。法華経に「王舎城に住す」という一文がある。これは上茅城を指すのか。寒林城に当てるべきなのか。智円が答える。あるいは上茅城、あるいは寒林城、二通りの意味があるようだ。（両方若寒林城者、は意味不明）。法花論に「王舎城は他のすべての城よりすぐれている」という文がある。しかし寒林城はどこにあったかわからないから、最もすぐれた城とは言い難い。王舎城は上茅城のことではないか。それで妙楽大師（湛然）は西域記の「（王舎城は）周りの美しい山を外郭としている」という文を引いたのだ。ここからも上茅城がふさわしい。それだけではなく、智論（大智度論）にも王舎城は上茅城、と見える。宗性が尋ねる。そうであるなら、山家大師（最澄）が「王舎城は寒林城」といっているのはどういう事か？〉

現在の学問水準をもってこの問題を調べてみると、王舎城とはラージャグリハ。古代インドのマガダ国の首都。周りを山に囲まれた上茅城（クシャグプラ）が焼失したので、ビンビサーラ王が山の北に建設したという。寒林とは王舎城付近にあった森で、幽邃《ゆうすい》で寒かったので、この名があるという。

仏教が衒学的でもよいのか

この文章などは本当に簡単なものを選んだのだ。他はもっと難しい。固有名詞が分からないし、意味もとれない。まさにちんぷんかんぷんである。いったいどれだけの研究者が、とくに日本史から仏教史に言及している研究者が、かくも難しい文章を読みこなせているのだろう？　という意地悪な疑問はさておいて、私は素直に感心していた。

辞書などの学習補助ツールもないのに、すごいなあ。宗性は学があるなあ。だがもう一度改めて考えてみよう。仏教はそもそも何のためにある？　青臭いと笑われても、めげずに言おう。苦しむ人々の心を救済するためではないのか？　不安におびえる人々に安寧をもたらすためではないのか？

王舎城が何だろう。べつに人々は古代インド史を学びたかったわけではない。上茅城に寒林城が別のものだろうが、同一のものだろうが、それが何なのだ。そんな考察をすることで、人々の魂は救われるのか？　そんなことはあるまい。宗性さん。あなたはこんな議論を続けている限り、優れた研究者ではあっても、宗教者ではあり得ないんじゃないか。

有力貴族と院家の結合

中世の中央仏教世界を理解しようとしたら、「院家《いんげ》」に注目するのがよい、と私は思っている。平安時代の後期ごろから、大きな寺院の統制のもとに、別形態の寺院が経営されるようになった。これを院家と呼ぶ。院家は本寺に所属してはいたが、まったく別の敷地と堂塔・建物を有し、別の本尊と経典を有し、荘園などの財産をもっていた。

院家は京都の郊外に多く建てられたので、貴族の子弟が出家するときには、この院家に止住することが多くなる。たとえば、延暦寺の僧侶になりたいが、比叡山は不便だし、生活は厳しそうだ。それよりも、都の空気にふれられるところがいいな、というわけである。

いま例として、真言宗仁和寺の勝宝院を見てみよう。鎌倉時代の勝宝院の歴代は、

貞暁法印→道勝大僧正→道耀大僧正→道意大僧正→道厳法印

となるのだが、系図に彼らを落としてみると、【系図４】のようになる。

一目で分かるように、勝宝院のあるじ——これを院主という——は有力な貴族である西園寺《さいおんじ》氏で占められている。西園寺氏は一族中の子弟を勝宝院主とし、寺の領地として荘園を寄進し、豪華な建物を建て、祈禱を興行する。同家の祖先の菩提を弔い、同家のますますの繁栄とつつがない日常とを祈願するのである。

勝宝院は仁和寺の院家であるから、同院の継承は、本来は仁和寺によって定められるべきである。ところが、後継者の選定はたしかに仁和寺の認可を得て行われるが、それはあくまで形骸的な追認であって、世俗にある西園寺家の意思が勝宝院のありようを定めている。

こうした有力貴族と院家の関係は、ごく一般に見ることができた。貴族の家々は特定の院家と密接な関係を持った。たとえば興福寺の一乗院は、代々の院主を摂関家の近衛《このえ》家流（近衛家と鷹司《たかつかさ》家）から迎えた。これに対し大乗院は摂関家の九条家流（九条家と二条家と一条家）から迎えた。そのうえで一乗院主と大乗院主は、かわるがわる興福寺のトップである興福寺別当の座に就いたのである。

院家の中には、俗界の身分秩序がそのまま持ち込まれた。院主の周囲には中・下級貴族出身の僧侶たちがいて、従者の如くに院主に仕えた。それは朝廷での様子と同じであった。彼らは仏教経典の研究などに従事し、院主の宗教活動を助け、「学侶《がくりょ》」と呼ばれた。また、彼らの下には武士・土豪・有力な農民の家から出る下級の僧が組織され、領地である荘園の経営や学侶の世話、日々の雑事などを行った。多くの寺で「衆徒《しゅと》」と呼ばれる、僧兵の主体ともなった人々である。

【系図4】

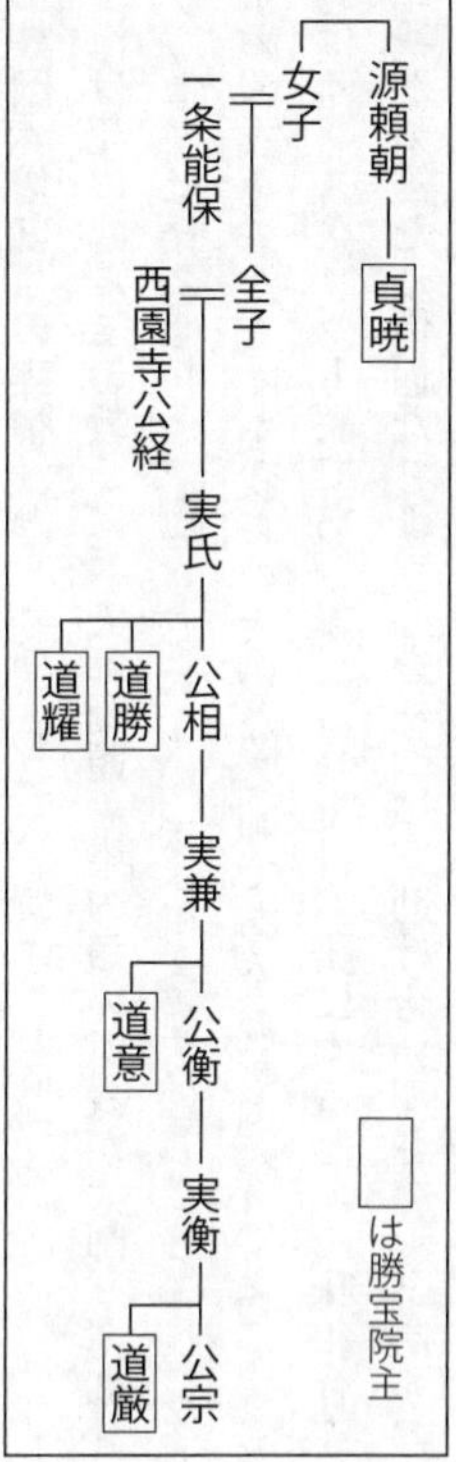

僧侶集団「僧伽」の実情

空海は死に臨んでの教えに「夫れ剃頭着染の類い、我が大師、薄伽梵子《ばがぼんし》は僧伽と呼べり、僧伽は梵名にして、翻りて云う、一味和合等の意と」と言った。「頭をそって墨染めの衣を着た人々を我らの大いなる師であるお釈迦様は『僧伽《サンガ》』と呼んだ。『僧伽』はサンスクリット語であって、これを日本語にすると『一味和合』になる。だから、我が弟子たる僧侶たちよ、心を一つに、助け合いなさい」と訳すのだろうか。

僧侶集団を意味する「僧伽」という言葉は、本来の語義として「皆が心を一つにして仲良くする」という概念を内包しているのだ。私たちがよく知っている言葉に直せば、空海は「人は仏の前では平等なのだ」と説きたかったのだろう。けれども中世仏教の拠点たる院家には、仏教の説く、「仏の前での平等」を前提とした「一味和合」の精神はなかった。あくまでも世俗と同様に、出自による上下関係が優先された。

上級の僧たちの生活は、貴族同様に豪華なものであった。さすがに女人は表向き御《ご》法度《はっと》であった(ただし、表向き、である。師匠から弟子へ受け継がれる仏法の系図をひもとくと、「真弟」の語をしばしば見ることができる。これは血の繋がった弟子、すなわち実子を意味するという。「隠し子」というわけだ)が、贅を尽くした調度品を揃え、色とりどりの法衣を着し、美しい稚児を相手に酒を酌み交わした。

ある大寺では正月の恒例行事として「引き合わせ」という儀式を行う。一方に院中の高僧がずらりと居並ぶ。それに向き合ってかわいいお稚児さんたちが並ぶ。高僧たちはくじを引き、お相伴の稚児さんが決まる。そうやってカップルをつくり、一日楽しくお酒を飲むのである。

やっぱりお酒はやめられない

また宗性さんにご登場願おう。彼は一二三五（文暦二）年、三四歳の時に禁酒の誓いを立てている。「飲酒は諸仏が禁じている行為であるから、今日から一〇〇〇日、酒をやめる」。立派な決意である。「けれども、酒は薬でもあるので、一日に三合は飲んでもよい」。うん？　それのどこが禁酒なのだ。

当人もまずいと思ったか、今度は四二歳の時、一二四三（仁治四）年、金輪際もう酒は飲まないと誓った。「私は一二歳の夏から四一歳の冬に至るまで、酒を愛して多飲し、酔っては暴れてきた。いま思うと恥ずかしい限りだ。これからはきっぱりとやめる。二度と飲まない」。彼の誓いが守られたかどうかは、定かではない。世の常のことからして、おそらくダメだったと思うが。

一日三合を飲んで禁酒だといえるのだから、それまでの彼はよほど大量の酒を飲んでいたのだろう。でも「そんな固いことを言うな、お坊さんだって、飲みたいだろう」とあたたかい感想をもたれる読者は少なくないかもしれない。

いま九五人です

では次はどうか。宗性三六歳、一二三七（嘉禎三）年の誓いである。珍しい史料なので逐語訳してみる。

五つの誓いのこと

一　四一歳になったら東大寺を出て、いなかの笠置寺に引っ込みます。

二　いま九五人です。「男犯一〇〇人」のほかには淫欲を行いません。

三　亀王丸のほかには「愛童」を設けません。

四　自分の部屋に「上童」を置きません。

五　「上童」「中童」を特定の恋人にしません。

これら五カ条を一生涯、守ります。これは心身清浄と内外潔斎《けっさい》のためです。誓いを果たすことによって、（五六億七千万年後に出現するという）弥勒《みろく》さまに会い、兜《と》率天《そってん》に往生するのです。この誓いに背かぬことを約束します。

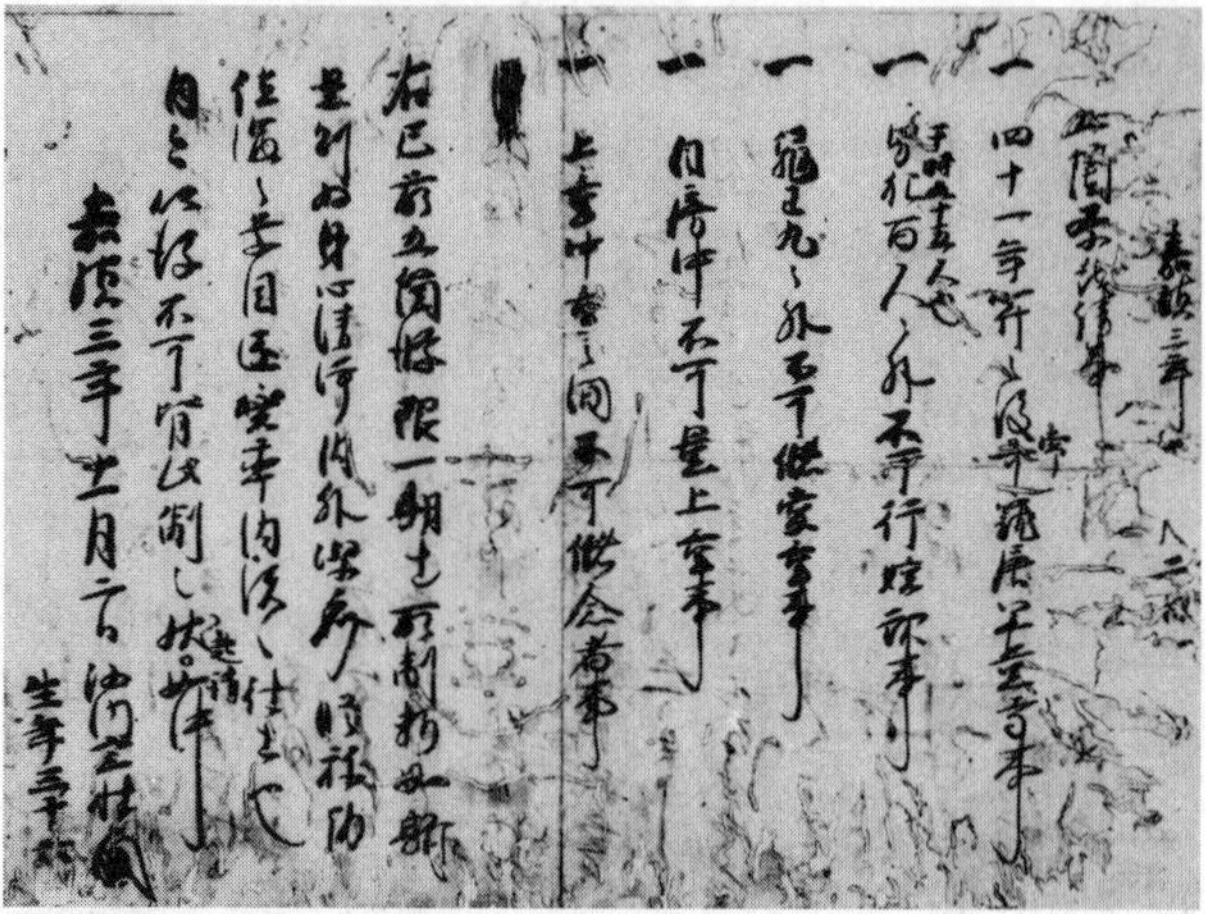

宗性　五つの誓いのこと（「禁断悪事勤修善根誓状抄」東京大学史料編纂所所蔵、原本は東大寺図書館所蔵）

嘉禎三年一一月二日

宗性（花押）

宗性はふざけているわけではない。大まじめである。だから一層、呆れてしまう。「いま九五人」って、記録しているのか。何でもメモに残してしまう、データ人間の面目躍如、しかしすごい数である。それで心身清浄とか内外潔斎なのか。またこの時点では、亀王丸なる恋人がいるという。人の色恋に口出しするような野暮は言いたくないのだが。

「上童」「中童」というのは、出自を基準にした呼び方と思われる。第五条からすると、亀王丸は「上童」

でも「中童」でもないのだろうから、「下童」つまり身分の低い家の子ということになる。第四条からすると、宗性は彼と一緒の部屋に寝起きしている。そうか。もてない僻《ひが》みからの邪推では断じてなく、通常の恋愛ではないに違いない。身分の低い「下童」の子は、宗性のような偉い方から誘われたら、断る自由がないのだ。ここでも「身分」「出自」が決め手になる。しかも自らの「出自」を利用してのそうした行いは、彼にとって仏に恥じたり、罪の意識を生ぜしめる営為ではない。だから、明るく誓える。これからも一〇〇人を目指す、と。

格が高い門跡

話を院家に戻す。院家の内で皇族もしくは摂関家などから院主が選ばれる格の高いものは、とくに「門跡《もんぜき》」と呼ばれた。また少しややこしいことに、門跡の主その人（すなわち天皇家もしくは摂関家出身の高貴な人）も、門跡と呼んだ。

天台宗で見てみると、比叡山延暦寺、山門の三門跡といえば青蓮院《しょうれんいん》・妙法院・梶井（のちの三千院）であり、三井寺園城寺《みいでらおんじょうじ》、寺門の三門跡といえば聖護院・実相院・円満院。このほかにも岡崎の実乗院や竹中《たけのうち》の曼殊院《まんしゅういん》などが有名である。彼らは代わる代わる天台宗のトップである天台座主《ざす》、園城寺長吏《ちょうり》の要職に任じた。

真言宗では、院主が皇族に限定されてとくに格が高い仁和寺御室《おむろ》。それに醍醐寺の三宝院、勧修《かじゅうじ》寺、随心院など。彼らは東寺長者となった。南都では先述の興福寺の一乗院・大乗院が名高い。

明治維新政府が神仏の分離を強行した結果、天皇は神道の頂点には立つものの、仏事とは切り離された。以来、天皇と国家神道の深いつながりが生じ、現代の私たちの意識に大きな影響を与えた。そのため、天皇や朝廷とくれば、神道・神事を連想しがちであるが、中世においてはむしろ仏教・仏事なのだ。仏事は朝廷の行事として溶け込んでいる。天皇自身が仏教徒であって、朝廷の日常は諸仏に守られていた。

仏事漬け

少し前に編纂した『大日本史料』の一二四九（建長元）年を例にとって、どれだけの仏事が行われているかを確認してみよう。

建長元年

【正月】八日　後七日の御修法

十日　法勝寺修正、後嵯峨上皇臨幸

十八日　蓮華王院修正、後嵯峨上皇臨幸

【二月】十四日　院尊勝陀羅尼

二十二日　後鳥羽上皇忌日により安楽心院で法華八講

二十三日　院御所において薬師法

【三月】十三日　後白河上皇忌日により長講堂で法華八講

【四月】二十六日　天変火災により全国の諸寺に最勝王経を、延暦・園城寺等に大般若経を読ませる

【五月】十一日　院最勝講

二十二日　後嵯峨上皇妃の御産お祈りとして愛染王法、また最勝講

二十八日　後嵯峨上皇妃のために五壇法、ついで七仏薬師法

【六月】九日　後嵯峨上皇若宮のために北斗法

二十八日　後嵯峨上皇妃のために普賢延命法

【七月】二日　御薬お祈りとして薬師法

五日　法勝寺八講、後嵯峨上皇臨幸

八日　最勝光院法華八講

十八日　坊城殿法華八講

【八月】二日　後堀河院法華八講
二十四日　延暦寺のことにより五壇法
【九月】三日　後堀河上皇妃のために尊勝陀羅尼
二十七日　土御門上皇妃のために法華八講
【十月】十一日　坊城殿法華八講
二十七日　季御読経
【十二月】十四日　歳末御修法、また最勝光院念仏

仏事は七日を単位として催される。一七（1×7＝7）日、二七（2×7＝14）日というふうに修されて、大法になると五七（5×7＝35）日にも及ぶ。まさに仏事漬けであったことが分かると思う。

仏事を行ったのは、先に見た門跡や院主たちであった。門跡は配下の院主を従えて、院主たちはやはり自らに所属する学侶の助けを得て、法事の遂行に当たった。朝廷の政事と法事は、人的側面から見ると、まさにパラレルな構造を有していた。「王法と仏法は車の両輪」という命題が広く認知された所以である。

政界と法界は「車の両輪」

『大日本史料』の同じ刊、一二四九（建長元）年九月四日に没した金剛王院実賢《こんごうおういんじつけん》なる高僧の事跡を追ってみると、興味深いドラマに遭遇する。この実賢という僧侶、法力の凄まじさ（科学的な見地からすると首をかしげるところだが）で内外に知られた存在であったが、中級貴族の出であるためにいま一つ出世が思うようではなく、身の不遇を託《かこ》っていた。

そこへ現れたのが有力御家人の安達景盛《あだちかげもり》（?～一二四八）、出家して覚智《かくち》入道であった。彼ははじめ、真言宗界の第一人者であった菩提院行遍《ぎょうへん》という僧に弟子入りを志願した。ところが、東寺の荘園群を再建したことで中世史研究者の間ではきわめて著名な行遍は、何とも得体の知れない覚智の入門を拒絶したのである。困っていた覚智に救いの手を差し伸べたのが実賢で、ここに毛色の変わった仏弟子が誕生することとなった。

覚智はよほど嬉しかったらしい。師の恩に報いるべく、京都政界に猛烈な働きかけを開始した。具体的にどう動いたのかは定かではないが、これを機に実賢の法位はみるみる上昇し、ついに真言宗の頂点、東寺一長者として君臨することになる。一方で行遍は、高野山における争い（覚智は同山内に大きな発言権を有しており、この一件に深く関与していると思われる）に敗れたことを契機として、権力の座から滑り落ちた。

もう少し調べていくと、事情が一段と明らかになっていく。行遍に帰依し、彼を政治的・経済的に後援していたのは、当時の廟堂《びょうどう》を代表する大貴族、九条道家《くじょうみちいえ》（次章「九条道家」を参照）であった。これに対し、覚智と同じ政治グループに属していたのが北条重時《しげとき》であり、さらには後嵯峨《ごさが》上皇（一二二〇～七二）であった（「第四章　北条重時」を参照）。つまり、実賢と行遍の真言宗世界の主導権の争奪は、そのまま後嵯峨上皇と九条道家の権力闘争と重なるのである。それ故に当然、後嵯峨上皇の政治的勝利に連動して、実賢が行遍から法権を奪い取ることになる。まさに政界と法界は「車の両輪」だったのである。

権門体制論と顕密体制論

朝廷における仏教の役割の大きさに注目し、一九六〇～七〇年ごろに新たな国家論が提起された。黒田俊雄氏による「権門体制論」である。そこでは仏教勢力は本地《ほんち》垂《すい》迹《じゃく》（日本の神は仏教の諸仏の化身と捉える。つまり、大雑把にいうと仏教の諸仏＝日本の神々である）の考え方を経由して神社勢力を取り込み、貴族たち「公家」・武士たち「武家」とならぶ、宗教勢力「寺家」として把握される。寺家は公家や武家と相互に補完しながら、中世国家を維持する勢力である。荘園という財産を管理・運営し、僧兵からなる武力を保有し、祈禱を行って国王である天皇の安穏と国家体制の護持に寄与するのである。仏教勢力に初めて明瞭な位置づけを与えたという点において、「権門体制論」は同論を受容しない研究者からも、いまだに高く評価されている。

王法と深く関わる仏法を注視する黒田氏は、中世仏教については「顕密体制」を提唱した。はじめ顕教に重きを置いた天台宗と密教主体の真言宗こそ、中世仏教の基幹である。従来の日本史・思想史で強調されてきた鎌倉新仏教は、天台・真言教学の異端にすぎず、これを過大に評価すべきではない、というのである。たしかに法然も親鸞（一一七三～一二六二）も栄西《えいさい》（一一四一～一二一五）も道元《どうげん》（一二〇〇～五三）も、もとは比叡山で修行した学僧であった。日蓮《にちれん》（一二二二～八二）は自己の教えを「真の天台宗」と認識していた。朝廷と不即不離の関係にあった天台・真言宗界の影響力の大きさを考えれば、細々と民衆の間で布教していた鎌倉新仏教などは、取るに足らぬ存在だ。そう見なすことも、論理的には十分に説得力をもつように思える。

民衆と王権の関係

どうしても考えておかねばならないことなので、何度か他で使った資料だが、古代中国のこんな歌を引いてみる。

普天之下　　普天のもと　　（あまねく空の下
莫非王土　　王土に非ざるはなく　　王の土地でないものはなく
率土之浜　　率土のひん　　地平の果てまでも
莫非王臣　　王臣に非ざるはなし　　王の臣でない人間はない）

ここでは王様と民衆は直に結びついている。王様の動向は、すぐにでも民衆に影響を与えるのだ。ということは、王と両輪をなす仏も、民衆をまっすぐに捕捉するのだろうか。王権と二人三脚で前進する仏教界は、広く民衆に向き合い、民衆の精神の安らぎを追い求めるのだろうか。

いや、一方でこんな歌もある。有名な「撃壌歌《げきじょうか》」である。

日出而作　　日出でて作り　　（太陽がのぼれば耕作し
日入而息　　日入りてやすむ　　太陽がしずめば休む
鑿井而飲　　井を鑿《うが》ちて飲み　　井戸を掘って水を飲み

耕田而食　　田を耕して食らう　　田を耕してご飯を食べる
帝力于我何有哉　　帝力われに何かあらん　　帝の権力？　私には何の関係もない）

私は私の生活を楽しむ。帝だってそれには干渉できない。彼は腹つづみをうって（鼓腹《こふく》）土地を叩いて（撃壌）、楽しそうに歌うのである。

かつて、在地には在地の規範があり、そこには中央政府に容易に干渉されない「明るい生活」があった。王権と民衆を単純に結びつけることはできない、とこの歌は示唆している。ならば、中央仏教界が王権と緊密な協調関係を結んだからといって、ただちに民衆にアピールしたことにはならないではないか。たとえ朝廷を宗教的・精神的に取り込んだとしても、それは日本の社会全体を包摂したことと同義ではない。

仏教は人心の救いではないのか

先に記したのと同じ問いかけを、もう一度ここでやり直してみよう。仏教はそもそも何のためにあるのだろうか。国を鎮護するため？　天皇や貴族に日々の安寧をもたらすため？　そういう答えも、「あり」なのかもしれない。中世の仏教はそうした性質のものなのだよ、と開き直られたら、私の議論はここで破綻《はたん》する。

だがどうしても繰り返したい。仏の教えとは、人々の心を救うものではないのか。人はいかなる階層に属していようが、喜び笑い、一方で懊悩《おうのう》し煩悶《はんもん》する。その苦しみや悩みを抱きとってくれるのが仏であり神ではないのか。

そうした幼稚な命題をいまだに後生大事にかかえている私には、「顕密体制論」が分からない。というよりは、正直に言おう、好きになれない。京都周辺の院家で豪奢《ごうしゃ》な生活を送る院主たち。経典に埋もれて学究的な修行に励み、現実を直視しようとしない学僧たち。門跡と有力院主は中央の仏教界を構築し、王権にこそ奉仕する。王権に癒着《ゆちやく》し、王権の権威の生成と維持に助力し、王権力とパラレルな法権力を構成する。これこそが中世仏教なのだから、京都に住む庶民が飢えて死のうが、地方の農民がうち続く戦乱に苦しもうが、それは仏が管轄すべき問題ではないし、もちろん関与することもない……。

いや、待ってはいただけないか。それが宗教の本質なのか。慈愛を重んじる仏教の真の姿だというのか。まさに「顕密体制論」はそう説くのであるが、私にはそうは思えないし、思いたくないのだ。

一二七四年のリヨン公会議において、七つの秘蹟《ひせき》＝サクラメントが定められ、カトリック宗界では現在でも有効である。この七つの中に「告解《こっかい》」がある。司祭のもとで自分の罪を告白して、神の許しを得る、というよく知られた行為である。この告解が行われた歴史は古く、平安時代にあたる時期には広まっていたことが知られている。住人たちの情報を一手に握った司祭が、けしらかぬ行いに出る。たとえば女性を口説いたり、脅迫行為を通じて町の実権を握る、などの逸脱はしばしばあったらしい。だが、とりあえず人々は神の代理人である司祭に救いを請い、許しを得ることができた。

翻って、日本の仏教界はどうか。「懺悔《ざんげ》」という言葉があるのだから、告解にあたる宗教儀礼があるのかと調べてみたら、そんなものはなかった。まったくなかった。懺悔する主体は僧侶に限られており、僧侶たちが相互に反省するにすぎず、そこに人々の救済、という概念はない。僧侶が自己の犯した罪過を懺悔するための法要としては、懺法《せんぼう》・悔過法《けかほう》というものが存在するが、これとても平安時代以降は後生菩提・鎮護国家を祈念する、他の法と似たものになってしまっている。

思い切って言う。平安時代の仏教は、庶民がどうなろうと関心がなかったのではないか。大乗仏教は自分の解脱《げだつ》を目指し、人々の解脱を目指す。この時の「人々」とは、ごく限られた一握りの人々、貴族ほかに限定されていたと解釈すべきである。そういえば、根本的な問題として、日本では経典はついに日本語に翻訳されなかった。漢文の読めない愚昧《ぐまい》な衆生などは、学侶の眼中にはなかったのだろうか。

度重なる戦乱。飢餓と疫病。人々は確実に救いを待っていた。法然が生きたのは、まさにそうした時代だったのである。

法然の出現

法然は美作《みまさか》国の在地領主の子である。もし仏門に入らなければ、源平の戦いに巻き込まれ、旗幟《きし》を明らかにすることを迫られたかもしれない。美作国の軍事指揮官であった梶原景時《かじわらかげとき》あたりに引率され、源頼朝に臣従を誓うような場面もあり得たはずだ。法然が武門の出身であったことは、象徴的であったように思う。彼の家は、多少の努力をすれば、堂塔を建て仏像を造ることが可能な階級に属していた。一方で、地方の貧しい農民の実生活とも密接であった。当時の仏教の顧客簿に辛うじて名を連ねることができると同時に、救いを求めながら仏の教えから排除される人々の悲惨さをも、目の当たりにしていたのである。

もう一つ付け加えると、武技をふるって殺生に手を染める、苛酷な宿命に縛られてもいた。彼の父の漆間時国は、地域のライバルである明石定明《あかしさだあき》の襲撃によって落命している。九歳であった勢至丸《せいしまる》少年は、「敵人を怨《うら》むな、父の菩提を弔ってくれ」という時国の末期の言葉にしたがって仏門に入った。伝記の類はそう伝える。だが当時の他の事例から推察すると、事態はより緊迫したものだったのではないか。なにしろ彼は、亡父の在地での利権を継承する立場にあったのだ。

幼少のゆえにひとたびは見逃されたが、勢力拡大を目指す他者にいつ命を狙われるかもしれない。生き延びるためには家の再興をあきらめて、仏門に入るしかなかった。それが実情だったのではないか。

倒すか倒されるかという容赦のない日常。怨敵《おんてき》の刃に倒れた父。別れ別れになった母。少年法然は、人間のもつ業や罪深さについて、深くおもんぱかる日々を送ったことだろう。

地方の小寺院を経由して比叡山に登った法然は、勉学・研鑽《けんさん》に励み、「智慧《ちえ》第一の法然房」と称された。——いまさらなのですが、彼を「法然」と呼ぶのには、ちょっと問題があるのです。彼は比叡山で受戒し、「法然房源空」と名乗った。法然房は通称で、諱《いみな》が源空。だから本来は彼は「源空」と呼ばれるべきなのだ。法然と書き記すのは、源義経について「そこで九郎は～」と叙述するようなもので、歴史に登場する他の僧侶と釣り合いがとれないのである。もっとも、そんな瑣末《さまつ》な議論は法然には似つかわしくないので、ここでは法然で通したい。

どうしたら民衆を救えるだろう

さてその法然は、高名な学僧になりおおせた。武士階層の出身ゆえに僧位の栄達こそ望めなかったが、ひろく仏教界に認められたのである。敬意をもって迎えられたのである。多くの者はそこで満足するはずだが、彼は根源的な問いかけを止めようとはしなかった。彼の問い。それはあまりに真っ当すぎて、当時の比叡山を辟易《へきえき》させ、沈黙させるものであった。

彼の言葉に耳を傾けてみよう。

もしも仏像を造り堂塔を建てることを極楽往生の要件とするならば、貧乏な者はきっと往生の望みを絶つであろう。しかるに富める者は少なく、貧しい者は甚だ多いのだ。もし学力優秀であることを要件とするならば、愚鈍な者はきっと往生の望みを絶つであろう。しかるに智慧のある者は少なく、愚かな者は甚だ多いのだ。もし博学多識であることを要件とするならば、学ぶ機会の少ない者はきっと往生の望みを絶つであろう。しかるに博識な者は少なく、学のない者は甚だ多いのだ。もし身を厳格に律することを要件とするならば、「破戒無戒」の人はきっと往生の望みを絶つであろう。しかるに戒を持つ人は少なく、戒を持たぬ人は甚だ多いのだ。他の行いについても、以上のことに準じて考えることができる。
（『選択本願念仏集』より。原漢文）

彼のまなざしが、金もなく学もない多くの民衆に向けられていたことは疑いがない。どうしたら民衆を救済することができるのか。法然はそれこそを求め続けたのである。民衆を救いたい。法然はそう切望する宗教者であったが、正統的な学僧でもあった。彼は決して自分の願いに都合の良い、その場しのぎの議論を興そうとはしなかった。拠るところのない、新しい教説を作りだそうとはしなかった。仏に深く帰依した彼の前には、仏教を信仰するという制約のもとに、膨大な仏典が実存するテキストとして用意されていた。あたかも真摯な研究者の如き態度で、法然はそれらを読破し、救いの仏、救いの論理を探究する。そして『無量寿経』と出会う。

『無量寿経』は説く。いにしえに法蔵《ほうぞう》という修行者がいた。世自在王如来《せじざいおうにょらい》に教えを求め、一切の人々を救済しようという大願をおこした。その方法について熟慮した結果、四十八の本願が立てられる。本願とは人々を救うための誓いで、その一つ一つには「私はこの課題を果たせなければ仏にならない」という法蔵の決意が付されている。その上で法蔵は本願を果たすために、長い長いあいだ修行を積み重ねた。本願はついに成就され、法蔵は阿弥陀如来となった。阿弥陀如来はいま西方の極楽浄土に住んでいる。

救済は眼前にあり——京に広がる「南無阿弥陀仏」

唐の善導（六一三〜六八一）をはじめとして、阿弥陀仏に着目した先達は数多くいた。その教説は連綿として叡山に伝えられていた。けれども法然はあらためて、この仏を凝視する。法蔵菩薩は世の人々の救済を誓い、それを成し遂げて阿弥陀如来になっている。ならば。実は「すでに」人々の救済は果たされているのだ。気づかなかっただけなのだ。阿弥陀仏に帰依すれば、救済は眼前にある。

（阿弥陀仏は）造像起塔等の諸行をもって往生の本願となしたまわず、ただ称名念仏の一行をもって本願となしたまえるなり。

称名念仏は彼の仏（阿弥陀仏）の本願の行なり。ゆえにこれを修する者は、彼の仏の願に乗じて必ず往生を得る。

（ともに『選択本願念仏集』より。原漢文）

称名念仏、すなわち「南無阿弥陀仏（南無は帰依する、の意。わたしは阿弥陀仏におすがりいたします、ということ）、ナムアミダブツ」と唱えることによって、人はみなひとしく、救われるのだ。

称名念仏を選び採った法然は、比叡山を下り、東山の吉水に居を構えた。彼の名はやがて京中に広まり、僧俗貴賤を問わず、さまざまな人が教えを請いに集った。南無阿弥陀仏の声は日に日に力強くなっていった。

かかる差別はあるまじ

熊谷直実（?〜一二〇八）は武蔵国の御家人で、数多くの戦いに参加した豪勇の士であった。その彼もまた、法然の門下に入り、蓮生房《れんしょうぼう》を名乗るようになる。ある日、法然は蓮生房を供として、関白九条兼実《かねざね》（次章に登場する九条道家の祖父、一一四九〜一二〇七）の邸宅に赴き、法話を交わした。庭先に控えていた蓮生房の耳に法然の声は微《かす》かに聞こえてくるものの、しかと聞き取ることは難しい。剛直で知られた彼は、ついに大声でどなりたてる。「ああ、この世ほど口惜しいところはない。極楽にはこんな差別はあるまいものを。ここではありがたい上人様のお声が聞こえぬぞ」（『法然上人絵伝』より）。

法然（中央）と熊谷直実（左端）
（『法然上人行状絵図』国立国会図書館デジタルコレクション）

　この部分、原文には「哀れ、穢土ほどに口惜しき所あらじ、極楽には斯かる差別はあるまじきものを」とある。蓮生房は「差別」されたことに激怒した。彼の胸中を忖度《そんたく》すれば、「法の前での平等」ならぬ「仏の前での平等」を述べ立てたかったに相違ない。絶対者である仏の前に立ったときには、老いも若きも男も女も富める者も貧しき者も平等である。この考え方は、「平等」という概念に慣れ親しんでいる現代の私たちには、きわめて分かりやすい。けれども本章で繰り返し述べているように、当時の仏は、人を差別するのが常であった。出自の貴賤・身分の高下は、それなくしては僧界が維持し得ぬほど、重要な価値であった。

「かかる差別はあるまじ」。蓮生房の怒声は当時の仏教界に鋭く突き刺さる。死線を何度もくぐり抜けてきた熊谷直実の剛直も、当然作用していたことだろう。けれどもそれだけではない。彼は常日ごろ息苦しく感じていたことを、「差別」という端的な言葉として表現した。そこに私は法然の大きな影響力を見ずにはいられない。

差別に力強く抗議する蓮生房の精神を支えていたもの。それは、阿弥陀仏は「一切の」人々を「ひとしく」救済する、という法然の教えだったと思うのである。この意味で、法然こそは、日本史上に平等という価値を創出した、初めての人物だったと評価できるのではないか。

一神教という浸透力

紙数も尽きたので、最後に一神教の問題を考えておきたい。数ある仏の中から阿弥陀仏を選択し、これだけに帰依する。かかる教義は仏教本来の多神教のありようから脱して、一神教に接近しているようにも思える。むろん、私は多神教と一神教の優劣を論じるつもりはない。ただ、客観的に世界史を参照すると、伝播《でんぱ》する速力に関して

吉水に庵を構える法然
(『法然上人伝』国立国会図書館デジタルコレクション)

いうならば、一神教は多神教以上の浸透力をもっていたようなのだ。

一神教という概念自体を知らなかった中世初期の仏教界は、法然の教えに自らとかなり異質な性格を感じ取ったらしい。叡山も南都も、厳しい弾圧を加え、念仏の広まりを阻止しようとした。南都僧界を牽引《けんいん》したのが、あの宗性の師、貞慶《じょうけい》であったことも付記しておこう。こうした動きに対して法然は『七箇条《しちかじょう》制誡《せいかい》』を著し、門弟に示した。その第一条には次のようにある。「十分に仏教の教えを知りもせずして、天台・真言などの諸宗派の教えを非難したり、阿弥陀仏以外の仏を誹謗《ひぼう》してはならない」。これを見る限りにおいて、他の仏の存在や他宗派の教えを尊重する法然の態度は、すぐさま一神教に向かうものではなかったと見るべきである。

けれども逆説的な物言いになるが、こうした誡《いまし》めを掲げねばならぬほど、法然門下にはすでに、他宗派を非難したり、他の仏を否定したりする動きがあったのである。法然の教えからは一向宗が生まれ、同宗はやがて全国に広がり、時代を大きく動かしていく。その爆発的な浸透力は法然の教えに内在していたのであり、この意味でも、法然の教義・思想は仏教の他の宗派ばかりではなく、他の宗教と比較・研究されるべきであろう。

名もない弱き人々の救済を目標とし、既存の強力な価値観と闘いながら、一生それを追い求めた法然。そうした生き方を貫くことがいかに困難なことか。「おやじ」と呼ばれる年齢に達したいま、私はそれを自らの経験のもとに痛感している。本書の他の部分ではこうしたことは書かないが、あえて記したい。何らの信仰をもたぬ私であるが、人間としての法然を、私は深く尊敬する。

第三章

九条道家

【朝廷再生】

九条道家
（『天子摂関御影』宮内庁三の丸尚蔵館所蔵）

九条道家略伝［一一九三・六・二八〜一二五二・二・二一］

父は九条良経《よしつね》。母は一条能保《いちじょうよしやす》の娘で源頼朝の姪。九条家は好学の誉れ高い家で、道家は当時随一の学者、菅原為長《すがわらためなが》について儒学の素養を積んだと思われる。一二〇三（建仁三）年、元服。同年、侍従・左中将に任じる。一二〇五（元久二）年、権中納言。一二〇七（建永二）年、中納言。一二〇八（承元二）年、権大納言。一二〇九（承元三）年、一七歳。西園寺公経《きんつね》の娘と婚姻し、翌年に長子教実《のりざね》誕生。

従来の朝廷政治史研究は親幕派の貴族の代表である西園寺氏を過大に評価していて（もとは竜粛《りょうすすむ》という研究者の見解である。もう五〇年以上も前のもの）、道家の政治権力との関わりも、必ず西園寺氏を介在させて捉えている。しかし資料に忠実に解析を進めていくと、これは明らかな誤りである。筆者はかねてから、朝廷政治史から西園寺氏と後醍醐天皇の過大評価を排さねば、と力説している。反応は……微妙ですが。

一二一二（建暦二）年、内大臣。一二一五（建保三）年、右大臣。一二一八（建保六）年、左大臣。一二二一（承久三）年、藤原氏長者《うじのちょうじゃ》になり、仲恭《ちゅうきょう》幼帝の摂政となる。この後承久の乱が起き、仲恭帝は退位し、道家も一時謹慎する。けれども一二二八（安貞二）年、直接のライバル、近衛家実《いえざね》の無能が幸いし、復活。自身に加え子や婿を摂関の地位に送り込み、二〇年近くにわたる長期政権を樹立した。

朝廷政治史の整理

朝廷の政治史を大まかに理解するには、乱暴に言い切ってしまうと、二つのポイントを押さえれば事足りる。それは次の二つ。

①天皇権力を実際にふるっているのは誰か。
(i)天皇か、(ii)上皇か、(iii)摂関か。
②朝廷の意思決定の方法はどちらで行われるか。
(i)独断専行か、(ii)合議か。

ちなみに平安時代、藤原道長をはじめとする摂関による政治形態は①が(iii)、②が(ii)であると理解されており、それに続く白河・鳥羽上皇らの院政は①が(ii)、②が(i)であると考えられている。

鎌倉時代初めは①—(ii)・②—(i)の後白河院政が敷かれていたが、鎌倉の源頼朝と手を組んだ九条兼実が一時的に実権を掌握、①—(iii)・②—(ii)の摂関主導による政治を行った。兼実は合議を尊重するばかりでなく、さまざまな場面で律令をはじめとする成文法に依拠することを主張した。これは院政の主である上皇たちが、あまりに恣意《しい》的に、要するに自分の都合の良いように政治を行ってきたことを強く批判してもいた。

ただし、兼実の執政期は長くは続かなかった。源通親《みちちか》という公卿《くぎょう》が頼朝と兼実の連携に巧みにくさびを打ち込むと、兼実はもろくも失脚に追い込まれる。政権は通親を経由して後鳥羽上皇に手渡され、①―(ii)・②―(i)の院政が再開された。

縁の政治

後鳥羽上皇（一一八〇～一二三九）はいくつにも分かれていた皇室領（八条院領・長講堂《ちょうこうどう》領・七条院領など）を集積して自らの支配下に置き、権力の基盤とした。律令制においては公地公民（土地の私有は認めない）を建前としていた朝廷であったが、朝廷を背負って立つべき上皇が、いまや他の追随を許さない膨大な「私領」を所有したのである。経済力を裏付けとして、白河・鳥羽・後白河と続く専制的な院政が復活し、貴族たちは上皇の意を迎えることに汲々とした。九条兼実（一一四九～一二〇七）が重視した合議は消滅した。朝廷の意思を決定するのはひとり上皇だけであって、近親者と近臣のみが補弼《ほひつ》のチャンスを得た。

近親者とは、上皇の乳母の藤原兼子《かねこ》（一一五五～一二二九）とその一族の高倉《たかくら》氏、生母の家の坊門《ぼうもん》氏などである。近臣とは葉《は》室《むろ》光親《みつちか》・宗行《むねゆき》ら、上皇が才能を認めた有能な実務官である。とくに卿二位《きょうのにい》こと藤原兼子の権勢はたいへんなもので、鎌倉の北条政子（一一五七～一二二五）と並び称された。「女人入眼《じゅげん》（女性が重事を決定する）の日本国」（『愚管抄』）と形容されるほどであった。貴族たちは競って彼女に奉仕し、なかなか彼女の「お近づき」になれなかった藤原定家（一一六二～一二四一）は「無縁の者、さらにその計らいなし、まさにいかんせん」（『明月記』）と自身の無縁を嘆く。昇進す

九条兼実（『天子摂関御影』宮内庁三の丸尚蔵館所蔵）

後鳥羽上皇（東京大学史料編纂所所蔵肖像画模本）

れるのである。

るためには、経済的利益を獲得するためには、卿二位や「お気に入りの近臣」と縁を結び、すべてを有する上皇に何とか近づかなくてはならない。「縁の政治」が展開されるのである。

文武両道の後鳥羽上皇

後鳥羽上皇は個人的な資質という点では、歴代中でも抜群であった。堂々たる帝王であり、一流の歌人・音楽家であったことはよく知られているが、文事のみならず武事にもすぐれていた。洛中洛外を騒がせていた強盗の首領、交野八郎は次のように語る。「おれは間抜けな武士なんぞには捕まらなかったし、これからもそうだと自信をもっていた。だけど今日、上皇様が直々に、おれらを捕縛にお出ましになった。上皇様は舟に乗っていらしたんだが、何人かでやっと動かす重い櫂《かい》を、ひょいと片手でお持ちになるじゃねえか。それを見ていたら何だか背筋がぞおっとして、いつの間にか捕まっちまった。これからは心を入れ替え、検非違使の下役として、上皇様のために精一杯働きます」(『古今著聞集《ここんちょもんじゅう》』)。

武事にも傑出した上皇のもとには、貴族だけではなく多くの武士たちが集まってきた。上皇は従来の北面《ほくめん》の武士に加えて、西面《さいめん》の武士と呼ばれる親衛隊を設けたが、錚々《そうそう》たる幕府御家人がその中に名を連ねている。彼らは上皇の指揮を受けて京都防衛の任に当たり、賊を追捕《ついぶ》し、僧兵や神人《じにん》などの宗教勢力と戦った。

朝廷とその周囲においては、すべてが後鳥羽上皇の思いのままであった。やがて上皇は号令を発した。私の命令に従わぬ鎌倉幕府を倒せ、と。それが承久の乱である。西国の武士たちは上皇のもくろみの通り、京方に馳せ参じて力戦した。けれども東国の武士は上皇の命に従わなかった。彼らは幕府に結集し、朝敵の名を甘んじて受けて、上皇と戦う道を選択した。東国と西国の戦いが行われ、上皇は敗北した。

承久の乱後の朝廷

承久の乱の敗戦の結果として、後鳥羽上皇は隠岐に流された。天皇権力を実質的にふるっていた「朝廷の主」が処罰されることなど前代未聞であり、人々は驚愕《きょうがく》し、震撼《しんかん》した。土御門《つちみかど》上皇（後鳥羽上皇の子、一一九五〜一二三一）・順徳《じゅんとく》上皇（同じく後鳥羽上皇の子、一一九七〜一二四二）、それに後鳥羽上皇の皇子二人も流罪になった。幕府は後鳥羽上皇の係累を、（出家した皇子は除いて）京都から消し去ったのである。順徳上皇の子である仲恭天皇（一二一八〜三四）も皇位から降ろされ、後鳥羽上皇の兄の子が後堀河《ごほりかわ》天皇（一二一二〜三四）として即位した。葉室光親・宗行ら近臣五名と京方の有力武士は処刑された。

幕府は京都に第二の幕府ともいうべき機関を設置した。六波羅探題《ろくはらたんだい》である。畿内以西を統轄する南北の探題職には北条氏の有力者が任じられ、優勢な軍事力が配置された。朝廷の動静は六波羅探題の厳しく監視するところとなり、朝廷は独自の軍隊を保有することが、もちろん自衛のためのそれも含めて、事実上できなくなった。

それでも統治者なのか

「君臨すれども統治せず」。立憲君主国家の英国王室をたくみに表現するこの言葉を用いて、少し頭を柔らかくして考えてみよう。英国王室は君臨するものである。だが統治するものではない。では。院政期の朝廷はどうだろう。単に君臨するものか。それとも統治するものか。

幕府が草深い鎌倉に呱々《ここ》の声を上げるまで、朝廷はたしかに日本列島唯一の統一的な支配機構であった。その点は疑いがない。けれどもこの史実をもって、「朝廷は統治するものである！」と単純に言うことはできないんじゃないか……。私にはそう思えて仕方がないのだ。なぜか。統治者とは人々を治める者であり、同時に、人々の日常生活に責めを負う者だからである。

戦国大名の例を挙げると分かりやすいかもしれない。彼らはよく言われるように、「百姓とごまの油は絞れば絞るほど」などと、搾取だけに明け暮れていたわけでは断じてない。戦国大名の施策が当を得なければ、人心は離れ、生産力は低下し、彼の軍隊は弱くなる。その結果として、彼は他者に併呑《へいどん》されてしまう。そうならないように、生き残りをかけて、彼らはよりよい統治を心がけねばならない。過酷な搾取も時にもちろんあったろうが、それに見合うだけのある種のサービスを提供する必要があった。

「世上の乱逆・追討、耳に満つといえどもこれを注さず、紅旗征戎《こうきせいじゅう》、わがことにあらず」。藤原定家は昂然《こうぜん》と言い放つ。世の中ではしきりにドンパチやってるようだが、私はそのようなことで決して心を乱されないのだ。歌人定家の面目躍如たる、『明月記』中のあまりに有名な一文である。その彼は「寛喜の大飢饉《ききん》」の際には実に淡々とこう記す。「餓死者の死骸は日増しに増え、死臭が家の中にまで漂ってくる。昼といわず夜といわず、死んでいく者は数えきれない」

歌人定家は素晴らしい。そこにケチをつけるつもりは毛頭ない。けれども忘れてはならないのは、彼が一流の貴族であったこと、朝廷という支配機構を構成する一員であったことである。源氏と平氏が全国規模の争乱を起こしても、飢餓で人々がたおれても、定家にとっては「ひとごと」であった。世の激動。たみくさの塗炭《とたん》の苦しみ。

それを眼前にしても、定家は自分との連関を考えない。自分に責任はないのか、自分は何ができるかを省みようとしない。そうした彼のような人が、家柄と歌道とをもって、いまでいう閣僚級——ちょっと言いすぎかな——少なくとも次官級の政治家になりおおせた。

なにも定家だけをひどく言うのはあたらない。多少の差異はあれ、他の貴族も同様であったろうから。鎌倉時代の『古今著聞集』や『十訓抄《じっきんしょう》』のような説話が語るように、詩歌が、管弦が、蹴鞠《けまり》が。衒学《げんがく》的な博識であることや、立ち居振る舞いの優美さが重視されて秩序が形成される機構、それが朝廷であった。政務に練達していることなど、せいぜいそうした能力のうちの一つとして数えられるにすぎない。

女性に恋をささやく洗練された物腰と、飢餓に瀕《ひん》した民衆を救わんとする真摯さと。どんなに資料を調べてみても、貴族の間で共感と尊敬を集めたのが前者であることは、動かしがたい事実であった。ならば。変転する世情への対応を第一義とせぬ支配機構をして、どうして「統治するもの」にあてはめられようか。

朝廷が「君臨」できた理由

中世初めの朝廷は、統治するもの、ではない。君臨するもの、である。私はそう結論づける。ではなぜ朝廷は、貴族は、君臨できたのだろう？　為政者としての透徹した自覚のないままに。その答えを欠けるところなく用意することはたいへんに難しいが、だいたいでよいならば、二つの要素を挙げれば事足りる。まさにそれこそが中世という時代の特徴なのだが、一つは伝統であり、一つは神仏である。

「新儀非法」という当時の頻出用語がある。「かかる行いは新儀非法だ」という使い方をする。それは新儀である。非法である。イコール悪いことである。今ならば、新しいことは必ずしも善であるとはいえないまでも、少なくともマイナスの傾きはさほど有していない。新しい車、新しい概念、新しい生活。どこかに夢と希望とが感じられる。

ところが中世は百八十度違う。末法思想の広範な受容に見られるように、「世の中は新しくなればなるほど悪くなる」「古いことは良いことだ」それが当時の知識人たちの共通認識であった。新しいことは、すなわち、悪であり、認められないことである。新しく何かを案出しては、いけないのだ。古いものの輪郭を準《なぞら》え、過去を再現することに努めねばならない。大事なのは先例であり、伝統である。それゆえに伝統を信奉する貴族は、先例をあさってさえいれば、無能の誹《そし》りを免れた。伝統の権化たる朝廷は、尊崇を集めつつ、悠然と生き延びられたのだ。

「王法と仏法とは車の両輪」という当時の頻出用語がある。天皇権力は仏法を保護する。仏法は「鎮護国家・玉体安穏」(国家が安寧でありますように、天皇が健やかでありますように)を祈禱《きとう》する。この意味で、天皇権力と仏法とは相互補完の関係にある。むろんこのときの「仏」は、本地垂迹《ほんちすいじゃく》(日本の神々は仏教の如来や菩薩たちが化身したものと認識する)思想をとりいれて、日本の八百万の神々と同義である。超常的な神仏の力は、中世に生きる人々を強く拘束していた。朝廷では年中行事として、仏事が飽くことなく催されていた(法然の章を参照)。神仏が天皇と朝廷を護持し、天皇が祭祀の王である限り、人々は天皇と朝廷に敬意を捧げたのである。

さて、承久の乱に戻る。朝廷にとって、乱の結果がもたらした最大の痛手は、「伝統」の破壊であった。伝統を一身に体現していた後鳥羽上皇は、新興の武士たちによって遠い隠岐に流されてしまった。上皇の威光は踏みにじられた。君臨しているだけでは、もはや人々は従属してくれないかもしれない。税も上納されないかもしれない。軍事力がなくなっては、京都の治安すら守れないかもしれない。そしてそうした懸念は、すべて現実のものになったのである。この時、いったい朝廷はどうしたのだろうか。どのような行動をとったのだろうか。

貴族とはどういった人たちか

朝廷の動向を探る前に、説明がしやすいよう、ここで少し貴族の政治的側面について解説しておこう。

彼らはみな肩書きを有していて、それは従二位《じゅにい》などの「位階」と、大納言などの「官職」が組み合わされて、成り立っている。従二位大納言九条道家、の如きである。かかる官位は律令制の成立から明治維新まで、一〇〇〇年の長きにわたって維持されたものであるから、知っておいて損はない。話し好きのおやじの蘊蓄《うんちく》に耳を傾けるつもりで、軽い気持ちでおつきあいください。

位階は上は一位から下は八位まであり、一位から三位までは「正・従」の区分がある。正三位《しょうさんみ》が上位、従三位が下位で、正三位の上が従二位である。四位以下には「正・従」の区分の他に「上・下」が加わる。四位は上から、正四位上、正四位下、従四位上、従四位下となるのである。五位になると内裏の殿舎に昇ることができる。そこで、五位以上を「殿上人《てんじょうびと》」と呼ぶ。六位以下の人は殿舎に上がることを許されないから、地べたに畏《かしこ》まらねばならない。ために「地下人《じげびと》」といわれる。また、殿上人の中でも一位から三位までをとくに「公卿《くぎょう》」と呼ぶ。

功績があると位階が上がるわけだが、失態を犯しても位階が下がるということはない。また、現役を引退しても、官職は返上しなくてはならないが、位階は元のままである。亡くなるか、出家したときにのみ、貴族は位階の拘束から解放される。

位階と官職とは原則的に対応している。歴史辞典や古語辞典の類には必ず付録として「官位相当表」が付いているから、一度くらいは目にしたことがあるのではないでしょうか。たとえば『延喜式』（九二七年成立）が定める大納言の相当位階は正三位、中納言だと従三位ということになる。従五位下の大納言、ということは絶対にあり得ない。ただし、時代が下るにつれ官職の価値は一定の上昇を示し、鎌倉時代になると大納言が正二位、中納言は正二位か従二位くらいに対応するようになっていく。官職にはおおよその定員があるのに対し、位階には定数がない。それで官職の相対的なインフレが起こるのである。

「武官コース」の出世法

次に官職であるが、貴族の出世コースは二つあった。より高い地位が望めるのは「武官コース」。侍従から近衛少将、近衛中将に進む。近衛少・中将には左右があり（左《さ》近衛《このえの》中将など）、定員はない。近衛中将から選ばれた人が蔵人頭《くろうどのとう》を兼ね、頭中将と呼ばれる。蔵人頭は天皇の秘書官である蔵人を統括する職で、定員は二名。参議に欠

図2　貴族の昇進

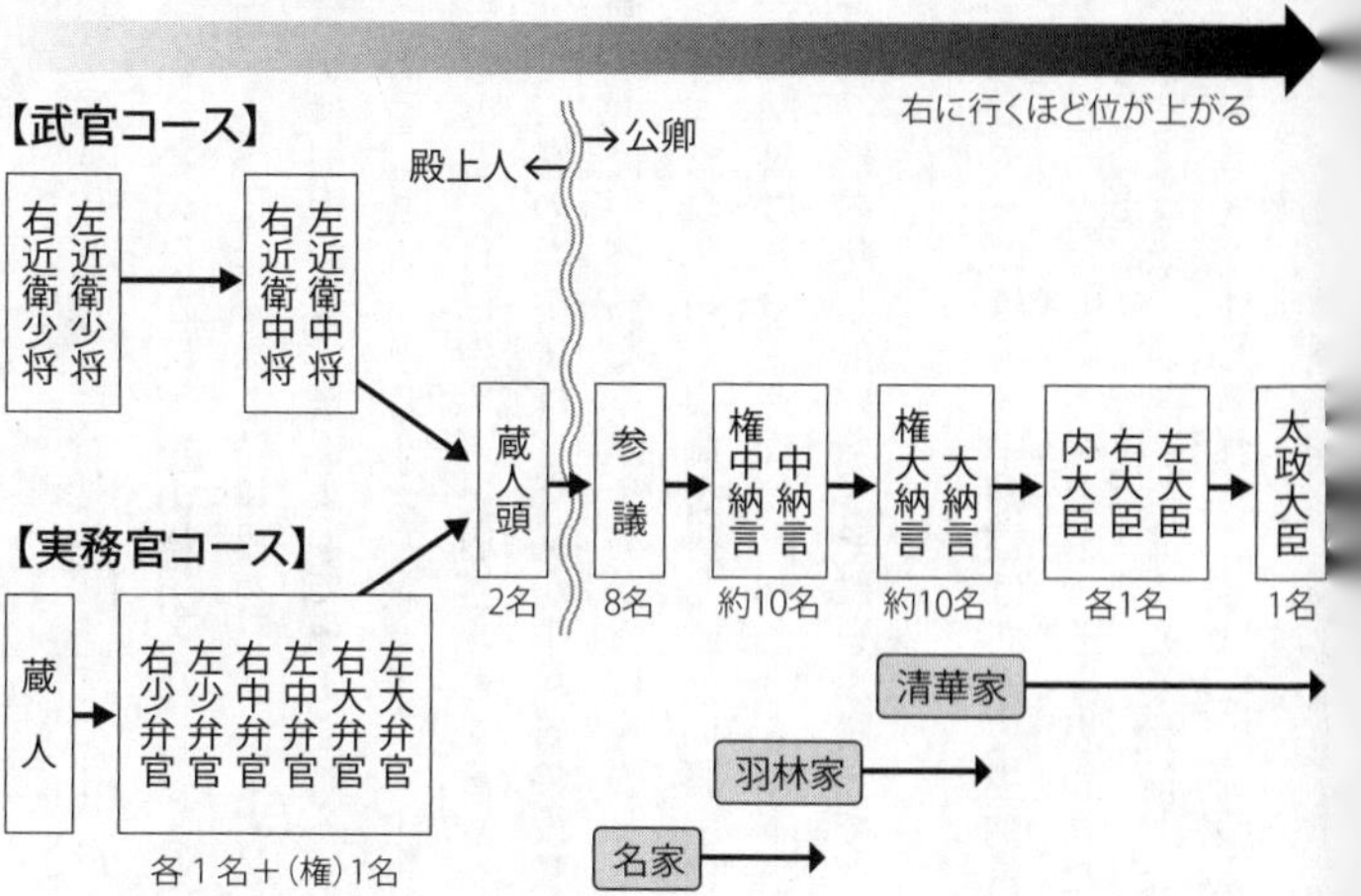

員が生じたときは原則として蔵人頭から補充することになっており、蔵人頭への任官は、遠くない将来での確実な参議昇進を意味する。

参議から上の官職は議政官と称され、朝廷の重大事を決定する会議を構成する。現在の閣僚にあてはめればよいであろうか。参議の相当官位は四位なのだが、特別に「公卿」扱いを受ける。定員は八名。参議の上が中納言で、正（正中納言とはいわず、中納言とのみいう）・権（権中納言という。権は仮の、の意）がある。定員は決まっていないが、正・権あわせて一〇名ほどだろうか。次が大納言で、これも正・権がある。定員はやはり決まっていない。一〇名ほど。この上が大臣で、内大臣、右大臣、左大臣、太政大臣と昇進していく。大臣は各一名。このほかに天皇の権力を代行する摂政（天皇が女性・幼少の時に置かれる）と関白（天皇が成人である時に置かれる）があり、太政大臣か左大臣が兼ねることが多い。

官職は引退することによって返上される。現役の公卿を「現任」と称し、現役を退いた者を「散官」と称する（職業軍人の予備役編入にあたる）。散官の貴族は「前《さきの》中納言」などと、自己の極官を肩書きとする。

さて、右のコースは、侍従が中務省《なかつかさ》の役職、少将・中将は近衛府の役職、他は太政官と、古代の整然たる律令制からは逸脱した組み合わせになっている。これは中世になって、官職体系が虚飾を排し、使い勝手に基づいて運用されるようになったことと表裏の関係にある。時代の流れとともに本当に必要な官職のみが残り、他の多くは淘汰され、形骸化していく。それをふまえて、昇進コースが慣習として形成されたのである。

このコースには大・中納言はあって少納言がない。近衛中・少将があって大将がないな、どうなっているんだ？　そう思われた方、すごい注意力です。付け加えて説明しておきますと、少納言はまったく機能しない官職になってしまっていて、大事な仕事をすべき人が任じられることはない。藤原信西《しんぜい》は例外なのである。一方、近衛大将は左右各一名が任じられ、多くは大納言が兼ねるべき官職となっている。内大臣に空きができると大納言が昇進するわけだが、このとき、近衛大将を帯びている人が優先される、という約束ごとができている。そのため、近衛大将は皆の渇望する地位だった。

「実務官コース」の出世法

もう一つのコースは「実務官コース」である。こちらのコースを経る人は、さまざまな官職を経て経験を積み、五位の蔵人になる。これは天皇の側近く仕える激務で、数人が任じられる。蔵人として労功を積むと、今度は弁官として昇進していく。弁官は大・中・少と左右があり、定員は各一名。ほかに権弁《ごんのべん》が一名いて七名から成っている。右少弁→左少弁→右中弁→左中弁→右大弁→左大弁。権弁は権右少弁だったり、権左中弁であったり、そのときの状況によって任じられる。弁官は朝廷の行政・行事の実務を差配する重要な職である。ただし官位は高くない。

中弁もしくは大弁を務めるうちに、蔵人頭への任用の機会が訪れる。弁と蔵人頭を兼ねるので、頭中将に対して、頭弁《とうのべん》と呼ばれる。蔵人頭は先にも述べたように定員二名であるが、二名ともに頭中将・頭弁のこともあるし、頭中将と頭弁が一人ずつのこともある。

蔵人頭に補されたあとは、「武官コース」と同じである。参議になって公卿の仲間入りを果たし、中納言、大納言へと進む。ただし、「実務官コース」は出世が遅く、たいていの人は参議か中納言で引退する。大納言になれる人は例外であったが、鎌倉時代後期になると延べで十数名は見ることができるようになる。

出世は生まれで決まる

蘊蓄のついでに、鎌倉時代以降の貴族の家についても見ておこう。よく知られるように、日本では中国大陸のような科挙は行われなかった。一般の人々が、文治の才能や高い教養をもって、朝廷に参入する道は閉ざされていたのである。貴族にしてみても、自分の将来はほとんど生まれによって決定された。もっとも明瞭な差異は地下人と殿上人とのあいだに存在し、地下の家に生まれた者は、どれほど才能を磨いても殿上人にはなれなかった。

殿上人より上の貴族の家々は、厳密な家格によって分類される。名称自体は江戸時代のものであるが、便利なのでこれを用いると、家格は上から摂関家、清華《せいが》家、羽林《うりん》家、名家となる。

摂関家は名称の通り、摂政・関白に補せられる家である。藤原氏の本流であり、鎌倉時代中期、近衛家とその分家である鷹司家、九条家とここから分かれた二条家・一条家の五家が成立した。室町時代以降には五摂家《ごせつけ》と称された。五摂家の嫡子ともなると昇進はたいへんに早い。近衛中将から蔵人頭・参議を経ないで中納言に任じることが多く、このときにわずか一五歳前後である。二〇代前半で左大臣か太政大臣に昇りつめ、摂政もしくは関白になる。あとは頃合いを見てさっさと引退する。間違っても老残の身をさらしたりはしない。

清華家は大臣家とも呼ばれるように、大臣になる家である。藤原氏では三条・徳大寺・西園寺など、源氏では土御門・堀川・久我《こが》などがこれにあたる。有力な清華家の嫡子は近衛中将から蔵人頭を経ずに参議に任じている者が多い。二〇代前半で中納言くらいだろうか。羽林家は摂関家と清華家の庶流であることが多く、大納言・中納言まで進む。昇進コースは以上すべてが「武官コース」である。

最後の名家だけは「実務官コース」をたどる。若年のころは女院や摂関家などに奉仕し、もろもろの雑事を執り行う経験を積む。その上で、彼らの後援を得て五位の蔵人になり、「実務官コース」に乗るのである。『勘仲記《かんちゅうき》』という日記の記主として知られる藤原兼仲《かねなか》は後堀河天皇の娘である室町院や摂関家の鷹司兼平《かねひら》に仕えていて、四一歳で蔵人、参議になった時はすでに四九歳であった。この調子だから先述したように、大半がせいぜい中納言止まりなのだ。

朝廷で政治的判断が形成されたり、行事が行われるときには、必ずその一件の責任者と実行役とが定められる。責任者を「上卿《しょうけい》」といい、現任の公卿から選ばれる。実行役は弁官もしくは蔵人から選ばれる。こうした役は「奉行《ぶぎょう》」と記される。つまり、朝廷の諸事は「上卿ｰ奉行」の組み合わせで進められていくのである。

この点に鑑《かんが》み、私は上卿を務める摂関家・清華家・羽林家の人々を「上流貴族」、奉行の役目を果たす名家の人々を「中級実務貴族」に分類することを提案している。また、日本の朝廷では後の政治家と官僚とを明確に分けることはなかったのであるが、六位以下の地下人を官僚になぞらえ、「下級官人」と呼びたい。

たまたま選ばれた人

九条道家は名門九条家の嫡子として驚異的な早さで昇進を遂げ、幼い仲恭天皇の摂政となって位人臣を極めた。ただし、時は後鳥羽上皇の院政の時期であり、摂政になったとはいえ天皇権限の代行者はもちろん後鳥羽上皇であった。道家は政治の中枢にいたわけではなく、名ばかりの摂政として形式を整える役割を担っていたにすぎない。

また彼の日記（断片的にしか残っていない）などを見てみると、彼がそのことに不満をもっている様子もない。この時期までの彼の歩みで特筆すべきことと言えば、彼の子息が一二一九（承久元）年に第四代の将軍として鎌倉に迎えられたことくらいであろうか。だが、承久の乱によって、すべては変転する。

仲恭天皇が道家の姉妹が産んだ子であったために、道家は乱後しばらく散官となり、逼塞《ひっそく》する。混乱する朝廷の政務を覧《み》たのは、幕府によって帝位につけられた後堀河天皇の父の後高倉《ごたかくら》上皇（上皇と称するも、即位したことはない）であった。ところが上皇はすぐに亡くなった。天皇には後ろ盾となる有力貴族がおらず、関白であった近衛家実は無為無策の人であった。このため、権力の空白状況が生まれ、朝廷の再建は果たされなかった。

九条道家が権勢者として登場したのは、この時である。この意味で、彼が英雄で新しい時代を切り拓いた、などというのは適当ではない。何度も言うように、後鳥羽院政が続いていれば、またその後継者が院政を続けていれば、彼の出番はおそらく無かったのだから。しかも彼は、そのことを不服とはしていなかったのだから。承久の乱によって当時の朝廷の抱える問題点が一挙にあらわになり、必要に迫られてそれに対応したのが道家だった。いわば時代がやむなく、彼を選んだのである。

道家の改革

関白となって実権を掌握した道家は、祖父の手法にならって廟堂《びょうどう》の改革に着手した。まず記録所が復興された。そこには実務に精通した「下級官人」、史に任じる小槻《おづき》氏や外記《げき》に任じる中原《なかはら》氏ら「地下人」から精選された人々が組織され、迅速かつ確実な事務処理が期待された。なおこの記録所は、院政が開始されると院の文殿《ふどの》に機能を移し、これ以後鎌倉時代を通じて維持された。道家の周囲には二条定高《さだたか》、平経高《つねたか》、吉田為経《ためつね》、葉室資頼《すけより》、それに彼の学問の師でもある菅原為長らの有能な「中級実務貴族」が集められ、道家の諮問に的確な意見を具申した。彼らは日を定めて集まり、合議を経た上で朝廷を取り巻くさまざまな難問の解決策を見出していった。彼らが形成した答申グループは、後嵯峨上皇以後の院政の「評定衆《ひょうじょうしゅう》」の原型となった。

道家は彼らの助けを得、天皇権限を代行する摂関として、また娘を後堀河天皇に嫁がせた天皇外戚《がいせき》として政務を総攬《そうらん》した。後鳥羽上皇の「縁の政治」は否定され、機能的な朝廷運営が目指された。専制ではなく、合議が政策決定の基本となった。本章冒頭の整理からすると、①―(iii)・②―(ii)ということになる。

一二三三（天福元）年、道家は施政方針を表明し、そこで次のように強調した。「私

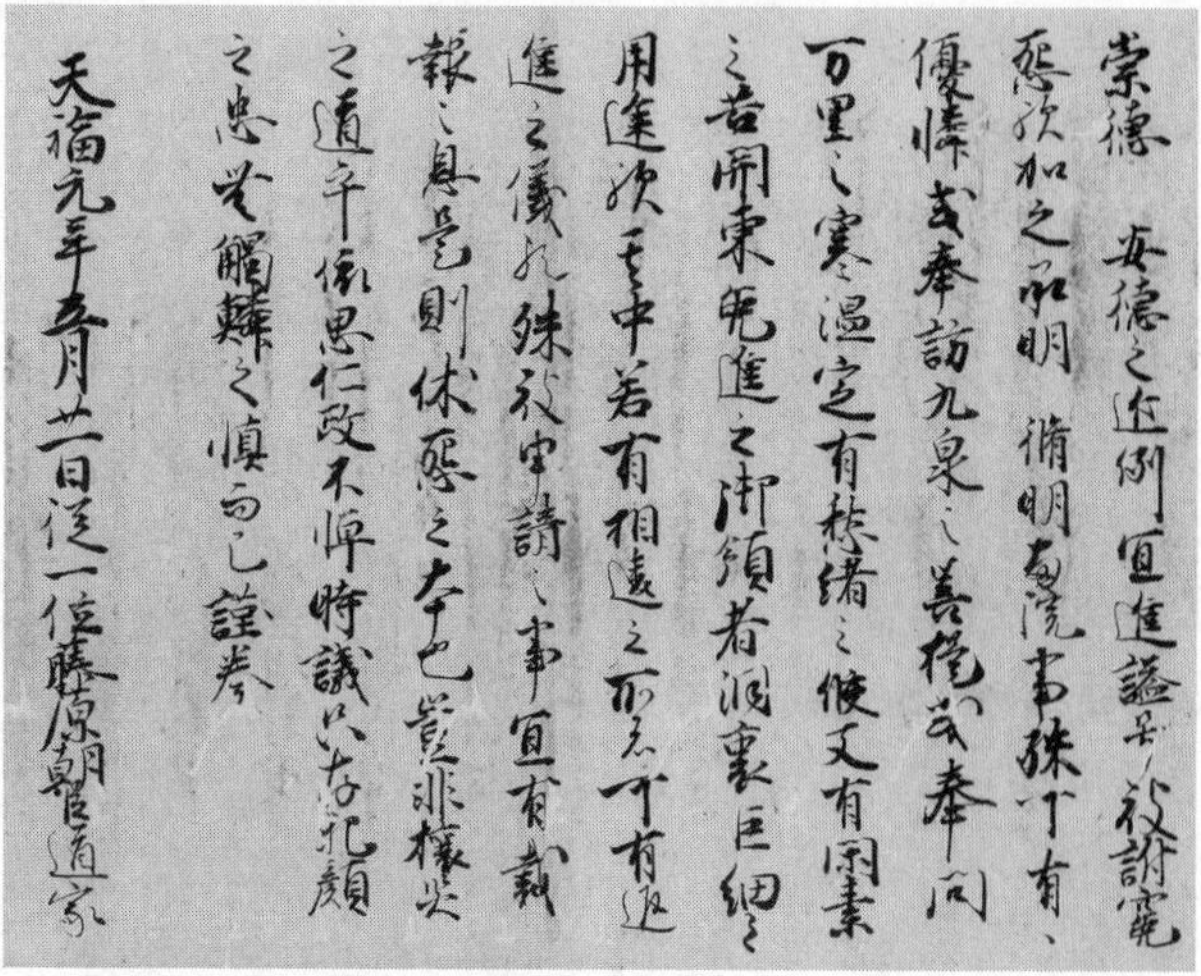

九条道家奏状（天理大学附属天理図書館所蔵）

は徳政を推進する。徳政とは何かといえば、それは二つから成る。一つ。官人の登用・任官を適正に行い、適材を適所に配置する。二つ。一によって整備された官人組織をもって、世の人々のさまざまな訴えに耳を傾け、対応する。この二つから成る徳政の実施こそが乱れた世を糺《ただ》すもっとも適切な方策である」

　道家は伝統を体現する「上流貴族」をひとまず敬遠し、実務に明るい「中級実務貴族」と「下級官人」を用いて、人々の求めに応じることのできる朝廷を作ろうとした。承久の乱の敗北によって「伝統」の絶対性が否定され、「君臨するもの」としては機能し得なくなった朝廷。道家はその性格を大きく転換した。世の中の求めに応じる組織になることにより、朝廷の有効性を人々に再認識してもらうことを目標とした。これによって、たいへんに稚拙ではあるけれども、朝廷は新たに「統治するもの」として、第一歩を踏み出したのだと評価できるのではないか。

「人の怨みをなくす」

また彼はこうも言う。「人怨《うら》まば、神怒り、神怒れば則ち災害必ず生ず。人喜べば則ち神喜び、神喜べば則ち禍乱おこらず、第一の善政たるべし」

苛烈な状況に直面したときに、教養にあふれた貴族はしばしば漠然と、徳を積むべきこと、身を慎むべきことを説く。これはどういうことか。彼らが書物で親しんでいた、漢王朝を例にとってみよう。たとえば漢の丞相《じょうしょう》（＝総理大臣）の職務には、具体的な行為は何一つ定められていない。皇帝を教導することでも国家予算を編成することでもなく、「陰陽の調和を司ること」であった。人臣としてもっとも高位にある高潔な人物は、要するに毎日ひたすら、天と対話していたのである。このことからも分かるように、漢の国教であった儒教の考え方では、天災は為政者の徳の欠如がもたらすものであった。それゆえに中国大陸の影響を色濃く受けた本朝の貴族も、それが建前であるのは知りつつも、修身や徳目を大いに強調する。

だが右の道家の論理展開を見ると、彼は少なくとも、為政者一身の徳行と天変地異とを、短絡的に結びつけてはいない。「人が怨んで↓神が怒って↓天災が生じる」というように、人の世の混乱が天災の生成の原因であると捉えている。それ故に彼にとって善政とは、「天の譴責《けんせき》を免れる、天を鎮める」ことであると同時に、「人の怨みをなくす」ことに他ならなかった。

これを幼稚な思考だと嘲《あざけ》るのはたやすい。それでも道家は「統治するもの」であろうとしている。飢えと病に苦しむ人々、彼らを見て為政者としての自分の責任を自覚し、彼らを救済して怨嗟《えんさ》の声をなくし、それによって天災である飢饉（飢饉を人災ではなく天災と捉えている点は、まだまだ甘いと言わざるを得ないが）を乗り越えようとしている。それは先の藤原定家の姿勢とは、まったく質を異にしていると言ってよいだろう。

なお、道家の政権が崩壊すると、天皇権限は再び上皇が代行するところとなる。その変化はさておいて、天皇権限代行者と、有能な中級貴族（「評定衆」）と、精選された下級官人（「文殿《ふどの》衆」とよばれる）による、世情に即応する施政機構。朝廷はこのユニットを不変の基軸として、鎌倉時代の一方の推進役となっていく。道家による「統治するもの」への自己変革は、朝廷の再生に大きく寄与していたのである。

神仏と強訴

道家の徳政は人々に歓迎された。合議によって練られた朝廷の裁定は、道理として広く受け止められたのである。だが、道理を一顧だにせず、あくまでも自己の利益だけを声高に叫び、朝廷の判断を侮蔑するものがあった。かつて「君臨する」朝廷を「伝統」とともに支えた「神仏」。南都《なんと》北嶺《ほくれい》（興福寺＝春日大社と比叡山延暦寺をいう）を代表とする宗教勢力である。

京都周辺の大寺社は、僧兵や神人などの私的な武力を有していた。彼らは神輿《しんよ》や神木を奉じて繰り返し京都を襲い、さまざまな利益の提供を強請した。「伝統」はもはや頼りにならない。加えて「神仏」までを手放すわけにはいかない。朝廷のそうした弱みを熟知した宗教勢力はあくまで貪欲であった。思うさまに暴力をふるいながら、一を得れば二を、隴《ろう》を得れば蜀《しょく》を望んだ。

当時、これを強訴《ごうそ》と呼んだ。鎌倉時代後期に作られた『沙汰未練書』という本に「強訴とは理不尽の訴訟なり」と端的に記される如く、それは神仏の名のもとに道理

僧兵の議論（『法然上人行状絵図』国立国会図書館デジタルコレクション）

を踏みにじることを恬《てん》として恥じない、強圧的な行為であった。承久の乱を境に有効な軍事力をもてなくなった朝廷は、強訴の前に呆然と立ちつくすよりなかった。むき出しの暴力が行使されると、これを宥《なだ》めたり鎮めたりする方法がない。ここに承久の乱後の朝廷の限界が露呈する。

朝廷に残された唯一の実効的な手段は、幕府の援助にすがることであった。当時の将軍は道家の実子の第四代藤原頼経《よりつね》（一二一八〜五六）であり、道家はこの縁によって幕府と朝廷の交渉と連絡を一手に掌握していた。道家からの依頼を受けた幕府は六波羅探題に命じて屈強な武力を発動し、朝廷を窮地に追い込んでいる宗教勢力に攻撃を加えた。自らを凌駕《りょうが》する暴力組織に行く手を阻まれた宗教勢力は、ここで初めて道理に拘束されない「強訴」を中止し、しぶしぶ「理訴をもって先とし、問答をもって詮とする」態度を表明する。「おれたちは神さま仏さまのご意向で動いているから、人の世の道理なんてくそ食らえなんだが、（武士はさすがにおっかないから）まあ、朝廷のいうことを聞いてやるか」という具合であろう。かくて強訴は鎮圧され、私兵を有する宗教権門も、道家の朝廷が説く道理を受け入れることになる。

安定政権の条件

道家の統治の構図は、

有能な貴族の合議に基づく徳政を実施し、世の人々の支持を得る
↓かかる努力の積み重ねにより、朝廷の地位の向上を目指す
↓この試みを武力で脅かす者は、幕府に依頼し、鎮圧する

というものであった。これを実現するには、天皇権力を代表するために、外戚の地位が必要であった。幕府との交渉を排他的に掌握するために、鎌倉将軍との緊密な連携が求められた。三人の子息（長子教実は九条家を継ぎ、良実《よしざね》は二条家の、実経《さねつね》は一条家の祖となる）を次々に摂関のポストにつけ、将軍頼経の実父でもあった道家は、卓絶

した政治的地位を獲得し、二〇年にもおよぶ安定政権を現出したのである。

道家は多くの荘園を領有し、富裕を誇った。また大陸に交易船を派遣し、莫大な銭貨を得た。彼の豊かな経済力を物語るものに、東福寺の造立がある。この寺院は一二三六（嘉禎二）年から造営が始められ、四三（寛元元）年には宋で臨済禅を学んだ円《えん》爾《に》弁円《べんえん》（一二〇二〜八〇）が招かれて開山となり、五五（建長七）年にようやく完成した。規模は東大寺に、教学は興福寺にならう、という意味で東福の名がある。本尊の釈迦如来は像高一五メートル、鎌倉大仏をしのぎ、奈良の大仏とほぼ同じ大きさであった。現在は失われているが、中世の人には京都の大仏としてよく知られていた。

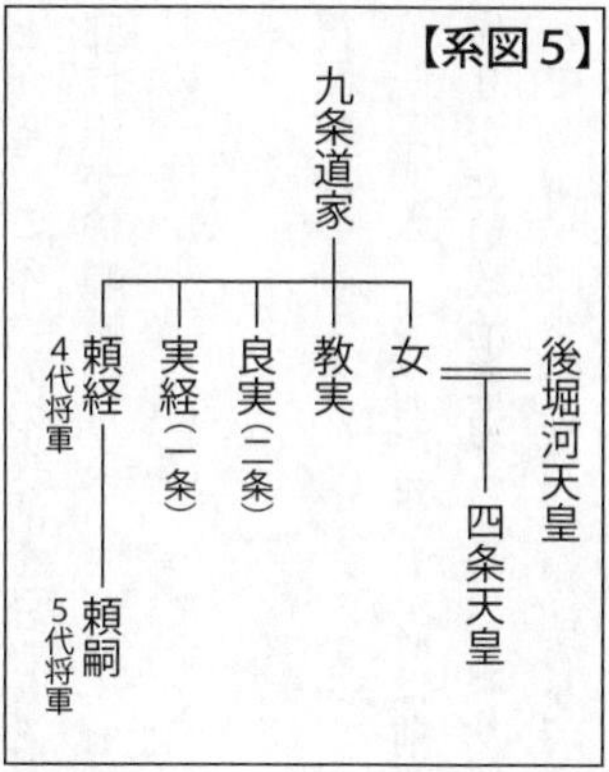

しかし、こうした道家の権勢は、やがて幕府に警戒されるようになる。一二四二（仁治三）年、道家の娘が産んだ四条《しじょう》天皇が一二歳の若さで亡くなった。天皇にはしかるべき兄弟がいなかったので、道家は順徳上皇の皇子である忠成《ただなり》王を皇位に推し、朝廷の大方の支持を得た。ところが順徳上皇が後鳥羽上皇の嫡子であったこ

とから、この一流の復活を忌む幕府が、断固として反対を表明。土御門上皇の皇子、邦仁王《くにひと》が後嵯峨天皇（一二二〇〜七二）として皇位についた。道家と幕府の亀裂は、この一件から急速に深まっていく。

摂関政治の幕引き

一二四六（寛元四）年、幕府は前将軍藤原頼経を京都に追放した。成人した頼経は侮りがたい政治権力を築いており、執権北条時頼《ときより》（一二二七〜六三）はこれを嫌ったのである。政変の鉾先《ほこさき》は頼経の父である道家にも及び、幕府は道家との絶縁を宣言するに至った。幕府との連携を政権の基礎条件としていた道家は、権勢の座から降りることを余儀なくされた。

これ以後幕府と朝廷との交渉は、親幕派の貴族の代表である西園寺氏が行うことになった。同氏の職務は関東申次《もうしつぎ》と称し、幕府滅亡まで世襲の職として続いた。政治の実権はすでに退位していた後嵯峨上皇に委ねられた。上皇は院政をしいたが、それは後鳥羽上皇のようなものではあり得なかった。上皇は道家の方法を継承した。まず、有能な中級貴族を評定衆として登用し、彼らの合議を重視して政治的な判断を下した。先述したように、下級官人は院の文殿に文殿衆として組織され、諮問機関として働いた。幕府とは慎重に交渉がもたれ、武士たちの意思はきわめて尊重された。

後嵯峨上皇以後、天皇権力は上皇か天皇によって行使され、摂関の出番はなくなった。後嵯峨上皇の統治期間は「聖代」として認識され、これに準拠することが繰り返し標榜された。朝廷の政治形態は、①-(i)もしくは(ii)・②-(ii)となった。徳政の推進と幕府への依存、道家が始めたこの基本姿勢は後嵯峨上皇を経て歴代の上皇たちに遵守され、変わることがなかった。

寛元四年の政変で、道家は政治の表舞台から退いた。九条一門の二条家はいち早く幕府に気脈を通じて生き延びたが、九条家と一条家は現職からの退去を迫られた。それでも、後嵯峨上皇の院政は始まったばかりで確固たるものにはなっていなかったから、道家の勢力は復活の機会を覗《うかが》っていた。彼らの希望は鎌倉の将軍であったと思われる。四代将軍頼経は京都へ帰されたが、第五代の将軍は頼経の子、頼嗣《よりつぐ》(一二三九〜五六)であった。九条家出身者が将軍家を世襲するならば、いつかは幕府との融和の道が開けるだろう。道家らはそう考えて雌伏していたのではないか。また、道家は後嵯峨上皇を牽制《けんせい》するために、忠成王を庇護し続けていた。幕府との話し合いが成立すれば、すぐにでも皇位の交代に手をつけるつもりだったのだろう。

ところが幕府はあくまでも道家を危険視したようだ。一二五一(建長三)年、些細な事件を口実に、将軍頼嗣は罪科に処せられ、翌年京都に送還されてしまう。代わりに将軍となったのは、後嵯峨上皇の皇子、宗尊《むねたか》親王（一二四二～七四）であった。幕府との連関に九条家の立脚点を求めていた道家にとって、この事態がもたらした衝撃はあまりに大きかった。頼嗣更迭を報じる幕府使者が入京した翌日、道家は倒れ、急逝するのである。

道家は失意のうちに亡くなった。けれども客観的に見たときに、彼は摂関政治の掉《とう》尾《び》を飾る存在であった。そして何よりも、朝廷を「統治するもの」として再生する役割を、彼は果たしたのであった。

第四章

北条重時

【統治の追求】

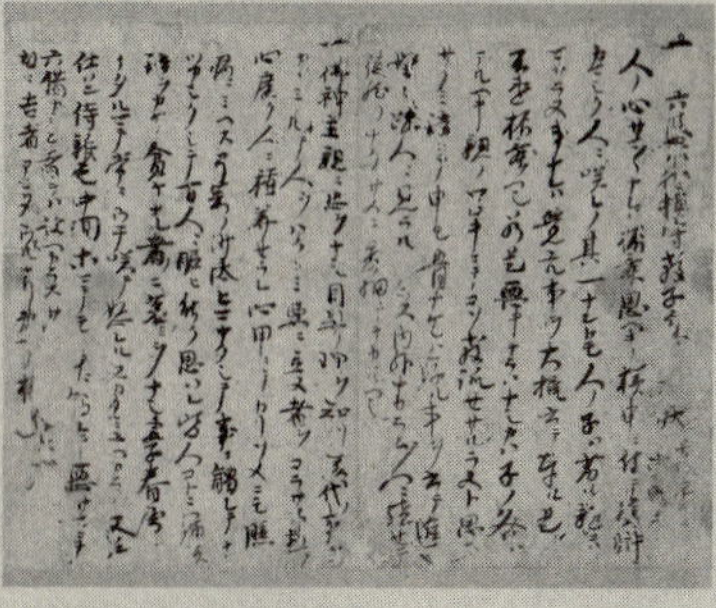

六波羅殿御家訓
(天理大学附属天理図書館所蔵)

北条重時略伝　［一一九八・六・六〜一二六一・一一・三］

姓は極楽寺《ごくらくじ》とも。父は北条義時《よしとき》、母は比企朝宗《ともむね》の娘。兄に泰時《やすとき》・名越朝時《なごえともとき》、弟に政村《まさむら》・金沢実泰《かねさわさねやす》がいる。一二二三（貞応二）年、五歳年長の同腹の兄、朝時に先んじて叙爵し、駿河守に任じる。このとき父の義時はまだ存命であったから、朝時の冷遇は義時の定めた路線であったといえる。三〇（寛喜二）年、北条時氏《ときうじ》（泰時長子）に代わり、第三代六波羅北方《きたかた》探題に就任。九条道家が京都政界に復帰して二年後のことであった。三六（嘉禎二）年、従五位上。翌年、相模守に転任。四三（寛元元）年、従四位下。翌年、従四位上。四六（寛元四）年、九条道家失脚。四七（宝治元）年、鎌倉に帰り、北条時頼の連署となる。子息長時《ながとき》が六波羅北方探題に就任。四九（建長元）年、陸奥守。五一（建長三）年、時頼に嫁いだ娘がのちの時宗《ときむね》を産む。五六（康元元）年、連署を辞し、出家。法名観覚《かんがく》。この名は父義時の観海、兄泰時の観阿にならったもので、時頼から始まる禅宗風の法名ではない。同年、執権時頼が執権職を辞し、長時が執権となる。北条本家以外の人間が就任した初めての例であった。六一（弘長元）年、没する。

重時は信濃・若狭・和泉・摂津・讃岐などの守護職を有した。信濃と若狭はかつて比企氏の任国であったから、母方から伝えられたのだろう。和泉と摂津とは、六波羅探題を務めていた頃に入手したのだろうか。讃岐の前の守護は三浦《みうら》氏であった。宝治《ほうじ》合戦で同氏が没落した後に、獲得している。彼の子孫からは赤橋《あかはし》・常葉《ときは》・塩田《しおだ》・普音《ふおん》寺《じ》の各家が出て繁栄し、とくに赤橋家は得宗《とくそう》家に次ぐ家格を誇った。

裁定はどのように下されるのか

承久の乱が終結し世情が落ち着きを取り戻すと、幕府も朝廷も、社会で生起するトラブルの解決に本腰を入れるようになる。武士が貴族が大寺社が、諸々の難題を我も我もと幕府・朝廷の法廷に持ち込むようになり、快刀乱麻を断つが如き裁定を期待するのである。この時にどのようなスタイルで裁定が下されるか、その性質について考えてみよう。

難解な学問的言語が繰り出されると、なんとなく偉そうな感じが醸し出される反面で眠くなるのが世の常であるので、私は文章を書く際には小難しい概念をなるべく用いないようにしている（いや、頭がアレで使えないだけだろ、とも言う）。ただ、ここでは、ほんの少しだけ約束ごとを設けておきたい。

さまざまなもめごとを「訴訟」という。訴訟に実際に携わり、事態の解決にあたる者を「裁決者」と呼ぶ。裁決者は相争う二人について「あなたは正しい、あなたは正しくない」と裁定を下すわけであるが、是認されるべき正しいことを「理」、退けられるべき正しくないことを「非」という。理と非とを勘案することを「理非を定める」という。当時の社会で培われたいろいろな理・非の観念を「道理」と「非理」と呼ぶ。道理と非理とは、誰かが整合的に定めたという種類のものではないので、当然のことながら相互に矛盾することがしばしばある。

では、裁決者はどのように理非を定めるのか。当時の様子に沿って整理してみると、おおよそ次の二通りに分類できるように思う。

A　理非弁別型

訴訟に対し、裁決者は自らがもつ法規範（成文法と過去の判例など）に照らし合わせて、理と非とを定める。

B　理非追認型

社会の道理・非理を裁決者が自らのものとして取り込み、それに準拠し、あたかも道理・非理を後追いするように、訴訟における理・非を定める。したがって理・非の裁定には道理・非理が色濃く反映される。

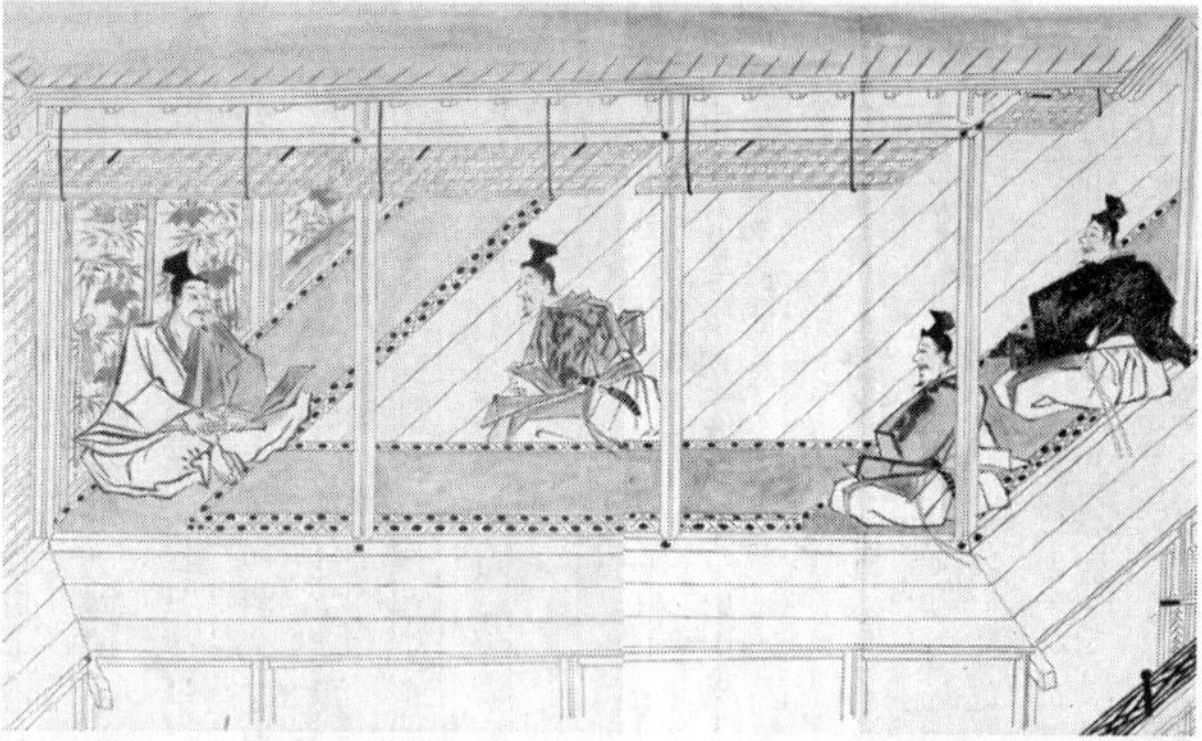

安達泰盛（左）の裁許場面（『蒙古襲来絵詞』九州大学附属図書館所蔵）

あまりにも道理・非理とかけ離れた理・非の弁別とそのもとになる法規とは、道理・非理を育んだ社会集団になじまないし、定着しない。たとえば現在、歴史の流れを無視して「女性から投票権を剝奪する法律を用意する」といったらひどすぎるし、「子どもの教育に体罰は有効である」と暴力教師の存在を容認する判決が下される可能性はゼロに近い。こうした関係から往々にして理・非と道理・非理とは重なるのだが、その重なる過程を細かく見ていくと、AとBとを区別する必要がある。

前近代においては、裁決者が為政者でもあることが多いので、裁決者が政治と深く関わっていると前提して、右のA、Bの二タイプと政治形態との関連を考えよう。A型においては理・非を裁決者が定めている。これが極端に推し進められて、理・非がそのまま道理・非理に置き換えられる状態、つまり裁決者が保持する法が日常生活に直ちに浸透していくような状態であるとき、その裁決者は「専制的」と呼ばれることになる。

ここで裁決者がとんでもない奴で、法も彼の勝手気儘《きまま》に定められているケースだと、たとえば先の「女性から投票権を剝奪する法律」が上から押しつけられ、人々は塗炭《とたん》の苦しみを味わうことになる。一方で、同様に理・非＝道理・非理の図式が成り立つのであっても、B型に見える運動が突き詰められて、理・非が世の中の道理・非理を吸収し、かつ保障するように法が定められるとき――言い換えると裁決者が自分の都合に合わせては法をもてないとき――「民主的」といわれ得る状況が現出する。

幕府の裁定――御成敗式目はどっち?

二つのタイプを設定してみると、幕府の裁定はどちらにあてはめることができるだろうか。

幕府のもつ法規範といえば、いうまでもなく一二三二（貞永元）年に制定された御成敗式目である。「さて、この式目を作るにあたっては、ただ世の中の道理にしたがって法文を記したのである」と式目制定者である北条泰時（一一八三〜一二四二）は述べていて、このことを過大に評価する解釈が以前には見られた。

　中国大陸の法を模倣して、もしくは日本古来の法を勘案して、まったく新しい法体系を整備したとしても、教養が低い武士には受け入れがきわめて困難である。だから北条泰時は、武士の慣習や武士社会の道理をとりいれて明文化しただけである。御成敗式目は新しいことをまったく主張しておらず、制定された意義は低いというべきだ。あるいは、このようなものもあった。武家の慣習や庶民のルールは、律令など、それまでの朝廷の法とは関係をもたずに育まれてきた。律令などで武士を裁くのは適当ではない。そこで武家の道理に基づく新しい法源として、北条泰時は御成敗式目をつくったのだ。

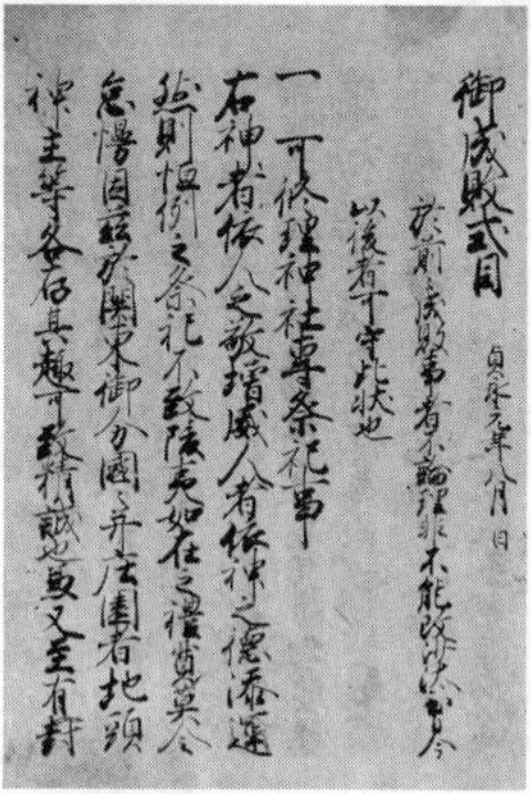

御成敗式目
（東京大学史料編纂所所蔵）

　どちらにしても、これらの解釈はB型のイメージで、御成敗式目制定と幕府の裁定行為とを考えようとしている。ところが、これは誤りだ、というのが最近の論調である。

たしかに式目は「武士の定め」や「武士の先例」にのっとっているかもしれない。けれどもそれとは別の、さらには逆の内容をもつ「定め」や「先例」も数多く存在したのである。笠松宏至という学者は次のようにいう。式目の主要な部分は、たくさん存在する「例」の中から、立法時点で幕府権力にとってもっとも好ましいものを選択し、法文化したのだ。だから、武士社会に共通した理念であるところの「道理」の法文化などと見ることは到底できない。御成敗式目は、立法者にとっても、受容者にとっても、「新しい法」以外の何物でもなかったのだ。なるほど。

この笠松氏の考察は卓見であろう、と私は考えている。そうであれば、幕府は御成敗式目という「新しい法」を高く掲げ、それをもとに裁定を下していることになる。幕府の選択した方法は、北条泰時の謙虚な言辞とは関わりなく、B型ではなく、A型であると考えるべきなのだ。

朝廷の裁定――律令ではなく道理

ではこれに対して、朝廷はどうであるか。朝廷の法というと、何といっても古代以来の律令である。中世の朝廷で律令に精通していた人々といえば、明法官人《みようぼうかんじん》という下級官人（この概念については前章「九条道家」を参照）たちになる。彼らは中原を姓とし、律令を研究する「明法道」という学問を家業とする。官職は大小の判事、明法博士などに就任し、官位はどんなに出世しても五位止まり。同じく下級官人の中原（別系統）氏・清原《きよはら》氏・小槻氏らとともに文殿衆を形成した。

彼らは九条道家の章で説明したように、上皇に直属する諮問《しもん》機関であって、朝廷の裁判が行われるときに上皇に意見を具申する。訴訟全般をつかさどる裁決者である上皇は、たいていは文殿衆の答申に従い、判決を下すのである。また、明法官人はすぐれた律令学者として、個人的に貴族などの諮問を受けることもあった。

さてそこで、私は文殿衆の答申と明法官人の個人的な答申とを地道に調べてみた。するととても面白いことが分かった。明法官人は貴族や大寺社からのプライヴェートな質問には律令を根拠として回答している。ところが、文殿衆として、朝廷の裁判を担当するに際しては、律令に依拠することが一つとしてない。

今に伝わる文殿衆の意見状は八通ほどある（史料としては少ないが、七五〇年ほど前のことなので、やむを得ない）のだが、そのどこにも律令が引用されていないのである。

では何が根拠となっているかといえば、原告の主張には一貫性がないとか、被告の出してきた証拠文書はニセ物であるとか、要するに論理の整合性なのである。つまりそれは、当時の人々を納得させ得る「道理」に基づいていることに他ならない。

明法官人が律令を忘れてしまったわけではない。現存する一〇通（これまた少ないですね）の貴族たちへの意見状のうち、八通には律令がしっかりと引用されている。それなのに朝廷の裁判となると、律令を顧みることが、ない。彼らは明らかに、意識的に律令を忌避している。またそれは、九条道家が「朝廷の訴訟決断のこと。理非を明らかにすることは、行政行為の中核となるべき作業である。ことに意を尽くして、道理を求めるべきである。大事なことは文殿衆に考えさせるべし。小事は評定衆に評議させるべし」と言明していることにも符合する。「理非決断には道理を求めよ」。理非の裁定を下す根拠に据えられるべきは、朝廷の成文法たる律令ではない。道理なのだ。つまり朝廷にあっては、B型の裁定が下されているのである。

「徳政」は法を用いない

そういえば、九条道家（一一九三～一二五二）は「徳政」の推進を強調した。正しい人事を行い、その人々を用いて世の訴訟に対応する。それが彼の徳政の具体的な内容であるが、そもそも徳政とはより根本的にはいかなる概念だろう？　そう疑問に思ったときに、私はあることを思いついた。徳政に似た言葉に「徳治」という言葉があるではないか。為政者の徳によって人々を治める。中国の春秋戦国時代において、孔子がかくあるべしと説いた行政のすがたである。

歴史が教えてくれる徳治の反対語は「法治」。儒家が提唱する徳治は手ぬるい。われわれ法家は法による支配を徹底させ、もって富国強兵を図る、というのである。父が盗みをはたらいたことを知ったら、儒家は子として親をかくまえ、という。法家は法に従って親を役所に突き出せ、という。戦争に強い国をつくったのは法家であり、商鞅《しょうおう》をいち早く登用した秦が統一王朝へと発展したことはよく知られた史実である。

徳政と徳治。法治に法政。これらが対の概念だとすると、九条道家は法に拠《よ》らない、具体的には律令を用いない裁定を朝廷政治の核とする、という意味で「徳政」の語を

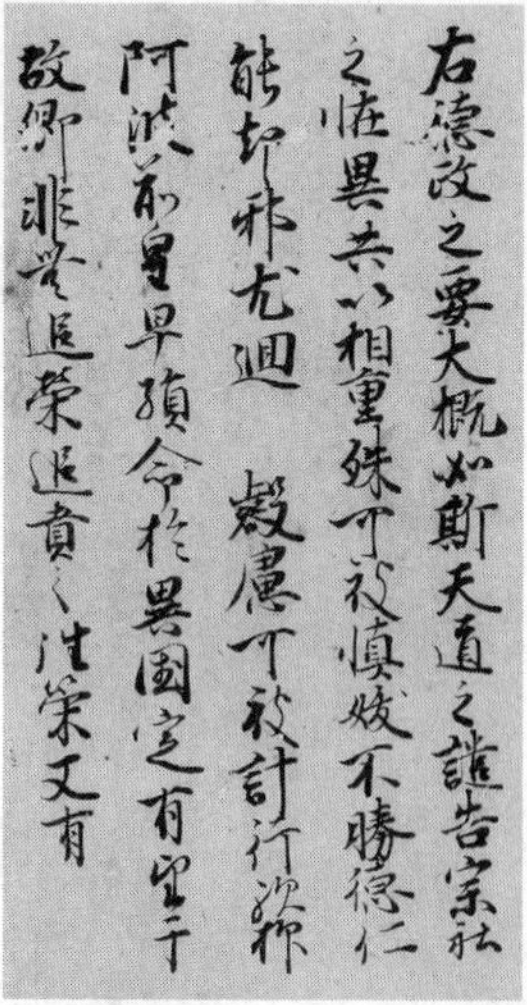

九条道家奏状より「徳政」の箇所
（天理大学附属天理図書館所蔵）

用いたのかもしれない。彼のブレーンには当時の大学者で儒者である菅原為長がいるので、あり得ない推測ではないのだ。B型の裁定を導入した朝廷にどうぞご期待あれ。それこそが道家の呼びかけだったのだ。

裁定の相違は強制力の差

幕府の裁定はA型であった。朝廷はB型であった。それが結論である。それにしても同じ時代の統治機構が、なぜ異なるタイプの裁定を下したのか。

それはやはり強制力の相違だと私は考える。裁定の遵守を呼びかける力、こういうふうに決定したから守るのですよ、と訴える力、それが強制力である。強制力はさまざまな要素から成り立っているのだが、古今東西を問わず、強制力の核となるのは現実の暴力、軍事力である。

幕府には、豊かな軍事力があった。というか、幕府は軍事力からすべてが出発しているのだから、当たり前である。朝廷は、というと、承久の乱の敗戦によって、朝廷は軍事力を保有できなくなった。どうしても武力が必要なときは幕府に援助を頼み、助けてもらっていたのである（九条道家の章を参照）。

法に照らして理非を定める。裁定を守らなければ軍事力がものをいう。幕府であればごく簡単にA型を選択できた。ところが朝廷はそうはいかない。理非を定めたところで、それを相争う両者が受け入れてくれなければ、強制する術《すべ》をもっていないのだから。それで誰もが納得できるような形で、世の中の道理にしたがって、B型の裁定を下さざるを得なかったのだろう。

後鳥羽追号事件

当時の朝廷がA型ではなくB型を用いたことは、「法」ではなく「徳」を強調したことと軌を一にしている。「徳」は当時の朝廷にとって、もっとも大事なキーワードであり、セールスポイントであった。そのことを踏まえて政治事件を見てみると、なんとも奇妙な一件がクローズアップされてくる。それが一二四二（仁治三）年に起きた、後鳥羽天皇（一一八〇～一二三九）の諡号《しごう》改変事件である。

一二三九（延応元）年、隠岐島で後鳥羽上皇が亡くなった。物知りの方はご存じであろうが、そもそもこうした言い方は、本当は正確ではない。天皇は亡くなってから「おくりな」＝諡号を受け、それによって初めてナニナニ天皇と呼ばれるようになる。生きている間は今上天皇とか、上皇なら新院とか一の院とか、別の呼称がある。ちなみに後鳥羽上皇は隠岐に流されていたので、隠岐院《おきのいん》という呼び方がされていた。

話を戻そう。その隠岐院が亡くなると、九条道家は三カ月後に「顕徳《けんとく》」の諡号を奉じた。隠岐院は顕徳天皇と呼ばれることに決定したのである。そもそも道家は隠岐院を尊崇した人で、「院を隠岐島から京都にお遷《うつ》し申し上げるべし」と運動して、幕府の激怒をかったことがある。その彼が腹心の菅原為長に選ばせた名前であるし、彼が「徳政」を標榜していたことからしても、「徳を顕す」＝顕徳という号は、すばらしく良い意味をもった字であったはずである。

当時、怨みを抱いて京都以外の地で没した天皇には「徳」の字が贈られた。崇徳、安徳、順徳天皇がこれにあたる。あれほど過酷な世の変転を眼前にしている中世の貴族が、果たして古代と同様に、怨霊に深刻な畏れを抱いていたのかどうか、私には分からない。たしかに朝廷では怨霊が取り沙汰されているが、ホントのところは政治的な駆け引きのカードではないのかな、と思えなくもない。それはともかくとして、朝廷は不遇であった天皇たちに、せめてとびきりの「徳」の字を奉って、寂しい魂を慰めたかったに違いない。

顕徳の名が定まって三年後の四二（仁治三）年、名執権と謳《うた》われた北条泰時が没した。すると朝廷で「ほうら、隠岐院に顕徳なんて立派すぎる名前を付けるから、幕府の凶事が起きたのだ」として顕徳の改号を図る動きがあった。一度決められた諡号を改変しようとする企ては前代未聞で、菅原為長をはじめとして反対意見もあったが、結局のところ、顕徳の号を秘して用いぬこと、代わって後鳥羽院と追号することが定められた。

かかる企ての中心にいた人物、それが土御門《つちみかど》定通《さだみち》という公卿《くぎょう》であった。同じころ、後鳥羽院の山陵《さんりょう》・国忌《こき》についても議論があった。後鳥羽上皇の墓所（山陵）と亡くなった命日（国忌）を、朝廷の正式なお祀りの場所・日にちにするかどうか、話し合われたのである。もちろんお祀りの対象にする方が後鳥羽院への敬意を示すことになるのだが、これも定通の意向によって、対象から外すことに決した。定通が後鳥羽上皇を敬遠していたことはこのことを以てしても明らかであるが、いったいこの定通という人物は、どういう立場にいた人なのか。

九条道家失墜

一二四二（仁治三）年正月、一二歳の四条天皇が急死した。内裏の清涼殿に石灰壇《いしばいのだん》という、床を漆喰《しっくい》で塗り固めた場所があって、天皇は毎朝ここで伊勢神宮に祈りを捧げる。四条天皇はこの床をさらに滑りやすく細工しておき、女官が転倒する様を見て楽しんでいるうちに、自分が転んで頭を強打し、亡くなったともいう。ともあれ天皇の母は九条道家の娘であったから、天皇の不慮の死は道家の政権運営に大きな打撃を与えた。

後鳥羽上皇を敬愛する道家は、次代の天皇として、上皇の嫡子たる順徳上皇（一一九七～一二四二）の皇子、忠成王を推した。専制君主として朝廷に君臨した後鳥羽上皇の威光は凄まじかったから、貴族たちに否やはなかった。ところが忠成王即位を認められないものがあった。関東の幕府である。幕府にとって後鳥羽直系の復活は、絶対に阻止すべき事態であった。また幕府追討の戦いを起こされてはたまらない。

幕府は同じ後鳥羽上皇の子でも、庶流扱いであった土御門上皇（一一九五～一二三一）の皇子、邦仁王の即位を決めた。当時の皇位の決定権は、最終的に幕府の手にあったと私は強調しているが、この時の歴史事実がそれを如実に裏付けている。執権北条泰時は幕府の重臣たる安達義景《よしかげ》を使者として京都に派遣し、邦仁王を登極させた。もし朝廷が忠成王の即位を強行するなら、武力をもって玉座からおろし奉るべし、とも命令していたのである。

関東の使者は忠成王の即位を認めるだろう。王の庇護者である道家のもとにまず赴いて、祝いの言葉を述べるだろう。貴族たちはそう考え、いち早く道家を祝福しようと、彼の邸宅に群がった。ところが、いくら待っても関東の使いは来ない。使者たる義景は実は、邦仁王の庇護者である土御門定通の屋敷に向かっていたのである。彼はそのあとに道家邸を訪問し、邦仁王の即位を告げた。多くの貴族が固唾《かたず》をのんで見つめるその場で、道家の面目は無惨につぶされ、彼の権力の大きな部分が音を立てて崩れ落ちた。

土御門定通の縁者こそは

土御門定通はこの時正二位前内大臣。かつて九条兼実（一一四九～一二〇七）を失脚

後嵯峨院（『天子摂関御影』宮内庁三の丸尚蔵館所蔵）

土御門定通（『天子摂関御影』宮内庁三の丸尚蔵館所蔵）

に追い込んだ源通親《みちちか》（一一四九〜一二〇二）の子で、早世した長兄通宗《みちむね》の養子という立場で、繁栄する一門の中心人物になっていた。邦仁王の母は通宗の娘であったから、邦仁王は定通の援助に頼って生活していた。

邦仁王が後嵯峨天皇（一二二〇〜七二）として皇位につくと、道家の威信は低下し、定通の政治的な発言力は相対的に増大した。後鳥羽上皇の改号は、こうした政治権力の変転をもとに、実現に移されたのである。源通親の養女を母にもち、土御門通宗の娘を妻とする土御門上皇は、源通親一門の期待の星であった。長子でもある上皇に嫡流の座を与えなかった後鳥羽上皇への反発が、顕徳から後鳥羽への改号の契機となったのである。

土御門定通は幕府と格別親しかったわけではない。邦仁王の存在をアピールしようとしても、彼一人では幕府は動かなかったであろう。ところが、一つだけ、定通は北条氏とのパイプを確保していた。彼の妻の一人は北条義時（一一六三〜一二二四）の娘であり、とくに当時の六波羅探題、北条（極楽寺）重時と彼女は母を同じくする、親密な兄弟だったのである。定通はこの縁を頼りに重時に働きかけ、幕府を動かすことに成功した。ここにようやく本章の主人公、北条重時が姿を現してくる。

東と西の二つの派閥

北条時政（一一三八〜一二一五）と義時親子というと、二人一組でせっせと陰謀をたくらみ、今度はこいつ、次はあいつ、と有力御家人を失脚させていったイメージが強い。けれどもこの理解は、史実とはだいぶ異なっているらしい。最近いわれ始めていることだが、義時は史料上では「北条」義時ではない。時政が活躍している間は、一貫して「江間《えま》」義時なのだ。江間家を別に立て、いったんは北条家から出た人であって、時政とは一心同体ではない。

では、時政が北条氏の跡取りと考えていたのは誰？　ということになるが、時政と後妻の牧の方の間に生まれた政範《まさのり》がこれにあたる。ところが、下級ながら歴《れっき》とした貴族出身の母をもつこの貴公子は、一〇代半ばで亡くなった。落胆しながらもそれでは、と時政が注目したのは、義時の次男の朝時（一一九三？〜一二四五）であった。義時の長男の泰時の母は、出自が定かではない。それに比べ朝時の母は、幕府草創時に大きな発言権をもった比企氏の女性であった。比企氏は北条氏との抗争に敗れて滅亡したために、朝時は比企氏の膨大な権益を引き継ぐ立場にあった（彼はたしかに能登・越中・越後の守護職を入手している）。時政はおそらくはそうしたことも考慮して、朝時を北条氏の後継者に擬し、名越にあった邸宅を譲っている。

一二〇五（元久二）年、北条時政は牧の方が産んだ娘の婿である平賀《ひらが》朝雅《ともまさ》を強引に将軍位につけようとして、失脚した。江間義時は父を伊豆に追放し、北条氏の惣領となった。この時から「北条」義時は大江広元（一一四八〜一二二五）や安達景盛（？〜一二四八）と連携しながら、姉の北条政子（一一五七〜一二二五）をもり立てて政治の実権を握っていく。大江広元は幕府を代表する吏僚であり、安達景盛は源頼朝の流人時代の唯一の家来、藤九郎《とうくろう》盛長の子。同氏は北条本家の正妻を出す家となり、北条時頼（一二二七〜六三）・北条貞時《さだとき》（一二七一〜一三一一）・北条高時《たかとき》（一三〇三〜三三）の母はみな安達氏である。

北条義時の後継者は長子の泰時であった。承久の乱後、泰時は六波羅の北方《きたかた》探題となり京都に駐留、三年後に義時が没すると東下して執権職を嗣《つ》いだ。泰時の施政は二〇年近く続くのだが、この間ことあるごとに泰時に対抗する姿勢を見せたのが、名越《なごえ》家を立てた朝時であった。彼には、自分こそ祖父時政が定めた北条家正統だ、というプライドがあったのだろう。幕府の重職に就くことをボイコットするなどの朝時の行動により、泰時・朝時兄弟の不和は京都政界に伝わるほど有名であった。朝時・光時《みつとき》父子は将軍藤原頼経（九条道家の子、一二一八〜五六）を盟主として一派を形成し、幕府開府以来の有力家、三浦氏との連携も視野に収めていた。

極楽寺家を立てた重時は、母は名越朝時と同じであったが、朝時と違い、兄の泰時の命によく従った。一二三〇（寛喜二）年から六波羅の北方探題を務めていたから、彼の在任期間は九条道家の執政期とほぼ重なっている。彼が具体的に何をしていたのか、史料は語らない。けれども京の人士に交わりながら、朝廷の動静に目を光らせていたことは疑いがない。九条道家の権勢の高まり（前章）に危機感をもったのは、第

【系図6】

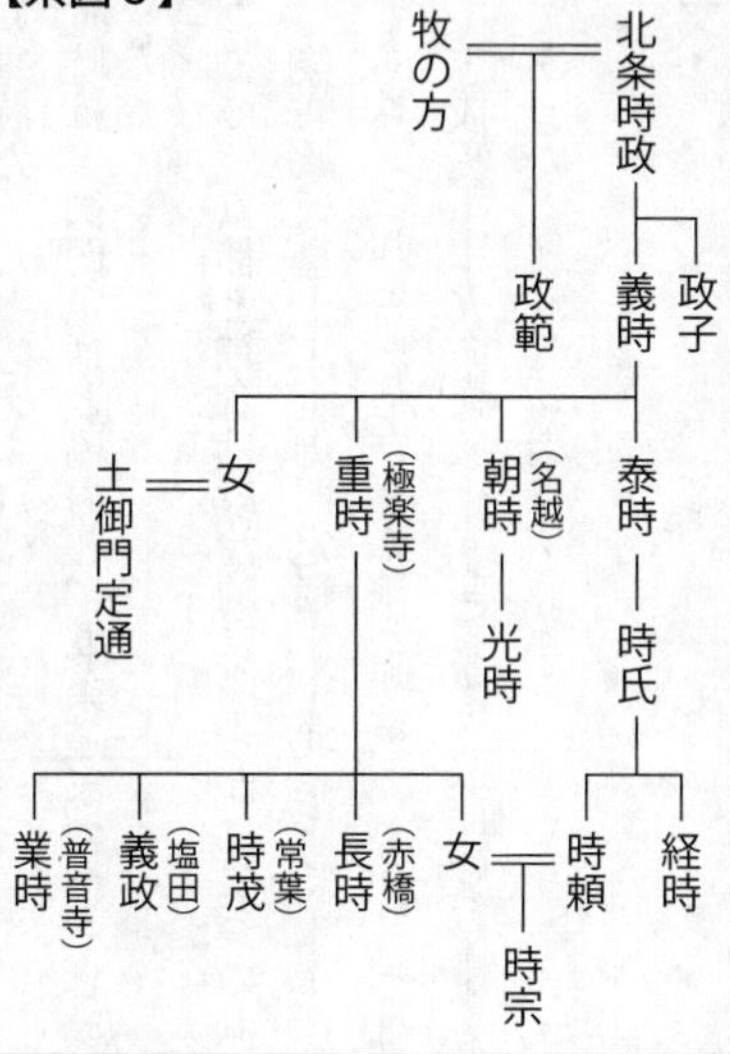

一に重時だったと考えられる。
重時は土御門定通と協力し、九条道家の推す忠成王を排して、邦仁王を天皇に推戴した。
ここで、京都と鎌倉は政治的に明らかに二つの派閥に分かれた。一つは、
後嵯峨天皇――土御門定通――北条重時――(執権)北条泰時
であり(これを便宜上、重時派と呼ぶ)、もう一つは、
忠成王――九条道家――(将軍)藤原頼経――名越朝時
であった(同じく、道家派と呼ぶ)。

激突

一二四二(仁治三)年の五月頃、北条泰時は重い病に倒れ、再起が望めなくなった。泰時の子の時氏は早世しており、孫の経時《つねとき》の執権職継承の手はずが整えられていった。五月一七日、泰時―経時は先制攻撃に出て、朝時を無理矢理出家させ、引退に追い込んだ。六月一五日に泰時は死去。経時(一二二四~四六)の執権就任が強行された。ただし経時は病弱だったため、政争は収まる気配を見せなかった。

四四(寛元二)年、今度は将軍頼経が辞任に追い込まれる。翌年四月、朝時が没し

た。だが、この頃から道家派は攻勢に転じたらしく、幕府の政局は混乱する。九条道家はそれにつけ込むように、六月、後嵯峨天皇の譲位を幕府に要求した。皇位から降ろしてしまえば、後嵯峨と土御門定通の発言力を押さえ込めると判断したのだろう。京都まで手が回らない幕府は、要求を承認。道家のもくろみは図に当たる。

この頃道家の側近である平経高は妙な夢を日記に記している。亡くなった名越朝時が経高の夢に現れ、忠成王のために新しい御所を造って進上する、と告げたというのである。意味するところは忠成王の即位に他なるまい。道家派はなおも後鳥羽皇統の復活を夢見ていた。

四六（寛元四）年正月、後嵯峨天皇が退位した。院政が停止していたこの頃、それは後嵯峨の発言力の低下を意味していた。三月、病気に悩まされていた経時は弟の時頼に執権職を譲る。これを機に、北条本家と名越家とは決定的な抗争に突入した。後の三浦光村《みうらみつむら》の述懐によると、九条道家からも前将軍の頼経を経由して、北条本家打倒の呼びかけがなされていたらしい。京では忠成王を皇位につけ、鎌倉では名越光時（朝時の嫡子）を執権に据える。それが道家の構想であった。

けれども、三浦本家をはじめ、武士たちは将軍（頼経の子、頼嗣。九条道家の孫）よりも執権のもとに馳せ参じた。詳細な経過は明らかではないが、争いは時頼の勝利に終わった。

五月末、光時は出家に追い込まれ、歴史の闇に消えていった。弟の時幸《ときゆき》は自害した。多くの名越派の幕府要人が解任され、七月には彼らの背後にいた前将軍頼経が京都に強制送還された。続いて幕府は九条道家との絶縁を通告するとともに、政治の実権を掌握して本格的な院政を開始するよう、後嵯峨上皇に申し入れた。道家の政権は瓦解する。重時派の完勝であった。

四七（宝治元）年、重時は出家して高野山にいた安達景盛を鎌倉に派遣し、三浦一族を挑発させた。惣領の三浦泰村《やすむら》（?〜一二四七）は一族に向けて自重を説くが、ついに三浦氏は六月、北条氏討伐の兵を挙げる。鎌倉で市街戦が行われ、泰村以下は敗北し、族滅した。かつて将軍頼経の側近であった三浦光村が、「あのとき道家様の呼びかけに応じていれば」と優柔不断な兄の泰村を罵ったのはこの時である。

北条本家に逆らう者がいなくなったことを確かめて、七月、重時はいよいよ鎌倉に帰る。重時の出立を聞きつけた後嵯峨上皇は、仏事をキャンセルして重時との別れを惜しんだ。連署に就任して若き北条時頼を補佐することになった重時は五二（建長四）年、口実を設けて将軍藤原頼嗣を追放し、九条家の息の根を止める。

撫民、民を愛せよ

九条道家が死去した際の、一二五二（建長四）年の鎌倉幕府の重職を一覧しよう。執権は二六歳の北条時頼で正五位下相模守。妻は重時の娘で二人の間には後の時宗（二歳。一二五一～八四）がいた。副執権ともいうべき連署は五五歳の北条（極楽寺）重時。従四位上陸奥守。西国を統轄する六波羅探題は北方が重時の長子である赤橋長時。南方は置かれていなかった。四年後、五六（康元元）年、時頼は赤橋長時に執権職を譲る。空席になった六波羅北方には、重時の次男、常葉《ときは》時茂《ときしげ》が任じた。

なぜこのようにくだくだしく羅列したのかというと、当時の幕閣において、重時の地位がいかに高かったのかを見てほしかったのだ。私の友人の秋山哲雄氏は、「北条時頼が執権に就任した当時の情勢を観察してみると、重時の極楽寺家が北条本家にとって代わっても、さほど抵抗なく受け入れられたのではないか」と主張しているほどだ。

病弱な兄の代わりに時頼が急に執権になったのは、二〇歳の時であった。若い彼が、まだ側近グループも形成されていなかったろうからほとんど独力で、当時の難局を見事に収拾し得たとは考えにくい。そこにはやはり重時のイニシアチヴを想定すべきである。北条時頼の執政とは、まちがいなく北条重時の執政でもあったのである。

そうした視点で見てみると、時頼＝重時の政権期に、幕政に注目すべき変化が起こっている。それは幕府の視線が御家人を越え、在地に生活する人々までを捕捉したことである。幕府は武士を統率するのみならず、民衆をも守らねばならない。「撫民《ぶみん》」。民を慈しめ、民を愛せよ、という凛然《りんぜん》たる呼びかけがなされるのである。

え？　武士が民百姓の上に立ち、ある時は彼らを守り、ある時は彼らを搾取するのは当然のことでしょう？——そう思われたあなた。それは江戸時代に形成された限定的なイメージです。士・農・工・商という厳然たる身分制の第一席にあり、社会のリーダーとして振る舞うことを義務づけられたのは、江戸時代の侍だけなのです。

そもそも幕府は、武士の武士による武士のための政治的機構であった（「第一章　源頼朝」を参照）。民衆を治める、という概念を幕府はもっていなかった。ところが承久の乱に勝利し、日本全国に幕府の勢威が浸透するようになると、幕府もまた「統治するもの」（「第三章　九条道家」を参照）として機能せざるを得なくなっていく。在地に生きる人々の権益を保護するための法が作られ、御家人も在地の統治を分掌するようになっていく。

時頼＝重時政権はそうした動きを加速させ、「撫民」を標榜するに至った。朝廷の「徳政」に対応する「撫民」。後嵯峨上皇の朝廷と北条時頼の幕府とは、東西相呼応して「統治」に取り組んでいたのである。そして両者を結びつける「キー・パーソン」こそは、北条重時であった。

「百姓をいたはれ」

重時は子どもたちに二種類の家訓を残している。それぞれ「六波羅殿御家訓」（以下「六」と略称する）、「極楽寺殿御消息」（以下「極」と略称する）と呼ばれるものである。たいへん興味深いことが書かれているので、少し見てみよう。

時としてどんなに腹が立つことがあっても、人を殺してはいけない。（「六」四条）

あたりまえではないか？　いや、そうではないのだ。「人を殺してはいけない」という人間として初歩の倫理が、親から子への教訓として成立してしまう。武士の社会はそれほどに、殺伐とした一面を有していた。そう考えねばならないのだ。「我が家の前を通るやつはつかまえて、弓の標的にしろ。庭の隅に生首を絶やすな。斬って斬って斬りまくり、新鮮なのを補充しておけ」（『男衾三郎絵詞《おぶすまさぶろうえことば》』より）という武士がいたり、「生首を見ないと一日ぼおーっとして調子が悪い」という武士（『太平記』が記す結城宗広《ゆうきむねひろ》。この人、南朝の大忠臣である）がいたり。戦争で人の首をとってなんぼ、という世界に武士は生まれ、生きてきた。だから当然とも言えるが、中世の武士はまずは戦士であり、残酷で残忍な性格を色濃くもっている。

そうした理解をふまえてみると、次の重時の言葉はなんとやさしいのだろうか。

支配している荘園において、屋敷に百姓が訪ねてきたら、酒の一つも振る舞ってやりなさい。また、百姓が召し連れている従者だからといって、卑しんではならない。（「極」七四条）

百姓が屋敷内に耕作しているものを、理由もなく収奪してはならない。こちらの気持ちが伝われば、向こうから献上してくれるものだ。ただし大事な用途があるときは上納を頼むこともある。丁寧にお願いしなさい。百姓の労苦をいたわることがなければ、どうせ取られるのだから、と百姓は耕作しなくなる。そうなっては重要な用があるときに、物資がそろわない、という羽目に陥る。百姓を大事にしなさい。徳を積むことになるし、生きる上でどうしても犯してしまう罪も軽減

される。　　　　　　　　　　　　　　　　（「極」七五条）

人は生きる過程で罪を犯すことから逃れられない、という思想は浄土宗に影響を受けているように思える。そのことは後にふれるとして、「極」七五条末の原文を記してみよう。

百姓をいたはれ。徳もあり、罪もあさし。

統治者たらんとする武士が、紛《まご》う方なくここにいる。

浄土宗発の新思想

とくに気をつけておきたいのが、「撫民」政策と浄土宗との関係である。これは私の妻（本郷恵子氏）の新説なのだが、依怙《えこ》贔屓《ひいき》抜きに興味深いので紹介しておく。

信濃国のある地頭が法然の孫弟子に当たる僧侶に質問する。私は仏への信仰を表明するために寺院の堂塔を建て、仏像を造る。でもその費用は、よく考えてみれば、荘園の百姓から搾り取ったものである。自分の信仰心のために、民を犠牲にしていることになるわけだが、このとき神仏は喜んでくれるのだろうか？

読者の皆さんの中にも、すすんでか嫌々かはともかくとして、菩提寺の庫裡《くり》を増築するから、屋根を葺《ふ》き替えるから、などと多額の寄付をした方がいらっしゃいますでしょう。この地頭の質問は、民が軽んじられていたこの時代にしては鋭く、重く、また時間を超えて普遍的でもあるのです。

では僧侶はなんと答えたか。彼は決然と言い放つのだ。神仏は「喜ばない」。どんなに供物を供えてもらっても、それが民を苦しめた結果のものであるなら、仏は受け取らない。地頭であるあなたは、まず民をいたわるべきである。それこそがすなわち、仏への帰依になるのだ。

この問答を知ったとき、私は言いしれぬ衝撃を受けた。こうした神仏観が、神仏の名のもとに利益を貪る強訴《ごうそ》（第三章を参照）が飽かず繰り返されていた鎌倉時代中ごろに、すでに出現していたのだ。まさに「撫民」の発想が、鎌倉新仏教の一つ、浄土宗に生まれている。

本郷恵子氏の推論は、鎌倉幕府の「撫民」は、直接には浄土教から影響を受けているのではないか、というものであった。これに従うならば、撫民を掲げる幕府の周辺に浄土教の信仰があるか否かが、問われねばなるまい。そこで見ていくと、禅宗に傾倒していた北条時頼が浄土教に親しんだという史実は、今のところ見あたらない。一方、北条重時はというと、日蓮が「極楽寺殿は浄土の教えなどに帰依するから、一族がみな短命で、ほとんど家が絶えてしまった」と悪口を言うくらい、浄土宗を信仰していた。武士の日常は殺生と分かちがたく存在する。罪を犯すことを避けられぬ自己を見つめよ、と説く浄土の教えは、たしかに武士にふさわしく見える。重時の「極」七五条の言葉は、そうした考え方を前提にして初めて理解できる。

「撫民」の真の提唱者

「極」六二条にも注目してみよう。

堂塔を建て、親や祖父の仏事をするときに、ほんの少しでも、他人から金品を徴収してはならない。自分が千貫・二千貫（いまの一億・二億ほどにあたる）を負担しても、人に迷惑をかけるなら、善根はみな意味を無くし、供養される人はますます地獄に堕ちる。日常生活でなされる悪いことを、それが些細なことであっても、神仏はお憎みになる。ましてこうした仏事のことで、間違ったことがあっては、神仏が喜ばれないのは理の当然である。（神仏への帰依を表そうとして、神仏をかえって怒らせてしまうことは）（普通は熱い湯に水を入れてさますのに）湯を沸かして水に入れるような、愚かな行為である。

当時、朝廷では湯水の如くに金品を使って、仏事に明け暮れていた。重時は京都に二〇年間あまり滞在して、それをつぶさに見ていた。それを思えば重時の言葉は、通り一遍の原理などではなく、先鋭的で思い切ったものなのである。またそれは、先の地頭と僧侶の問答に見事に一致する。

するとここに、先述の仮説が再度浮上してくる。「撫民」の真の提唱者は、連署として北条時頼の政権を支えていた北条重時なのではないか。京都で長いあいだ幕府と朝廷との折衝に当たって政治手腕を磨いた老練な重時は、政敵九条道家を葬って鎌倉に帰還すると、兄の泰時が進めていた幕府の「統治」行為をいっそう推進した。彼は「撫民」を標榜し、朝廷の後嵯峨上皇の「徳政」と呼応し連携して、日本全国の統治を試みたのではないか。

日蓮が言ったように、重時の子や孫は、みな二〇代で没している。そのためか、重時の政治姿勢は彼の娘婿である安達泰盛《あだちやすもり》（先に出てきた景盛の孫、義景の子。一二三一～八五）に受け継がれる。ちょうどモンゴルの来襲もあって、泰盛は日本全国を念頭に統治を深化しようと努力した。これに対し、幕府は本来武士の利益を保護するための組織なのだから、御家人への対応が第一だとする政治グループが台頭してくる。代表は北条本家の執事である平頼綱《よりつな》（?〜一二九三）。両派は多くの御家人を巻き込んで衝突することになるのだが、それはまた別の話である。

最後に、「極」四四条を見よう。

お前たちは二〇歳までに、人として当然習得すべき技能を身につけなさい。三〇から四〇、五〇までは主君を守り、民を育み、身を慎み、儀礼を正しくして、仏教の五戒を守って、政道に一心に取り組むべきだ。さて六〇になったら、何事もうち捨てて、後生大事を願って、念仏しなさい。子のこと、孫のことなどのいろいろな煩悩にとらわれていては、輪廻の輪から逃れられない。

その言葉の通り、重時は一二五六（康元元）年に五九歳で出家して引退、長子赤橋長時が北条時頼から執権職を譲り受けるのを見届けて、六一（弘長元）年、六四歳で極楽寺の屋敷で没した。

第五章 足利尊氏

【「二つの王権」を】

足利尊氏（高師直説も）
（東京大学史料編纂所所蔵肖像画模本）

足利尊氏略伝　［一三〇五～一三五八・四・三〇］

父は足利貞氏《さだうじ》、母は上杉清子《うえすぎきよこ》。初名高氏。のち後醍醐天皇の諱尊治《たかはる》の一字を賜り、尊氏と改名。足利氏は代々北条本家またはそれに準じる家から妻を迎えており、貞氏の正室も金沢顕時《かねさわあきとき》の娘。北条氏の母をもたぬ当主は尊氏のほかには貞氏の父の家時《いえとき》（母はやはり上杉氏）だけで、その家時は政争の中で自害したと考えられている。北条氏の血を引いていない、という意識は、おそらくは尊氏の反幕行動に影響を与えたであろう。

一三三三（元弘三）年、隠岐を脱出した後醍醐天皇を討伐するために西上するも、丹波国篠村八幡宮で倒幕の意志を明らかにし、六波羅探題を滅ぼした。また、有力御家人に鎌倉討伐を働きかけ、それを実現させた。彼が反旗を翻してからわずか一月足らずで幕府は滅亡に至っており、その影響力の大きさが窺《うかが》える。

一三三五（建武二）年、北条高時の遺児時行《ときゆき》が兵を挙げて鎌倉を占拠（中先代《なかせんだい》の乱）すると、鎌倉の防衛に失敗した弟の直義《ただよし》を救うために東下し、騒乱を鎮圧した。その後そのまま鎌倉に駐留し、建武政権への離反を宣言。討伐軍として派遣された新田義貞《にったよしさだ》を破って翌年入京する。いったんは北畠顕家《あきいえ》らに敗北して九州に逃げ延びるが、六月に再度入京。光明天皇を奉じて幕府を開設した。

幕府において尊氏は主に軍事を担当し、直義に政務を委ねていたが、この二頭政治はやがて深刻な対立を生じ、観応《かんのう》の擾乱《じょうらん》に発展する。五一（観応二）年、尊氏は軍を率いて鎌倉に向かい、翌年直義を殺害。関東地方の平定に尽力する。五三（文和二）年、京に帰り、引き続き南朝軍、直義党と戦う。五八（延文三）年、九州への遠征を計画するうちに、病を得て死去する。

また出てきた、夫婦の会話

A　あのさあ、歴史に「もしも」はないっていうよね。

B　今度はなあに？　論文が書けないからって、歴史シミュレーションで一旗揚げようっていうの？　織田信長が本能寺で死んでなかったら？　大和以下の栗田艦隊がレイテ湾に突入していたら？

A　栗田艦隊？　またマニアックだな。よく知ってるね、そんなの……。いや、ぼくは文才がないから、仮想戦記は論文よりさらにムリだよ……。

そうじゃなくてさ。ちょっと考えてみてよ。鎌倉時代末、たとえば機を見るに敏な人物がいてさ、足利高氏に先んじて後醍醐天皇と連絡を取り、幕府討滅を全国の武士に呼びかけたとしたら、どうだろう？　もしかしたら歴史とは別の「〇〇幕府」ができていたのかな？

B　えー？　それはどうかしら？　うーん、もしもその人の訴えに御家人たちが応えて、それで幕府が滅びたとしたら、ね。〇〇幕府の可能性はゼロではないかもしれないわね。

でも、足利高氏の呼びかけだからこそ、東国の武士たちは立ち上がったのでしょう？　所詮《しょせん》、他の人じゃあダメなんじゃないの？

A　そこなんだ。たとえば戦後中世史の開拓者、佐藤進一先生は早くも一九六五年、五〇年以上も前だね、鎌倉陥落を実現させた最大の功労者は、軍の指揮を執った新田義貞ではなく、有力御家人に広く倒幕を説いた足利高氏だと言いきっている（『日本の歴史9　南北朝の動乱』中央公論社）。

B　新田氏は鎌倉時代を通じて不遇だったのよね。倒幕軍を率いたのが義貞だったのは、あくまでも便宜的なことで、北は奥羽から西は河内まで、全国の武士が高氏に呼応して鎌倉に集結したのね。高氏の子のたった四歳の千寿王《せんじゅおう》、後の二代将軍義詮《よしあきら》ね、が戦陣に加わると、武士たちはみんな義貞を捨てて幼い千寿王のもとに集った。このエピソードは有名よね。

足利氏は本当に御家人No.2だった？

A　そうそう。それから、足利氏とほかの御家人を比べるとどう？

B　え？　足利氏は北条氏に次ぐNo.2なんでしょう？　えーと、根拠は、と。そうそう。やっぱり佐藤先生の『古文書学入門』（法政大学出版局）の「武家様文書　下文《くだしぶみ》」のところに、「今日伝存するところでは、この様式（下文）を用いた御家人は北条・足利二氏だけであって、この点からも、足利氏が鎌倉時代の武家社会において北条氏と並ぶ格式をもつ有力な大名であったことがわかる」って明記されているわよ。これ、一九七一年の本よね。もう定説でいいんじゃないの？

A　使用していた文書の様式か。でも、それは現在たまたま残っているものだけの話だから、どうかなあ。有力御家人といえば、三浦・安達・千葉・小山《おやま》などだけれど、彼らの文書はみんな残ってない。だから、文書様式だけでは有効な根拠にならないんだよなあ。ほかに、足利氏が北条氏に次ぐような高い地位を誇っていたという根拠は、何があったっけ？

B　広く認識されている要素を挙げてみるわね。源氏の本家が頼朝・頼家・実朝《さねとも》の三代で滅びた後は源氏の嫡流と目されていた、ということ。代々北条本家、もしくは分家でも家格の高い家と縁戚関係を結んでいたこと。高い官位・官職に任じたこと。所領を多く持っていたこと。そんなところかしら。

A　そうだねえ。まず、源氏の嫡流ってのは危ないんだよなあ。頼朝が生きてたときから源氏一門の第一席として、下にも置かぬ丁重な扱いを受けていた、というんなら説得力あるよ。だけど源頼朝の章（第一章）にも書いたように、特別扱いは信濃源氏の平賀氏なんだ、明らかに。足利氏はその次。だけど平賀氏が承久の乱でこけちゃったんで、繰り上がりで第一席になった。あくまでも相対的な地位なんだ。だから「みんなが認める絶対の嫡流です」「光り輝いてます」っていう感じがしないんだよな。

次が高い官職かあ。足利氏は時として北条本家よりも高い官職を得ていることがあるからね。でもそれは比較の話でさ。足利氏だけは一級貴族の条件である「公卿《くぎょう》」の仲間入りをしているというのならば話は別だけど、そんなことはない。せいぜい四位どまり。北条氏と変わらない。これじゃ誤差の範囲内だよね。

それに源氏一門の武田《たけだ》氏や小笠原《おがさわら》氏もそれなりの官職は入手している。幕府の役職である守護職だって、上総国と三河国の二つ。本拠地足利を含む下野国の守護職は、小山氏に独占されて入手できなかった。守護職を二つもってた家は、ほかにもあるよ。

B　じゃあ、結局、縁戚だけ？　縁戚でいうなら、北条本家の奥さんを代々出している、安達氏の方が近いわよね。もっとも、あんまり近すぎて、安達氏は北条氏とともに、滅びちゃったけれど。

頼朝の「御氏族」なのに……

A　一二四八（宝治二）年にこんな事件が起きているんだ。足利氏の当主である義氏《よしうじ》が有力御家人の一人、結城朝光《ともみつ》に書状――手紙だよね――を出した。

B　朝光は知ってるわ。小山家の出で、結城家を興した人ね。頼朝に重く用いられたので、寵童《ちようどう》説もある人よね。

A　そうそう。その手紙がぞんざいな様式のものだったので、朝光は怒ったんだ。中世は身分とか格式が重要視される時代だから、こういうことにはすごくうるさい。なめられた、メンツをつぶされたと思ったんだろうね。じゃあ、目には目を。相手を見下す同じ様式で返事を書いて、義氏に送りつけちゃった。

B　それは義氏も怒るでしょう。

A　うん。もうかんかん。「足利家は頼朝様の『御氏族』である。栄えある源氏一門だ。おまえらよりもエラいんだ。朝光、おまえは直に頼朝様に仕えていたのに、ボケてそれを忘れたか」って、そんな感じ。

朝光だって一歩も引かない。「あんたはそう言うがね、あんたと私は、将軍様の御家人ということでは同格なんだよ。嘘だと思うんなら、頼朝様の直筆サインが記されてる、この御家人名簿を見てみろ」と証拠の文書を持ち出し、幕府に裁定を仰いだ。

幕府がこの文書を調べてみると、本物。「これによると、たしかに足利と結城とは同格だ」。幕府はそう結論づけた。

B　あら。結城が勝ったのね。

A　そうだね。まあ、この幕府の裁定は、場当たり的な感じが強いけどね。だって幕府の歴史書『吾妻鏡』を見る限り、頼朝はやっぱり源氏一門を優遇しているもの。いろいろな場面で。でも、頼朝の時代から五〇年。こんな事件が起きるところを見ると、足利氏が源氏嫡流で、すごく尊敬されていて……ってのは疑わしいよね。

B　ただの御家人から身を興した北条氏が政治の実権を握っていたのも、影響しているんじゃない？　足利義氏の主張を認めてしまったら、北条氏だって、足利氏に遠慮しなければならなくなるでしょ。

A　ああ、それは鋭い指摘だ。なるほど、その通りかもね。

豊かでもなさそうだし……

A　それともう一つ。これは早稲田大学の院生だった田中奈保さんが着目した史実なんだけれど、鎌倉時代末の足利氏は、自分の家の法事にかかる二〇貫の費用をなんとかもう少し安くならないか、とケチっているんだって。わりとセコい。ところが一三二〇年頃の北条貞時の仏事には二〇〇貫の上納金を捻出させられている。

B　まあ、そんなに。一貫が一〇万円くらいだとすると、二〇〇〇万円ね。ほかにそれだけ出している御家人は？

A　北条氏一門のほかには、これ以上の額を出している家はないのかな。でも、同じ額を納めている御家人はいるし、断然一番、というわけでもないなあ。各家ともに、かなりの金額を献上しているから。びっくりするのは集まった金額の総計で、四〇〇〇貫を超えるんだ。

B　へえ。足利氏の仏事は二〇貫で北条氏は四〇〇〇貫！　ものすごい差ね。

A　足利氏は北条氏に次ぐ、なんていっても、実際はこんなに差があるんだな。ぼくはこれこそ「王権の値段」なんだと思っているんだけど、№1と№2の差は、こんなにも大きい。

B　政治史でいう「北条氏の専制」が金額的にも裏付けられるのね。

「君臨する根拠」

A　さてさて、これまで話してきたことを総合的に考え合わせてみると、ですね。たしかに鎌倉時代、足利氏は北条氏に次ぐ家として認めてもいいのかもしれない。でもそれは、№1が飛び抜けていて、2、3、4、5……はそれほど差がない。いくらでも代替可能な№2。そんな感じじゃないかな。

B　なるほど。それで、まあ羽振りが悪くもない、機を見るに敏な人がうまく立ち回ったら、足利幕府ではない○○幕府があり得たかも、という「もしも」の話になるわけね。

A　うん。だいたい源氏じゃなきゃダメ、ということはないとぼくは思うんだよなあ。佐藤先生までもが「源平交代説」、源氏と平氏が交代で天下を取る、なんてものを大まじめに取り上げているけれど、あんなの根拠のないヨタ話だと思うんだがなあ。「武士の代表」の座に就くためには条件さえ整えば、藤原氏だって橘《たちばな》氏だって構わないと思うんだ。

まあ、それはさておいても、少なくとも結城氏の事件で見られるように、足利氏が大きな顔をしたら、有力御家人たちは黙って服従なんかしていない。「なんだエラそうに。あんたの家なんか、ウチとたいして変わらないじゃないか」くらいは平気で言う。仮に表向きは頭を下げても、「負けてたまるか。いつか見てろよ」と、心に反骨精神を秘めているよ。それに、足利氏の側も、それはよくわかっている。足利氏と有力御家人の関係をきちんと押さえておくと、もしかしたら、今までとかなり違った見方を導き出せるかもしれない。

B　はいはい。「足利氏はそんなにえらくなかったかもしれない」ね。それはでも、どういう現実になって足利氏に影響を及ぼすの？

A　「君臨する根拠」だな。

B　「君臨する根拠」？　なにそれ？

A　源頼朝の章（第一章）で書いたように、主人として認められるのは大変なんだ。従者に、この方はたしかに人々の上に立つ根拠をもっている、と納得させなくちゃならない。つきつめていうと、武士社会での臣従とは「わたしはこの人のために死ねるのか」ということでしょう？　誰だって死にたくはないからね。

B　生命さえ供出させるだけの、物理的・精神的な理由付けね。それを獲得するのは難しいでしょうねえ。時代の変革期では、何となく前からそうだったのでこれからも、というぬるい理屈は通用しないでしょうしね。

A　他を圧倒する経済力や軍事力、なんてのがあれば手っ取り早いのだけれど。
B　いままでの話からすると、足利氏はそれをもってないわけね。それに源氏の嫡流、という大義名分も絶対ではないとすると……。
A　足利氏は将軍として君臨するための根拠を、ことあるごとに明示する必要に迫られるんだと思うんだ。それはあるときは理想の提示であったり、あるときは物理的な武力の編成であったり。
B　「君臨する根拠」獲得の歴史として足利尊氏の生涯を見る、わけね。じゃあ、少しだけ期待してみましょう。

三つの重要選択

一三三三（正慶二）年に鎌倉幕府が滅びて建武政権が発足してから、室町幕府が成立するまでの間に、この国のあり方を決定するきわめて重要な選択が、おそらくは三つ、なされた。

一つは「武士の政権を認めるか、否定するか」。倒壊した鎌倉幕府に代わる、武士による政府の再生を容認する。ただし主導権はあくまでも朝廷が握って、天皇の施政を補佐する機構として機能させる。これが方法のA。もしくは平安時代の後期のように、武士は公家に従属するものと位置づけ、武士の主体性は認めない。武士による政権も認めない。朝廷だけを統治機構とする。これが方法のBである。

二つめは少し時間が経過して、武士の政権が室町幕府として再生された後の話で、「幕府の性格をどう規定するか」。鎌倉時代と同様に、朝廷と並び立つ政府として鎌倉に設置するのか。あるいは朝廷が古来から有するさまざまな権能を吸収し、日本を代表するほぼ唯一の統治機構として歩み始めるのか。この場合は、朝廷からの権限委譲をすみやかに実現するために、幕府は京都に開かれねばならない。すなわち「鎌倉か、京か」が問題であり、これは言葉を換えれば、詳しくは後述するが、「二つの王権か、一つの王権か」ということにもなる。

三つめ。これは簡単で、「天皇は必要なのか、そうではないのか」。

南北朝時代に試されたもの

一つめについてはごく簡単に述べておこう。幕府存続について激しく対立したのは、後醍醐天皇（一二八八～一三三九）と、天皇の皇子の大塔宮護良親王《おおとうのみやもりよし》（一三〇八～三五）であった。親王は畿内近国の反幕府勢力を掘り起こし、粘り強く幕府軍と戦った。建武政権樹立の第一の功労者であった。幕府の御家人制から疎外された武士を組織した

後醍醐院
（『天子摂関御影』宮内庁三の丸尚蔵館所蔵）

実績を根拠として、親王は自らが新たな武家の棟梁となることを望んだ。

えー、親王が将軍？　と訝《いぶか》る向きもあろうと思うが、鎌倉幕府の将軍は、第六代宗尊《むねたか》親王（一二四二〜七四）より幕府終焉時の第九代守邦《もりくに》親王（一三〇一〜三三）まで、いわゆる親王将軍であった。実権をまったくもたなかったものの、高貴な血筋ゆえに、朝廷の天皇と並ぶもう一つの「東の王権」の中核に位置づけられていた。親王が将軍になるのが当時の通例であったのだから、護良親王が征夷大将軍への補任を要求したことは、その功績からしても、さして奇異なことではない。武士の力量を戦いの場で熟知していた親王は、右の方法A、自らが将軍となって武士を組織し、新たな幕府を発足させたいと考えていたのだろう。

ところが後醍醐天皇は、武士の政権を認めようとしなかった。王権は一つであるべきだと構想していた。方法のBである。将軍位こそごく短期間、親王に与えたものの、幕府開設は許可しなかった。加えて、土地の領有権は天皇一人が決定し得る権限であること、倒幕戦の過程で変動した土地の領有権は、戦い以前の状態に復することを宣言した。

護良親王の呼びかけに応じた武士たちは、新しい領地の獲得のために親王に忠節を誓い、幕府と命がけで戦っていたのである。親王に恩賞（土地）を与える権限がないとすれば、また土地領有の権利状況が戦い以前に差し戻されるのならば、彼らの戦いは何も生み出さなかったことになる。

天皇の政策は、親王の武力編成のための努力と、何よりも親王の存在自体とを否定するものであった。こうなると現金なもので、武士たちは次々に親王のもとを去っていき、親王は失脚を余儀なくされた。後醍醐天皇に政治への関与を峻拒《しゅんきょ》された武士勢力は、もう一人の倒幕戦の立役者、足利尊氏に期待を寄せるようになる。

京か鎌倉か

現実を見ようとしない建武政権は瞬く間に人心を失い、各地で武士の反乱が相次いだ。その中で、尊氏は鎌倉で反旗を翻す。建武政権は新田義貞（一三〇一～三八）を抜擢し、尊氏の対抗者として重用していたが、このときも彼に命じて尊氏の討伐を図った。一三三五（建武二）年、両軍は箱根竹ノ下に戦い、足利方が勝利した。このとき、一つの重大な選択がなされた。

一一八〇（治承四）年、源頼朝は東下してきた平家軍と富士川で戦い、勝利を収めた。水鳥の音を敵襲と勘違いした平家軍が戦わずして潰走《かいそう》したと伝えられる、あの戦いである。この勝利の後に、頼朝は逃げる平家軍を追って京を目指そうとしたが、関東の武士たちはこれを押しとどめた。彼らの意見を容《い》れた頼朝は、東国を緊密に掌握するため、鎌倉に帰還した。頼朝の章で見たように、この内乱の本質とは武士たちの独立を目指す戦いであったから、この動きは理に適《かな》っている。頼朝が武士の棟梁として勝ち残った所以《ゆえん》でもある。

それから一五〇年の後、箱根の足利陣営でも軍議が開かれた。かつて頼朝は軍を返して東国政権樹立に邁進《まいしん》した。われわれはどうするか。東国にとどまって、もう一度鎌倉幕府を再興するか。それとも京都に攻め上るのか。

尊氏より一歳年下の同母の弟、きわめて有能な軍政官としての手腕を有する足利直義（一三〇六〜五二）は、鎌倉幕府再興論者であった。おそらくこの時も、上洛に反対したに相違ない。われわれ武士の基盤は東国だ。いろいろと面倒だから、なるべく朝廷とは関係をもつまい。前代の鎌倉と京都との関係を復元しよう、と。

ところが、実際にはそうはならなかった。『梅松論《ばいしょうろん》』にはこうある。「たとひ関東を全くし給ふとも、海道・京都の合戦大事なり。しかし、ただ一手にて御立ち有るべし」。足利勢は全軍をあげて、京を目指して進発したのである。

副将である直義の意見が却《しりぞ》けられたのだから、京都占拠を説いたのは、大将尊氏その人に他なるまい。ここまでは自然な推測である。

では、なぜ尊氏は、頼朝とは反対に京への道を進んだのか。史料は黙して語らない。やむを得ず私は、尊氏という人物の意図を推測する。

禅僧の夢窓疎石《むそうそせき》（一二七五～一三五一）によると、尊氏は人間としての器がたいへんに大きな人だったそうだ。もちろん過大評価のおそれはあるが。用意周到な根回しは苦手だけれども、大まかな方向性を示し、それが的確である人。そのことを勘案すると、尊氏は東と西、二つの政治権力を、今こそ一つにまとめようと提案したのではないか。

斬新なプラン

戦前の鎌倉時代研究は、時代の担い手を幕府と武士に求めていた。ところが戦後になって天皇・朝廷・貴族の役割が再認識され、やはり日本の国王は天皇だった、とする説が有力になった。実権を握っていたのが幕府であったことは疑いない。でも理論と現状とが異なるのは間々あることだ。中世国家のモデルを構想したときに、日本国の頂点に位置するのが北条氏、というのはどうも得心がいかない。やっぱり天皇の方が坐りがよい、と考えるのである。

それでは幕府の立場がないじゃないか、というので、最近になって提唱されたのが「二つの王権」論である。他をひれ伏させる強力な主権を「王権」と捉え、この概念を導入して国家論を構築する考え方である。これによると、朝廷を場とする天皇権力は「西の王権」であり、幕府を場として発現する将軍の権力は「東の王権」となる。東西に「二つの王権」が並び立っていたと想定するのであり、これは当時の政治実態をよく反映している。私もこの説に賛成する。

この時代認識を下敷きにして見てみると、ある壮大な仮説が浮上する。足利尊氏は、朝廷の聖地京都を、武門勢力をもって掌握し、並立している王権を一つに統合しようと企図したのではないか。新しい「一つの王権」内部で将軍権力と天皇権限をどう整理するか、等々の具体的内容までは、この時点では判然としない。だが尊氏はまことに画期的なプランを準備していて、彼の力量を見定めようとする武士たちに、斬新な選択肢として提示してみせた。それは有能な現実主義者であった直義などには、思いもよらぬ将来であった。

新興武士の取り込み

もちろん彼のブレーンは、鎌倉幕府倒壊という一大事を踏まえ、的確な状況解析の作業を進めていたであろう。それが「一つの王権」へ、という尊氏の指針を現実面で後押しする。鎌倉幕府の根本的な骨格とは何か。将軍と御家人とが主従の関係を結ぶ、御家人制だ。だから鎌倉幕府の破綻とは、従来の御家人制の破綻と捉えねばならない。

御家人制は伝統を有する、選ばれた武士だけを対象としていた。小規模な武士、新興の武士は御家人として認められなかった。生産力の高い畿内・西国にはそうした武士が多くいて、御家人制から疎外され、幕府の保護を受けられなかった。だから彼らは後醍醐天皇・護良親王の呼びかけに応じ、幕府を倒すために立ち上がったのだ。

いまもし武家の棟梁が再び東国にあって安逸な日々を送っていたら、同じ事が起こるに違いない。悪党と呼ばれた楠木正成《くすのきまさしげ》（?～一三三六）や赤松円心《あかまつえんしん》（一二七七～一三五〇）の、武家の習いに拘泥しない、果敢な戦いを忘れまいぞ。われら足利家は京都に新しい王権を打ち立てて、彼らを新たな主従制に包摂しなくてはならない。それはまた、足利家の新しい軍事力となり、わが家が「君臨する根拠」の一翼を担うことになるのだ。

合戦の風景（『春日権現験記』国立国会図書館デジタルコレクション）

「一つの王権」が選び取られた、もう一つの理由。ここで先述した、鎌倉時代の足利氏の立場が想起される。東国には、薄礼の手紙を送っただけで、怒りを顕《あら》わにするような御家人がいた。建武政権が競争者に仕立て上げた、新田氏に比肩する源氏一門も少なくない。どうしてわが家が足利家に膝を屈し、服従しなくてはならないのか。なんだ、足利ばかり。心の中でそう考える武士の家は、かなりの数にのぼるだろう。

武士の本場たる鎌倉にいては、安定した政局運営は困難である。隙を見せれば、いつ寝首を掻《か》かれるか分からないのだから。それよりも、むしろ京都で、新しい武門の秩序を作ろう。護良親王が組織していた武士たちを取り込み、新しい足利氏の勢力を構築し、それを基礎として全国に号令しよう。「東の王権」を固守するより、むしろ「一つの王権」を追い求めた方が効果的である。東国の、特権的な武士への遠慮と畏れが、「一つの王権」の夢想へと尊氏を駆り立てたのではないか。そう私は考えている。

持明院統擁立

一三三六（延元元）年正月、足利勢は京に入った。ところが奥州から来襲した北畠顕家（一三一八〜三八）率いる大軍に背後を襲われ、丹波へと叩き出される。二月、足利勢は態勢を整えて西宮で朝廷軍と戦うが再び敗れ、海路を九州に落ち延びた。このとき尊氏は後醍醐天皇とは別の皇統である持明院統を戴くことを思いつき、光厳《こうごん》上皇（一三一三〜六四）の院宣《いんぜん》──「（持明院統にとっての）朝敵を征伐せよ」との命令──を首尾よく入手した。これで足利勢は晴れて持明院統の官軍となり、朝敵の汚名を返上した。

このあたりの歴史の推移は、人口に膾炙《かいしゃ》しており、よくご存じの方も多いだろう。そこで、従来は問題とされてこなかった史実に注目しておきたい。それは、なぜ尊氏は九州に落ち延び、関東に帰ろうとしなかったか、である。

尊氏自身は九州の情勢をまったく知らなかった、との指摘もすでになされている。

知らぬ土地で味方が集まるか否か、保証はない。にもかかわらず、彼は根拠地であるはずの関東に帰還する努力をしていない。たしかに、関東の有力武士は、いざとなると信用できない。ここにも、伝統的武士層に対して「君臨する根拠」をもたない尊氏の弱みが、作用しているように思える。

言わずもがなのことだが、新田義貞にも言及しておこう。わたしは軍事のことはよく分からないが、義貞は軍事活動がヘタだったのではないか。そう思えてならない。

第一に、箱根で戦う段階で、なぜ北畠顕家率いる奥州勢の来援を待たなかったのか。箱根の天険を逆に利用して防衛拠点とし、二週間ほど持ちこたえれば、北と西から理想的な挟撃が実現できたはずだ。

第二に、九州に逃亡する尊氏を、なぜすぐに追撃しなかったのか。彼は陸路を進み、播磨国白旗城に立て籠もる赤松円心を攻めてしまった。ここで一カ月が浪費され、後醍醐天皇方の軍事的勝利の可能性は潰《つい》えてしまった。

第三に、これは後のことになるが、再び奥州から京を目指した北畠勢が連携を呼びかけたとき、当時越前にいた義貞はこれに応じず、一隊を差し向けただけであった。結果として一三三八年の青野原（関ケ原の別称）での戦いに北畠勢は敗れ、京への途は閉ざされ、四カ月後に北畠顕家は戦死してしまう。義貞としては越前国の南朝勢力

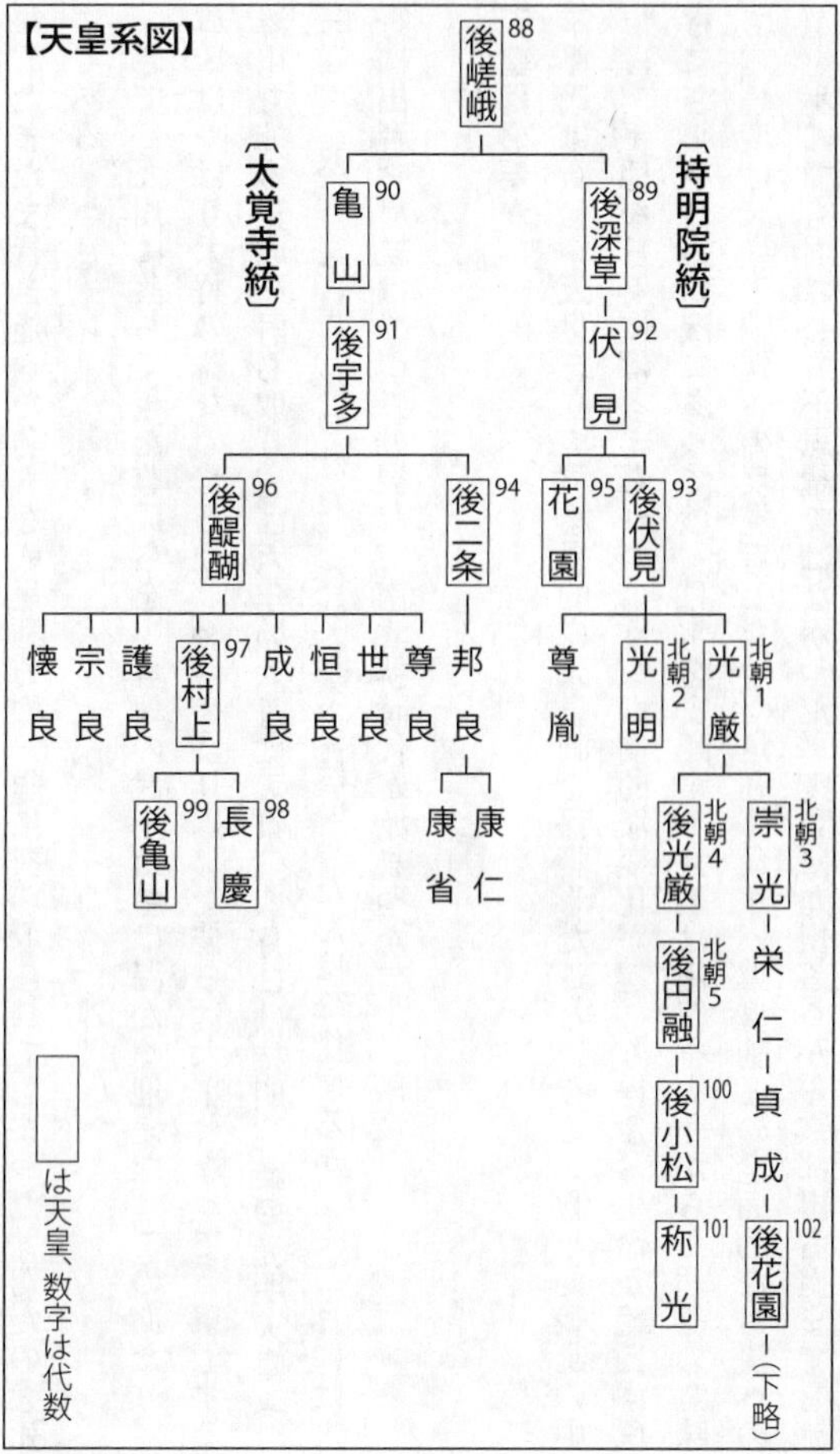
【天皇系図】
〔大覚寺統〕
〔持明院統〕
88 後嵯峨
90 亀山
89 後深草
91 後宇多
92 伏見
96 後醍醐
94 後二条
95 花園
93 後伏見
懐良
宗良
護良
97 後村上
成良
恒良
世良
尊良
邦良
尊胤
北朝2 光明
北朝1 光厳
99 後亀山
98 長慶
康省
康仁
北朝4 後光厳
北朝3 崇光
北朝5 後円融
栄仁
100 後小松
貞成
101 称光
102 後花園
（下略）
□は天皇、数字は代数

圏を保持することを優先させたわけだが、それもうまくはいかず、顕家の死の二カ月後、たまたま行き逢った名もない足利方の一隊に討ち取られてしまった。ただの犬死にである。

さて、九州に落ちてきた尊氏らを、現地の武士たちは温かく迎えた。このあたり、尊氏はやはり大将の器なのだろう。勢いを盛り返した彼らは大軍となって、東上する。湊川で楠木正成を討ち取り、三六年の六月に入京、八月には持明院統の光明天皇（一三二一～八〇）を皇位につけた。後醍醐天皇はいったんは降伏するが、一二月には吉野に出奔《しゅっぽん》。皇統は二つに分裂し、南北朝時代が始まった。

天皇は必要か

尊氏は新しい天皇を立て、結果的に天皇制を保護したことになる。激しい戦乱の中では、平穏な日々には考えられぬような、劇的な変化が起こり得る。生命が絶えず危機にさらされる状況にあっては、日常を支配する常識は価値を失うからだ。その意味で、一度は天皇・朝廷への反逆者となった足利尊氏が、天皇制との全面的な対決への道を歩んでも、さして不思議ではなかった。実際に九州落ちから京都再占拠までを見てみると、持明院統の院宣が多大な効果を上げているようには思えない。もちろんセーフティー・ネットの役割は果たしたのだろうが。さらに彼の陣営には、天皇や上皇の尊厳を踏みにじって恥じない武将が多くいた。

美濃守護の土岐頼遠《ときよりとお》（?～一三四二）は、青野原の戦いの立役者だが、京の道で光厳上皇に出会い、しかるべき礼を尽くすように諭されただけで、「院というか、イヌというか。イヌならば射てしまえ」と、なんと上皇に矢を浴びせかけた。近江の佐々木導誉《ささきどうよ》（一三〇六～七三）は、一面では大変な教養人でありながら、光厳上皇の兄弟にあたる天台座主《ざす》（天台宗門のトップ）の邸宅を襲撃し、重宝を奪い取った。極めつきは尊氏の執事、高師直《こうのもろなお》（?～一三五一）で「天皇や上皇がそんなに必要なら、金や木で作っておけばよい。生身の天皇はどこぞに流してしまえ」と言い放った。

なぜ、尊氏は天皇家を否定せず、天皇を戴いて進む方途を選択したのか。そこには尊氏個人の感性も含めて、さまざまな要素が影響していて、とても十分な答えは見つけられない。ただ私は、ここでも先の足利氏の限定性、「君臨する根拠」を考慮することが有効であるように思う。

すでに武門の第一人者として過不足のない実績を積み、名声を得ているならば話は別である。だが足利家は武家の棟梁として出発したばかりであった。歴史はなく、実力もまだ足りない。そこでどうしても、天皇家の伝統を「君臨する根拠」として利用する必要があった。「ウチもいざとなると、もう一つ勢威に欠けるからな。それなら」悠久の物語を有する天皇家を護持する者として、足利家も他家を超越する存在となろう。天皇と将軍が一体となって、「一つの王権」を現出しよう。尊氏の意図はそのあたりにあったのだろう。

史上最大の悪人？　いや、天皇家再興の功労者

太平洋戦争以前、足利尊氏は日本史上最大の悪人であった。武門の徳川幕府を打倒した明治政府にとって、鎌倉幕府を倒した建武新政は、貴重な先輩であった。政府要人がその若き日に、南朝こそが正統であると説く水戸学の影響を受けていたことも見逃せない。今度こそは足利尊氏の出現を許すな！――それは明治政府の、自らの存立を賭しての大目標であった。尊氏は絶対の悪である。それが根本の価値観として不動であったから、彼が擁護した持明院統の子孫が他ならぬ明治天皇であったとしても、そんな矛盾は後回しにされたのである。

明治時代には周知のように、後醍醐天皇の南朝が正統とされた。あれ、だけどお上は北朝の末であられるぞ。この論理の綻びを繕うために強調されたのが、「三種の神器を保持する天皇＝正統な天皇」という無理な図式ではなかったか。

一三九二（明徳三）年、南朝の後亀山《ごかめやま》天皇（？～一四二四）は神器を北朝の後小松《ごこまつ》天皇（一三七七～一四三三）に渡し、南北朝は合一され、北朝が正統の座に就いた。そうした説明がなされてはいるものの、肝心の神器が本物であったかどうかは確かめようがない。

『太平記』によれば、一三三六年一〇月前後だけを見ても、後醍醐天皇は新田義貞とともに北陸に落ちる皇太子の恒良《つねよし》親王に神器を渡し、京都に帰還したときに北朝の光明天皇に神器を渡し、吉野に脱出するときに神器を持ち出している。どう見ても神器は複数あったと理解するほかはなく、先の図式とは反対に、「天皇の持つ神器＝正しい神器」の方が妥当である。

この時期の天皇の権威の低下は、否定しようのない史実である。たとえば北畠親房（一二九三～一三五四）が『神皇正統記《じんのうしょうとうき》』を著して天皇への忠節を説いてみても、在地の武士は「どんな方であれ、領地の所有を認めてくださる方、新しい領地を下さる方にお味方しますよ」と言って憚《はばか》らなかった。後醍醐天皇の側近にして忠臣、戦前は神のように扱われた吉田定房《よしださだふさ》（一二七四～一三三八）ですら「中国大陸の王朝は、易姓革命によって血筋が変わるから、隆盛を保っていられる。これに対して日本の皇室は血筋が変わらないので、つまりは『万世一系』なので、ひとたび衰退した今となっては、再び盛んになることは期待できない」と強調している（つまりここでは、万世一系＝悪、であることに注意）。

こうした状況を冷静に勘案してみると、まことに皮肉なことに、明治政府の主張とはまったく反対の理解が容易に成立する。すなわち足利尊氏こそは、衰亡した天皇家を再興した第一の功労者であった。そう歴史を解釈してみても、あながち的はずれではないはずである。

足利直義の苦渋

教養あふれる明治時代の学者には、一方で衒学《げんがく》的な趣があって、「安土・桃山時代」などと時代を表現する。豊臣秀吉はたしかに伏見の地を建設し、政治・経済の重要拠点とした。だが、彼の本拠はやはり大坂なのだから、素直に「安土・大坂時代」でよいではないか、と私は考える。率直なネーミングの方が、人々にその時代のイメージをよく伝えるはずだから。

すると「室町時代」、これもいただけない。いかにこの時代が地方興隆の時代であったとはいえ、むろん日本の中心は存在し、それは間違いなく京都であった。京都が政治・経済・文化の各方面で時代をリードしていたのである。足利将軍家は、邸宅の所在にしたがって室町殿と呼ばれた。そんなことは学者の常識で留めておけばよいのであって、「京都時代」また「京都幕府」の呼称がふさわしい。

その京都幕府、いや、自分の説をごり押しするのも子どもじみているので、室町幕府の成立は、一三三六（建武三）年一一月、幕府の根本法典たる『建武式目』の制定の日をもってこれにあてることが多い。

『式目』は再び問いかける。幕府は鎌倉に置くべきか。京都に移すべきか。八人の回答者は応える。「鎌倉に置くべきだが、京都でもやむを得ない」。彼らの多くは法に精通した者で、足利直義の腹心であった。彼らの意見は、統治権限を任されていた副将軍直義の意見でもあったろう。鎌倉に帰りたいが、「一つの王権」を志向する将軍尊氏の判断により、幕府は京都に置く。しかたがない。

幕府が鎌倉にあれば、前代を踏襲し、朝廷と幕府の関係を復元して統治を行えばよい。だが、京都に移すとなると、話は別である。それでも戦乱のエネルギー

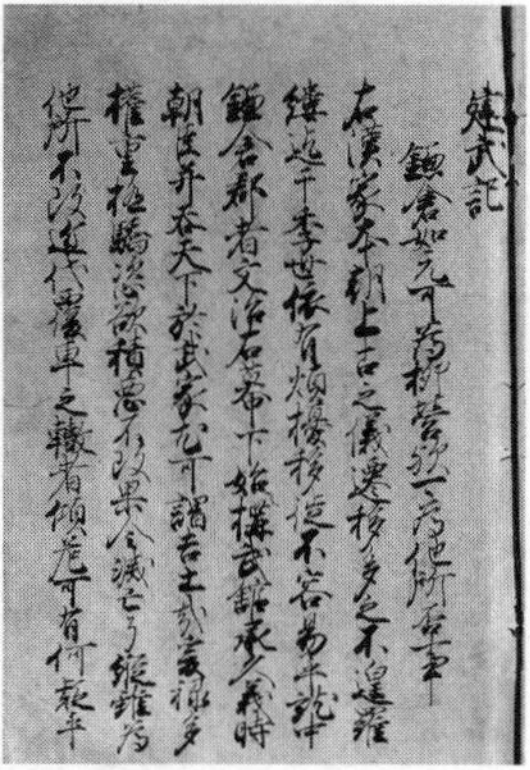

建武式目
（東京大学史料編纂所所蔵）

に任せて天皇・朝廷を否定し、何の制約もなく振る舞えるなら、それはそれで苦難の道のりではあっても精神的には解放感があったかもしれない。

だが足利尊氏が選択したのは、天皇を奉戴し、天皇権限を包摂して「一つの王権」を構築する、きわめて面倒くさく、現実的な路線であった。この方向性が設定されたときに、天皇・朝廷との困難な交渉を担当したのは、皮肉にも足利直義であった。かねて武士だけの政権作りを提唱していた直義は、有能なるがゆえに、この重責を任されたのである。

ここで直義は、一方で朝廷が育んできた秩序を重んじながら、一方で朝廷が保持する権限を奪っていくという課題を背負わされる。武力という現実の力によって利益を吸収しようとする武士と、伝統に依拠して既存の権益にしがみつこうとする貴族と。直義は板挟みとなり、歩みは漸進的なものにならざるを得なかった。それでも、自らは「自分の身を軽く振るまい、一般武士とも親しく交わり、人々に慕われ、朝廷をお守りしたい」と念願し、周囲からは「誠実で偽る気色なし」と評される直義は、使命を着実に果たしていった。

将軍権力とはなにか

将軍権力とはなにか。この根源的な、かつ困難な問いかけに鮮やかな解答を示されたのは、またもや佐藤進一先生であった。

将軍権力は二つの要素から成り立っている。一つは主従制的支配権である。全国の武士を主従制に取り込み、源頼朝の章で説明したように、土地を「御恩」として与え、命をかけての戦場での働きに代表される「奉公」を求める。将軍は軍事活動のリーダーでなければならない。

もう一つは統治権的支配権である。全国を統治し、人々の生活を守る。将軍は行政の責任者でなくてはならない。

佐藤先生は室町幕府の初期段階で、二頭政治が展開されたと説かれた。足利尊氏は主従制的支配権を行使した。京都では侍所《さむらいどころ》、地方では守護を通じて武士を従属させ、武士の棟梁として君臨した。一方、直義は鎌倉幕府以来の政治機構である評定・引付を統轄し、行政・司法の権限を握って、政治を総攬《そうらん》した。二人は将軍権力を分かち持っていたのであり、「両大将」とか、尊氏＝将軍、直義＝副将軍と呼ばれた。中世政治史をかじった者なら誰でも学習する基本的な学説である。

将軍は武人として出発した

佐藤先生の分析は見事であり、この見解は定説となっている。だが、私はあえて異を唱える。それは直義の統治権的支配権についてである。佐藤先生は、将軍権力がそのスタート時点から、具体的には源頼朝のときすでに、十分な統治権的支配権を含み有しているように説明される。たまたま尊氏・直義という歴史的個性が出現したとき、将軍権力は明瞭な二つの要素に分かれて顕現した、と述べられる。

私はそうした見解を採らない。将軍はあくまでも武人として出発している。競争者を武力で打ち倒す人であって、民を愛護する術《すべ》には疎く、遠い。将軍権力は、初めは合戦の実行に効果的な、主従制的支配権を本質としていた。統治権的支配権の萌芽は内在していたのだろうが、それはまことに貧弱なものであった、と考えたい。源頼朝個人は優秀な人物であったから、京都から下級官吏を呼び寄せ、統治の実行に気を配った。けれども彼の周囲の武士たちには、その重要性は理解されていなかった。それゆえに頼朝の段階での統治は、頼朝の章で見たように、在地領主＝御家人を対象としていた。逆にいうと、御家人が支配する在地の一般庶民にまでは、将軍の政治行為はいまだ影響を与えなかったのではないか。

時によりすぐれば民のなげきなり　八大竜王雨やめたまへ

源実朝の有名な歌である。その詞書には、「洪水天をひたす。土民愁嘆せんことを思いて、一人本尊に向かい奉りて、いささか祈念を致すと云う」とある。実朝は「土民」の苦しみを感じ取れる人であった。自分が将軍として、土民に何かできないかを考えられる人であった。この視点の転換のもつ意味は大きい。だが、いまだ将軍実朝は、土民のために「本尊に向かって祈る」だけであった。

「国家の統治」の夜明け前

これに対し、北条重時の章で見たように、北条時頼（一二二七〜六三）の執政期には、ついに「撫民《ぶみん》」が標榜される。民衆を守れ、愛せよ、という目標が、幕府に明瞭に掲げられるのである。この方針は重時の娘婿である安達泰盛（一二三一〜八五）に引き継がれる、と私は考えている。

佐藤先生は鎌倉幕府の訴訟体系を集大成した人物として泰盛を高く評価される（余談だが、佐藤先生がとくに評価される中世の人物は二人。この泰盛と、誰あろう、足利直義その人とのこと）が、彼はまた日本を国家として強く認識し、公平性に基礎を置く「国家の統治」の実現を考えた人でもあった。

だが、公平よりも御家人の利益を優先せよ、幕府は御家人の利益を代弁するための組織だったはずではないか、と訴える武士の勢力は根強く、一二八五（弘安八）年、幕府を二分した内戦（霜月騒動）の中で、泰盛は非命に倒れる。泰盛とその与党が徹底的に排除されると、幕府の統治への取り組みは、当然の事ながら停滞した。私はそのことが幕府滅亡の真因であると考えているが、その問題はさておくとして、このしばらく後、統治を担って現れるのが足利直義なのである。

このように見ていくと、武士勢力は初めから統治の何たるかを理解していたのではない。少しずつ順を追って、統治行為に習熟していったのである。それはあたかも、法然（一一三三〜一二一二）が民衆の救済に目覚め、親鸞（一一七三〜一二六二）が実際に民衆の中に入って教えを広め、つづいて一遍《いっぺん》（一二三九〜八九）は京の繁栄に近づくことすらなく、野に生き野に死んでいったが如き、時間軸に沿った一連の動向であると解釈できる。

行政能力にすぐれた直義は、泰盛にいたる武士政権の「統治」の歩みを、着実に掌中に入れていた。京都に幕府が開かれると、彼は政務を尊氏から委任され、天皇・朝廷との折衝を強いられる。直義は武家よりもはるかに長い歴史を有する、京都流の統治をも学ぶことになった。このとき幕府の統治は、理念の上でも技能の面でもいっそう深化したのではないか。

もう一度、強調する。直義は当初から必要かつ十分な内容と、明瞭な輪郭とを有していた統治権限を、尊氏から分与されたわけではない。頼朝の時代にはあるかなきかの存在であった統治行為は、時代とともに成長し、直義のもとで、長足の進歩を遂げた。尊氏が「一つの王権」を選択し、そこに直義という個性が作用して、「統治」は主従制と並ぶまでに重要性を獲得した。「一つの王権」の核をなす将軍権力の支柱となったのである。

「バサラ」高師直の躍進

足利直義が行政面で活躍する一方で、軍事的に功績を積み重ねていったのが、高師《こうのもろ》直《なお》であった。かつて護良親王が掌握していた畿内の新興武士たちは、将軍尊氏のもとに組織され、足利家の執事である師直に託されたようである。

高一族は、元来は足利家の所領の管理などをする文筆の家であったが、師直はみごとに彼らを指揮して戦意の高い将軍直属軍を組織した。師直軍はここ一番、最も重要な戦場に投入された。新田義貞の越前国経営を頓挫《とんざ》させたのも、北畠顕家や楠木正行《まさつら》

（正成の後継者、?～一三四八）を討ち取ったのも、南朝の本拠である吉野の焼き討ちを敢行したのも彼らであった。こうした赫々《かくかく》たる戦績を根拠として、師直は発言力を高めていく。

「土地が欲しいなら、貴族さまの荘園でも、ありがたい神社仏閣の荘園でもかまうものか。近隣の荘園を勝手に侵略してしまえ。あとで問題になったなら、おれが何とかしてやるから」。師直は配下の武士たちにそう言って憚らない人物であった。先述したように天皇・上皇の権威さえ否定してみせた。だからこそ、新興の武士層の信頼を繋ぎとめることができたのである。

師直はきらびやかな衣装を身にまとい、人の耳目を驚かすような振る舞いを好んでする「バサラ」（その精神は、後の「かぶき」に通じる）の体現者の一人でもあり、夜な夜な貴族のお姫様のもとをうろついては怖れられていた（実際に摂関家の姫君に子ども、師夏《もろなつ》を産ませている）。

誠実な補佐役・直義の死

「バサラ」とは正反対の行動を示したのが直義で、政務の座にあるあいだは演劇を見ない、という堅物ぶりを示している。贈り物は一切受け取らない（庭に投げ入れた人には、屋敷まで返しに行ったという)、禅僧との問答を何よりの楽しみとする、などのエピソードは彼の生真面目さを物語る。

ついでにいうと、尊氏は「ありがとう。ありがとう」と贈り物を受け取って、次に面会に来た人たちに惜しげもなく分け与えたそうだ。上司にするのなら、尊氏がよさそうだが。

直義と師直は人間としても相容《あいい》れなかっただろうが、(いや、案外そうでもなかったかもしれないが)より重要なことは両者のベクトルがまったく異なっていたことである。漸進的で秩序を重んじる直義と、急進的な要求を突きつける師直と。対立は避けられなかった。それは政治と軍事の衝突でもあったから、直義派と師直派の対立はやがて否応なく直義党と尊氏党のそれに姿を変え、全国を二分する観応の擾乱に発展していった。

一三四九(貞和五)年八月、高師直は兵を集め、直義を襲った。直義は尊氏に救出されるが、統治権限は尊氏の子の義詮(一三三〇～六七)に譲ることを余儀なくされた。こののち二頭政治は尊氏・直義から、尊氏・義詮へと移行する。翌年、直義の養子の直冬《ただふゆ》(生没年未詳)が九州で勢力を伸ばし始めた。直冬は尊氏の庶長子で、実子としての待遇を受けられぬところを、叔父の直義に迎え入れられた。彼は直義の恩を深く感じ、こののち長きにわたり、実父・尊氏と戦うことになる。

ともあれ、直冬の奮闘を機に全国の直義党は俄然息を吹き返し、東北でも関東でも尊氏党を駆逐する。直義は生涯を通じて合戦がヘタであったようだが、この時は自身も兵を率いて京の占拠を成し遂げた。師直以下の高一族は誅殺《ちゅうさつ》され、政務の権は一時的に直義の手に復した。

ところが一年後、今度は尊氏党が勢いを盛り返す。直接の契機になるような格別な事件はなく、直義がどうして人望を失ったのか、よく分からない。あるいは朝廷との融和に重きを置く直義の政治姿勢が、武士たちの目には手ぬるく映ったのであろうか。京都での政権を維持できないと判断した直義は近江に脱出し、そこから北陸を経由して鎌倉に落ち延びた。尊氏も軍を興して東海道を東下し、各所で防衛線を打ち破って鎌倉に入った。

五二（文和元）年二月、尊氏に降伏した直義は鎌倉で急死する。人々は尊氏に暗殺されたと噂した。彼の死が師直殺害のちょうど一年後に当たるところから見ても、病死でなかったことは間違いあるまい。

鎌倉への帰還を切望しながら、京都での統治の遂行を兄尊氏に託され、禁欲的な態度で政務に打ち込んだ直義。彼は朝廷からもその誠実な姿勢ゆえに厚い信頼を寄せられたが、ついに兄の手により非業の最期を遂げる。むろん直義一人が没しても、事態が大きく動いたわけではなかった。直義党は直冬を盟主に据えて、反幕活動を持続した。尊氏党・直義党、それに南朝勢力が入り乱れて、南北朝の争乱は続いていく。

戦いはなお

幕府は足利家の一門を守護として各国に送り込み、その国の武士の統轄を命じた。戦乱の中で多くの無能な守護はどんどん淘汰され、的確に時流に対処した者だけが生き残った。彼らは「将軍足利家」の代理として任国の武士のリーダーとなり、経済的な基盤と軍事力を入手した。北陸の斯波《しば》、四国の細川、南畿の畠山、山陰の山名《やまな》などはこれにあたる。足利家の勢威は、全国に確実に浸透していった。

尊氏の晩年は、守護を率いて各地の直義党・南朝勢力を打ち破り、足利家の権威をさらに高揚させることに費やされた。京都の政権を「唯一の王権」として安定させること、それが絶対の課題として掲げられたのである。たしかに尊氏の威光は日に日に重みを増し、彼が赴けば戦乱は鎮まった。「足利家の権威」は今や十分に確立された。だが、彼の不在は往々にして争乱の生起を意味した。彼の後継者である二代将軍義詮は、客観的に見て、政務においても軍事においても、有能とは言い難い人物であった。

師直なく、直義もなく、それでもひとり戦陣に赴く尊氏の姿には寂寥《せきりよう》の影が濃く映る。

北畠顕家については、この章で何度か言及した。上流貴族の家に生まれながら、後醍醐天皇の願い黙《もだ》しがたく、若き奥州軍政司令として奮闘した人物である。一三三八（暦応元）年、京を目指した二度目の奥州長征軍は青野原の戦いで鋭鋒を挫《くじ》かれ、南進して奈良に向かった。ここで高師直の精鋭軍と戦って再び敗北、和泉国堺に逃れるも、この地で壊滅した。五月二二日、戦死した主将顕家は二一歳の若さであった。

おそらく遠からぬ死を予期していたであろう顕家は、五月一五日に、後醍醐天皇への諫奏《かんそう》を作成した。在地で苦労した経験に基づく悲痛な意見状であり、名文として知られたその冒頭には次のような箇所がある。

方今《ほうこん》乱後の天下、民の心たやすく和しがたし。すみやかにその人を選びて、西府《さいふ》および東関《とうかん》に発遣せよ。もし遅留あらば、必ず噬臍《ぜいせい》の悔《くい》（臍《ほぞ》をかむ後悔）あらんか。兼ねて山陽・北陸等に各一人の藩鎮を置きて、便近の国を領せしめ、よろしく非常の虞《おそ》れに備うべし。当時の急にすべきこと、これより先はなし。

（いま天下は乱れていて、民の心は穏やかさを取り戻せない。早くしかるべき人を選んで、大宰府と関東に派遣すべきである。また山陽や北陸などにも軍政官を置いて、近隣の国々を支配させ、非常事態に備えるべきである。いますぐにやるべきことは、まさにこのことなのだ）

各地に朝廷に忠実な軍政官を置いて、彼らに地方の行政・軍事を任せるべきだ。顕家はそう主張する。もはや中央の一極支配は機能しない、と説くのである。実際に奥州に下り、在地武士の統轄に苦労してきた彼の言だけに、その重みは計り知れない。

「一つの王権」の限界

顕家の主張に理があるとすれば、尊氏が企図した「一つの王権」の確立が、当時にあっていかに困難であったか、容易に想像がつく。それでも尊氏は軍旅に日々を送り、反対分子を平定していった。一三五八（延文三）年四月、尊氏は京都で没する。天皇を奉じる幕府の勢威、いわば「足利ブランド」は、このころまでには、直義党・南朝を圧倒していた。尊氏は足利家が武士の棟梁として「君臨する根拠」を、自らの生涯をかけて積み重ねたのである。

ところが興隆する地方の独自の動きは、もはや中央一極では制御できぬまでに至っていた。「君臨する根拠」を形成するための方法として選択された「一つの王権」構想は、幕府の安定という目的こそ達成されたものの、時代の流れに取り残されていった。方法と目的とは逆転し、ねじれの現象が生じてしまう。尊氏の死は、「一つの王権」の実質的な終焉を意味しており、この方法と目的との矛盾は、尊氏亡き後の幕府の最大の懸案となって現れるのである。

第六章 三宝院満済

【ザ・黒幕】

三宝院満済
（東京大学史料編纂所所蔵肖像画模本）

三宝院満済略伝［一三七八・七・二〇～一四三五・六・一三］

まず彼の名前から。「済」は「多士済々《せいせい》」の如く、「セイ」とも読む。ところが、仏教では漢字を漢音ではなく呉音で読む習慣がある。仏の教えによって人々を救うことを「済度」というが、これは「セイド」ではなく、「サイド」だ。「済」は呉音では「サイ」と読むからである。これに従うならば、満済の読みも、「マンセイ」ではなく「マンサイ」と読んだものと思われる。

摂関家の傍流、今小路《いまのこうじ》家の出身。弱冠一八歳で二五世の三宝院《さんぼういん》主となり、同時に七四代の醍醐寺座主《ざす》となった。二三歳の時に西南院実済《じっさい》という高僧から、宝池院流の伝《でん》法灌頂《ほうかんじょう》（仏教における免許皆伝のようなもの）を受ける。ついで二六歳の時に、高名な学僧であった報恩院隆源《りゅうげん》から許可灌頂《こかのかんじょう》を、三五歳の時に伝法灌頂を授けられた。いうなればまず偉くなってから、仏道修行に励んだことになる。さほどの家柄の出でもないのに、そのようなことが可能になった理由は本文で考察する。

僧侶として栄達し、宗教界に君臨するとともに、室町幕府将軍たる足利義持《よしもち》・義教《よしのり》から絶大な信頼を得て、政治的な諮問にもよく応えた。政治家としての彼は、後世の歴史家から「きわめて柔軟な保守政治家」との評価を得ている。ちなみに彼のような存在を「黒衣の宰相」などというが、これは厳密には正しくない。当時の天台・真言系の高位のお坊さんは贅沢な暮らしをしていて、黒衣などは着ない。キンキラの僧衣を身にまとっていたのである。黒衣とは、一目でそれと分かるよう、質素を旨とする禅宗の僧侶が着ていたもの。それゆえに「黒衣の宰相」の呼称がふさわしいのは、後の金地院《こんちいんすうでん》崇伝だけである。

一四二八（正長元）年、准后《じゅごう》となる。そのため、「満済准后」とか、京都での宿舎である法身院《ほっしんいん》の名に基づいて「法身院准后」と呼ばれた。彼の記した『満済准后日記』はこの時代の根本史料となっている。

女性と僧侶のパワー

女人ならびに僧侶が、政道に口出しすることを許してはならない。鎌倉時代から室町時代にいたるまで、為政者は繰り返しそう説いている。それはつまりは、女人と僧侶が権勢者の寵愛《ちょうあい》を得て、信任をうけ、一定の政治権力をもつことがいかに多く存在したかを、逆に証明しているに他ならない。

後白河上皇（一一二七〜九二）には丹後局《たんごのつぼね》（?〜一二一六）という寵人がいた。上皇の没後も源通親（一一四九〜一二〇二）と連携して、娘を後鳥羽天皇（一一八〇〜一二三九）の妃にしたいと願う源頼朝を翻弄した。対朝廷工作の失敗は、頼朝晩年の汚点となった。後鳥羽上皇には白拍子出身の伊賀局《いがのつぼね》（亀菊）がいた。上皇が彼女に与えた摂津国の長江・倉橋両荘園を巡る争いが、承久の乱の引き金を引いたといわれている。

鎌倉時代後期の天皇たちは、競って勉学に励み、善き帝王を目指した努力家ぞろいである。ただし、こと女性に関しては前代までとさほど変わらず、私たちの感覚からするとなかなかである。システマティックな政治制度を整えた英主・後嵯峨天皇（一二二〇～七二）は、子息である亀山天皇（一二四九～一三〇五）と平棟子《むねこ》という女性を共有した。その亀山天皇は子息の後宇多《ごうだ》天皇（一二六七～一三二四）と共に、鎌倉将軍であった宗尊親王の娘を愛した。持明院統の伏見《ふしみ》（一二六五～一三一七）・後伏見（一二八八～一三三六）の父子も、洞院実明《とういんさねあき》の娘を愛し、それぞれの子を産ませている。当時の朝廷を舞台とした『とはずがたり』を一読すれば明らかなように、錯綜《さくそう》した男女関係は、高貴な人々の間ではさして珍しくない。もちろん、良いとか悪いとかの問題でもなかった。

閨房の思惑

亀山・後宇多父子のエピソードであれば、よりドラマティックなものもある。後宇多天皇との間に尊治《たかはる》親王をもうけた藤原忠子《ちゅうし》は、自分が天皇の深い愛情を獲得していない、その結果として自分が産んだ可愛い皇子がこのままでは皇位につけそうにないと判断するや、後宇多の父の亀山上皇のもとに奔《はし》った。天皇家の実権を掌握する、上皇の寵愛を得るために。やがて尊治親王はみごと皇太子の座を射止めたが、それが忠子に閨房《けいぼう》でねだられ、相好を崩した亀山上皇の後援に拠《よ》っていたことは想像に難くない。

尊治親王には、自分のために、体を張ってくれた母への深い想いがあったのだろう。

亀山院（『天子摂関御影』宮内庁三の丸尚蔵館所蔵）

後宇多院（『天子摂関御影』宮内庁三の丸尚蔵館所蔵）

即位して後醍醐天皇（一二八八〜一三三九）となった親王は、直ちに母を女院に列し、談天門院の号を贈った。中流貴族の出身にすぎぬ忠子は、女性としての栄誉を極め、程なく亡くなった。彼女の行動などはいっそ爽快である。

　鎌倉時代の後宮を引き継いだのは、室町幕府の足利義満（一三五八〜一四〇八）であった。義満ははじめ七歳ほど年長の日野《ひの》業子《なりこ》を室に入れる。日野家は後述するように将軍家の正室を出せるほどの家柄ではなく、業子は「妾」、もしくは「寵人」と世人から認識されていた。ところが義満は業子をこよなく愛していたらしく、やがて彼女を嫡妻として遇するようになる。このため、これ以後の足利将軍正室は、代々日野家から選ばれるようになる。

足利義満
（東京大学史料編纂所所蔵肖像画模本）

　義満は彼女のほかにも数多くの女性を妻妾として侍らせていた。弟満詮《みつあき》の妻だった人もある。廷臣中山親雅《なかやまちかまさ》の妻だった人もある。東洞院の遊女だった人もある。江戸時代の大奥ほど整備されてはいなかっただろうが、正室を頂点とする女性だけの空間があったようだ。

六代将軍義教（一三九四〜一四四一）の時代、京都の土倉《どそう》は一年あたり一万一〇〇〇貫もの金を「女中方」に献金していた。一貫＝一〇万円とすると、一一億円ほどになる。またそのほかに、義持の正室個人に八〇〇〇貫を納めていた。八億円である。これはあくまで京中の有力商人である土倉だけの献金分であるから、将軍の奥向き全体の経費は、莫大なものであったろう。

権力者は超常的パワーが大好き

目を僧侶に転じてみよう。歴代の上皇たちは寺院建立に莫大な資金を投じ、帰依する僧侶を抱えていた。院政を司る上皇（当時の帝王、と考えてよい）がスポンサーとなって建てたお寺（上皇の御願寺《ぎょがんじ》、という）には、全国から多くの荘園が寄進され、それは皇室領と同じような扱いを受けた。各々の荘園から寺院に上納された莫大な税金は、結局のところ上皇の懐に入るようになっていたのであり、御願寺は今でいうトンネル会社の役割も果たしていたのだ。それでも、上皇たちが仏教を崇敬していたことは疑いがない。

上皇の帰依を受けたのは、往々にして祈禱《きとう》に長じた僧侶である。超常的なエネルギーが実在するのか否か、私は不明にして言及できない。ただ、つい笑ったり呆れたりしてしまうのであるが、孤独な権力者が「拝み屋」とか「占い師」などの不可思議な人々に依存する事実は今でも見受けられるようで、その傾向は前近代であれば一層顕著であったろう。

そもそも平安京が開かれたとき、貴族たちは最澄がもたらした顕教《けんぎょう》（理知的な思索を優先させる教え）よりも、空海の密教（理屈では説明できない不思議なパワーが強調される教え）に飛びついた。天台宗はあわてて密教の概念を取り入れ、真言宗の密教である東密に対し、天台宗の密教、台密を前面に押し立てねばならなかった。

お抱え僧侶たち

後鳥羽上皇の呪術僧、というと、関東調伏《ちょうぶく》を行った二《に》位法印尊長《いのほういんそんちょう》とか刑部僧正《ぎょうぶそうじょう》長《ちょう》厳《げん》とかの名を挙げられる。彼らは上皇の信任を得、政治にもしきりに容喙《ようかい》した。

後醍醐天皇のお気に入りといえば、文観《もんかん》（一二七八～一三五七）である。立川《たちかわ》流の秘法とやらで天皇に接近した彼は、建武新政の開始と共に我が世の春を謳歌した。僧位僧官を極め、真言宗世界に君臨した。ただし彼は、新政の崩壊と共に、すべての権勢を失ったのだけれども。

文観に代わって真言宗のリーダーとなったのが、三宝院賢俊《けんしゅん》（一二九九〜一三五七）である。彼は中級貴族日野俊光《としみつ》の子。兄弟には家を継いだ資名《すけな》、資朝《すけとも》、浄俊律師がいた。日野の家は文章道《もんじょうどう》を家業として習得し、その後に蔵人・弁官などの実務官に任じて中納言、運が良ければ大納言に昇る家であった（「第三章　九条道家」を参照）。

後嵯峨天皇の皇子のうち、兄の後深草《ごふかくさ》天皇の系統が持明院統、弟の亀山天皇の系統

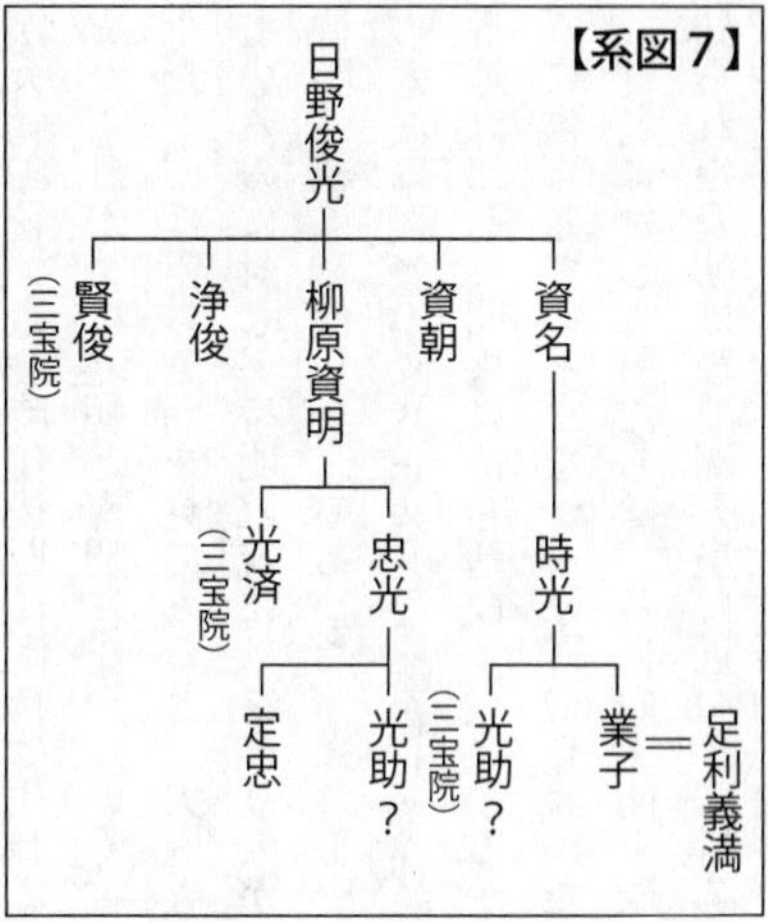

三宝院賢俊
（東京大学史料編纂所所蔵肖像画模本）

が大覚寺統。鎌倉時代後期に両統は代わる代わる皇位につき、これを両統迭立《りょうとうてつりつ》という。またこれが後に北朝と南朝になっていく、と歴史をよく知る方はご存じかもしれない。

ただ、廷臣の動向を見てみると、大覚寺統が多くの有能な中級実務貴族に支えられているのに対し、持明院統にはあまり人がいない。その中で日野家は唯一、一貫して持明院統に奉仕した家であった。鎌倉幕府滅亡前夜、足利高氏らの攻撃によって京都の六波羅探題が陥落すると、探題北条仲時《なかとき》らは光厳《こうごん》天皇(一三一三〜六四)を無理矢理連れ出して関東に落ち延びようとするが、この非常時にも日野資名は天皇を守るように供奉《ぐぶ》している。なかなか肝の据わった人であり、まさに第一の側近といえよう。

資名に対して弟たちは、各自の才能を発揮すべく、独自の道を歩んだ。才気煥発で知られた資朝は後醍醐天皇に近づき、討幕運動に参加。正中《しょうちゅう》の変の際に首謀者として捕縛され、後に幕府の手で処刑された。浄俊律師は護良親王の従者となった。建武の新政発足後、奥州にいた北畠親房らと連絡を取って親王の軍事力の編成に尽力していたらしいが、親王が失脚すると、建武政権によって斬られた。血の気の多い兄弟である。

「朝敵」が「官軍」に変わるまで

賢俊の出番は、一三三六（建武三）年にやってきた。北畠顕家らによって打ち破られ、九州に逃亡することを余儀なくされた足利尊氏に、赤松円心が一つの提案をする。このままだと足利勢は天皇を敵にまわし、朝敵となってしまう。大覚寺統の後醍醐天皇に対抗するために、いま不遇を託《かこ》っている持明院統の光厳上皇を担いではどうか。光厳上皇に「（私にとっての）敵を討ち滅ぼせ」という命令書、院宣《いんぜん》を出してもらえば、足利勢は晴れて官軍になれるではないか。

尊氏が承諾すると（前章「足利尊氏」を参照）、円心はすぐに動き出す。このとき使われたのは、護良親王人脈であったろう。円心の子の則祐《のりすけ》もまた親王の側近であった。この縁で赤松家は先に刑死した浄俊、さらに日野家と交流があったと考えられる。おそらくは円心から光厳上皇の信任厚い日野資名へ、資名から上皇へと院宣の発給が請願され、朝敵である尊氏を直ちに官軍に変身させる、マジックのような上皇の院宣が作成される。資名はこの何より大事な文書を弟の賢俊に託した。賢俊はこれも想像になるが、僧侶の身分を最大限に活用して、血に酔った危険な兵士であふれる戦場を突破していったのだろう。ついに備後国の鞆《とも》で足利勢に追いつき、院宣を尊氏に手渡すことに成功した。尊氏の喜びはいかばかりであったか。

深い絆

それから一五年後、一三五一（観応二）年正月、賢俊は再び戦場に赴く。弟の足利直義《ただよし》の勢力と決裂した足利尊氏は京都を脱出して播磨に向かい、決戦を挑もうとしていた。敗色が濃い尊氏の軍に、賢俊は同行する。

彼は次のように述べている。「将軍に同道申し候の間、進退ひとへに彼の命に任せおわんぬ」。将軍に同道するからには、自分の進退は尊氏の命令のままである。敵を打ち倒す祈りを捧げろと言われればそうするし、味方の戦没者の菩提を弔えと言われればそうもする。もしも剣をとれと言われれば僧の身ながら戦うし、武運拙く討ち死にするから一緒に死ねと言われれば冥土まで供をする。賢俊は僧侶であるが、尊氏のまさに無二の従者であり、命を賭して忠節を尽くしているのだ。

直義との戦いに辛うじて勝ち残った尊氏は、これほどまでに働いてくれた賢俊に手厚く酬いた。三宝院はライバルである地蔵院を抑えて醍醐寺の座主を独占する院家となり、賢俊自身も真言宗世界の№1たる東寺長者となって、仏教界の頂点を極めた。彼のことを人々は「将軍門跡」とあだ名した。足利家と賢俊の実家である日野家との交流も深まり、足利義満のもとに日野家の業子がやってきたのも、そもそもは尊氏と賢俊の深い絆を淵源《えんげん》としたのであろう。

尊貴ならざる生まれと立身と

三宝院満済は一三七八（永和四）年七月二〇日に生まれた。と書いてあって、「あれ？」と思った方は鋭い。現在私たちは満年齢を用いている。これは一九五〇（昭和二五）年に年齢法が施行され、以降は年表現が満年齢に統一されたからである。ではその前は、といえば「数え年」が用いられていて、人は元日に一斉に年をとった。この場合、「誕生日」は、いまのようには強く意識されない。もちろん格別なお祝いもしない。歴史上の人物の没日はともかく、生まれた日がよく分からないのはこのためなのだ。自分の誕生日をそれなりに意識するようになるのは、どうやら室町時代くらいからららしく、満済はこれを日記に記している。それで、七月二〇日生まれであることが判明するのである。

満済の父は摂関家二条家の分家に当たる貴族で、今小路基冬《もとふゆ》という。ただし『尊卑分脈』をはじめとする系図には、基冬の子息の師冬《もろふゆ》が父であるかのように記されている。基冬は若いうちに亡くなっていて、六歳の時に父を亡くした満済は兄の師冬に養育されたようだ。母は出雲路禅尼《いずもじぜんに》という人。満済が母に言及することは少なく、ほか

【系図8】

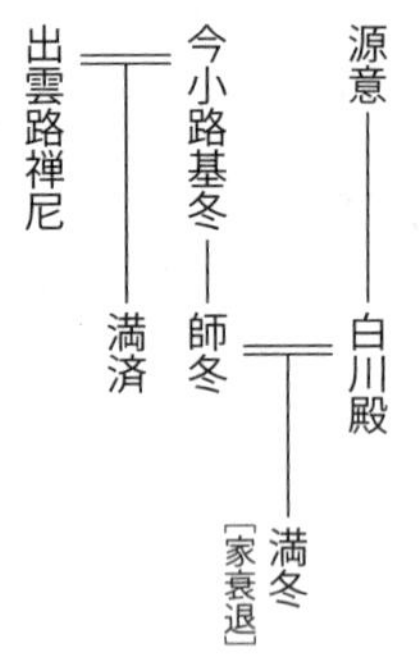

に格別な史料も見あたらない。名前からして、晩年は京都の出雲路にひっそりと住んでいたのだろう。たとえば今小路家の奥向きで働いていたような、身分の高くない女性だったように思われる。

一三九五（応永二）年、満済は一八歳で醍醐寺三宝院の主となり、醍醐全山の第七四代の座主となった。こののち僧侶としての官は大僧正に昇る。

ちなみに、僧官を僧綱《そうごう》といって、基本的には「権律師《ごんのりつし》→律師→権少僧都《そうず》→少僧都→権大僧都→大僧都→権僧正→僧正→大僧正」と進む（実際にはこれに僧位である法橋《ほっきょう》、法眼《ほうげん》、法印が絡んで、さらに細分化される）。また東寺一の長者（東寺長者は、この時代だと一の長者から四の長者まで、四人いた）に三度も任じられている。

一四二八（正長元）年に准三宮《じゅさんぐう》に任じられる。准三宮は准三后《じゅさんごう》とも准后《じゅごう》ともいい、太皇太后・皇太后・皇后に準じる待遇を享受することを意味していた。この時代には何らの政治的・経済的内実を伴わない、名目だけの呼称になっていたとはいえ、たいへんな名誉であった。原則として摂関家、もしくは足利家出身者だけが任じられた。

満済は例外である。

サラブレッドばかりの将軍護持僧

満済の宗教活動としてまず記すべきは、室町将軍家の護持僧《ごじそう》を務めていたことであろう。護持僧をもったのは天皇や上皇が先で、多数の高位の僧侶を身近に配置し、健やかな毎日が送れるよう（玉体安穏・利益《りやく》増進という言葉が使われる）、祈禱を捧げさせていた。ところがこの時代、天皇の権威が失墜していたのはいうまでもないが、それは平安時代以来、「王法と仏法は車の両輪」と称して天皇権力と不即不離の関係にあったはずの天台・真言宗界にも及んだ。天皇護持僧は比叡山延暦寺の天台座主・三井寺園城寺の園城寺長吏・東寺の東寺一長者の三名が、名のみを連ねる閑職と化してしまっていた。

これに対して将軍護持僧は、天台・真言宗の有力門跡で構成され、伝統的な旧仏教界の頂点を形成していた。彼らは月ごとに室町殿に設けられた壇所に参住し、将軍の健康と幸福を祈念していた。

こころみに一四三一（永享三）年の顔ぶれを挙げておこう。

常住院尊経	寺門（三井寺）	関白九条経教の子
聖護院満意	寺門	関白二条良基の子
華頂定助	寺門	内大臣花山院長定の子
随心院祐厳	東寺	関白一条経嗣の子
曼殊院良什	山門（延暦寺）	関白一条経嗣の子
実相院増詮	寺門	足利義満の弟の満詮の子
浄土寺持弁	山門	足利満詮の子
宝池院義賢	東寺	足利満詮の子　満済の弟子で、後の三宝院主
地蔵院持円	東寺	足利満詮の子
実乗院桓昭	山門	関白九条政忠の子
円満院尊雅	寺門	関白鷹司房平の子
三宝院満済	東寺	大納言今小路基冬の子

護持僧の出自を見てみると、摂関家、もしくは足利将軍家が多い。足利将軍家は当時の朝廷においては摂関家扱いであったから、まさに選ばれた僧侶だけから構成されていた。これに比して、満済の今小路家は著しく見劣りがする。せいぜい大納言止ま

りで、満済の甥の早世により、家格は更に下落している。どうして満済は護持僧になれたのだろう。

なりあがりの理由

華頂定助《かちようじようじよ》が護持僧に任じられたときの辞令が幸いにも残っている。辞令は二通の文書を一組として作成されており、①一通めは「あなたに護持僧を頼みたい」という将軍の直々の任命書。②もう一通は「将軍家がこのようにおっしゃっている。しっかりね」と、満済の取り次ぎを旨とする添え状である。これを見ると、出自の低さにもかかわらず、満済は護持僧を束ねる地位にあったらしい。

定助のお師匠もやはり護持僧を務めているのだが、このときは①にあたるものは管《かん》領《れい》細川頼之《よりゆき》の文書、②が三宝院光済《こうさい》の添え状であった。光済は先に記した賢俊の弟子。賢俊が足利尊氏の厚い信頼を獲得して以来、代々の醍醐寺三宝院の院主は、将軍家の護持僧のトップに座していたに違いない。

いや、それでも疑問は消えない。賢俊以来の三宝院歴代は、

賢俊——光済——光助——定忠——満済

となるのだが、満済以外はすべて日野家から出ているのだ。将軍の妻の家として繁栄する日野家。ぱっとしない貴族の子である満済は、これを押しのけて、なぜ三宝院主になれたのか。

定忠から満済への代替わりについて、史料は次のようにいう。「応永二年一一月二日、定忠は三宝院門跡を去るように、仰せがあった」(『五八代記』)。「一一月三日、三宝院定忠僧正は院を退出した。室町殿の仰せによるものである」(『東寺王代記』)。

つまり定忠は室町殿＝足利義満の命によって三宝院を追われ、日野家とは血縁のない一八歳の満済が抜擢されたのである。

幸運の女神の前髪をつかめ

三井寺系の三門跡の一つ、聖護院の坊官に源意という人があった。坊官は、姿かたちは僧侶で僧位ももっているが、妻帯して子をなし、代々院主に仕える。源意は歌人として知られる存在であったが、彼の娘は義満の正室、日野業子に仕えて「白川殿」と呼ばれた。彼女は今小路師冬の妻となり、満冬を産んだ。満済の父は先述したように、系図が示す師冬ではなくて基冬であるから、この女性は満済の母の出雲路禅尼とはおそらくは別人だろう。だが彼女がまだ幼かった満済の近辺にいた可能性は高い。満済は白川殿と日野業子という奥向きを経由して義満の知遇を得、『尊卑分脈』が記すように、義満の猶子《ゆうし》になったのではないだろうか。猶子とは、「猶《なお》、子の如し」と読み、養子よりも緩やかな、契約の上での子どもである。

義満には多くの側室がいたが、同時に美童をも愛したようである。藤若《ふじわか》を名乗っていた若き日の世阿弥《ぜあみ》（一三六三～一四四三）が義満に愛されたのは有名であるが、このほかにも御賀丸《おがまる》や後に六角満高《ろっかくみつたか》となった亀寿丸、後の結城満藤《みつふじ》などは彼の確実な愛童である。想像をたくましくすると、「満」の字を与えられた満済もまた、実は義満の愛童の一人であって、その寵愛ゆえに三宝院主の地位を得たのではないか。

ただし満済は、偶然のチャンスを確実にモノにする実力を兼ね備えていた。他の義満の寵臣が次代の足利義持（一三八六～一四二八）から冷遇され、失脚していくのとは対照的に、父を嫌悪するこの四代将軍からも厚い信頼を得たのである。義持の側近くに仕え、さまざまなことを取り次ぐ任務をこなした。

「申次」の修辞学

このころ幕府は最盛期を迎えていた。将軍は至高の存在であり、大名《たいめい》たちでさえ容易には謁見を許されなかった。将軍の種々の判断を仰ぐにも手順を踏まねばならず、満済のような取り次ぎ役を必要としたのである。取り次ぐことを当時の言葉で「申し次ぐ」といい、こうした立場を「申次《もうしつぎ》」と呼んだ。満済は次第に政治的な案件の申次を任されるようになり、義持の政治的判断に強い影響力を与えるようになっていった。

申し次ぐ、とは興味深い行為である。それはただ単に、権力者にさまざまなことを「報告する」ことでは決してない。たとえばこんな事例がある。

一四二四（応永三一）年七月、管領の地位にあった畠山満家《みついえ》（一三七二〜一四三三）は、辞任を願い出た。管領は室町幕府の政治責任者であり、将軍の補佐役である。定員一名で、斯波・細川・畠山三家の当主が代わる代わるその職に就いた。

満家は満済にいう。「私の辞職のこと、どうぞうまい具合に義持様に『申し入れ』てください」。満済は答える。「管領辞職とは重大事ですな。よく思案しないで『申し入れる』など、とんでもないことです」。その上で彼は翌日になって義持に対面し、「畠山殿が管領辞任のお話をされましたが、『申し入れ』ませんぞ、とはっきり伝えました」と報告している。満家が辞任したい事実を報告はしているが、「申し入れ」てはいない。

つまり、ここで満済が「申し入れ」る（＝申し次ぐ）とは、満家が辞めたがってますよ、と単純に伝えることではないのだ。「そうか、辞めたいのか。御房、どう思われる?」「これこれの理由から、やむを得ないのではないか、と考えます。御所さま、お認めになってはいかがでございましょう」「うむ。それではそうしようか」。願いが叶うように、義持の判断を誘導し、説得することまでを含んだ行為なのだ。

満済の「申し次ぎ」の特質はあらためて後に述べるが、彼は応永二〇年代後半から三〇年代にかけて、このような行為をさまざまな場面で管掌していった。申し次ぐ事象が多岐にわたるにつれて、彼の政治的地位も上昇していった。

くじ引き将軍は「八百長」で生まれた?

一四二八（応永三五）年正月、四代将軍足利義持は後継者を指名せずに死去した。彼の子息五代義量《よしかず》は、大酒のために（当時はそう認識されていた）早世していた。そこで諸大名は協議して、六代将軍を決定するためのくじ引きを行った。候補者は青蓮院《しょうれんいん》義円《ぎえん》、大覚寺《だいかくじ》義昭《ぎしょう》ら義持の兄弟四人。満済が彼ら四人の名を書いたくじを作り、管領畠山満家が石清水《いわしみず》八幡宮の神前で引いたところ、神慮は青蓮院義円を選択した。足利義教（一三九四〜一四四一）である。

さてこの有名なくじ引きなのだが、こういう事件の解釈にこそ、研究者の時代認識・神仏観・史料論などがまとめて反映されて、実に面白い。

結論を先に言うと、私はこのくじ引きは、くじを作った満済とくじを引いた満家を中心とする「八百長」であったと思っている。満済と諸大名は談合して義円を戴くことを決め、その結果を補強するためにくじ引きという神事を設定した、と。

何といっても将軍である。しかも室町幕府が盛んな時期の。その将軍の座を決めるのに、誰も画策も蠢動《しゅんどう》もしないのだろうか。権勢とか人事とかお金とか、そういうものに幕府首脳部は恬淡《てんたん》として興味をもたなかったのだろうか。神さま仏さまを心の底から信じていて、神妙にお告げを待っていたのだろうか。

私にはどうしても、そうは思えない。たかが大学の教授の座一つを巡って、どれだけ悪意ある噂が飛び交い、暗闘があることか。いくら中世の人間が政治的に幼稚でのどかだといっても、幕府の最高権力者を無作為にくじで決めるほど、単純ではあるまい。証明して見せろといわれると困るのだけれど、研究者としてよりも一人の人間として、漠然とそう思うのである。

義円の激しい性格と聡明さは、くじ引き以前からよく知られていた。今の幕府政治に必要なのは、強烈なリーダーシップだ。諸大名はそう判断して彼を担ぐことに決し、くじ引きの茶番を整えたのであろう。だからこの後に義教が強権を振るいだしても、自分たちが選んだ結果だからこそ、受け入れざるを得なかったのではないか。

　この辺りのことは、論文などの堅い文章では叙述しづらい。そこで私は『建内記《けんないき》』という貴族の日記を持ち出して説明した。同記にはくじを三回引いたら三回とも義円と出た、とある。確率は六四分の一で、この数字は現実にはあり得ない。八百長だ、と。

　すると、ある研究者は『建内記』より『満済准后日記』を用いるべきだと説き、ある研究者は『満済准后日記』にくじで義円に決まったと書いてあるのに従わないなら、もはや実証史学ではなくなる、と力説する。そんなつまらないこと言われても……。反論くらいすぐに想定できるだろうに。史料操作の可能性は？　日記には、本当のことしか書かない？　人には「墓場までもっていく秘密」はないか？　等々。でも、そんな低レベルな議論はあまりしたくないのだが。

足利義教
（東京大学史料編纂所所蔵肖像画模本）

トリックの現場

それにしても、なんで石清水八幡宮でくじを引いたのか。私の説に従うなら、同宮が武家の信仰厚いお宮であったこと以上に、八百長のやりやすい場所だったから、という解釈になるのだが。『満済准后日記』には、たしかにこれ以前からしばしば石清水八幡宮の社司が登場し、満済のもとを訪れている。また、満済は三宝院主として、いくつかの重要な八幡宮社を領有している（もちろん、この時代、神と仏とは崇敬の対象としてほぼ一つのものであり、僧侶である満済が神社のトップでも問題はない）。京都の三条坊門八幡宮、左女牛《さめがい》八幡宮（六条八幡宮とも。醒ヶ井と表記することもあり）、足利高氏が鎌倉幕府との手切れを内外に宣告した丹波国の篠村八幡宮などである。

八幡宮の総本山、石清水八幡宮と真言宗の名刹《めいさつ》、醍醐寺三宝院というと、宗教的には何らの連関も見いだせない。お宮とお寺だから、当たり前であるが。ただし、本章の主題の一つでもある、足利将軍家の奥向きの繋がりならば、思い当たるフシがある。

三代足利義満の実母は、紀良子《きのよしこ》。石清水社家の女性であった。四代義持、それに新将軍義教の実母は藤原慶子《よしこ》。三宝院の坊官、安芸法眼の娘であった。一見すると接点のない石清水神社と三宝院は、女性の（今でいえばさしずめ姑と嫁の）空間を媒介にして、親しく交渉をもつようになったのではないか。

くじを書いた満済は、くじが引かれる場所である石清水神社でも、おそらくはさまざまな細工のできる立場にあった。私はやはり、いかさまの中心には満済がいたのだと想像する。それ故にこそ、四カ月後、満済は准三后に任じられ、皇族に準じる地位を得たのだ。

摂関家の出身でもない彼が、歴代の三宝院主、「将軍門跡」の賢俊ですらも受けたことのない破格の栄誉に浴した。「御房、よくぞとりまとめてくれた。余は神の祝福を得て将軍となれた。深く謝するぞ」という論功行賞に相違あるまい。先述したけれども、後醍醐天皇が即位するとすぐ、尊貴ならざる出自の母に女院号を贈ったのと同様である。

【系図9】

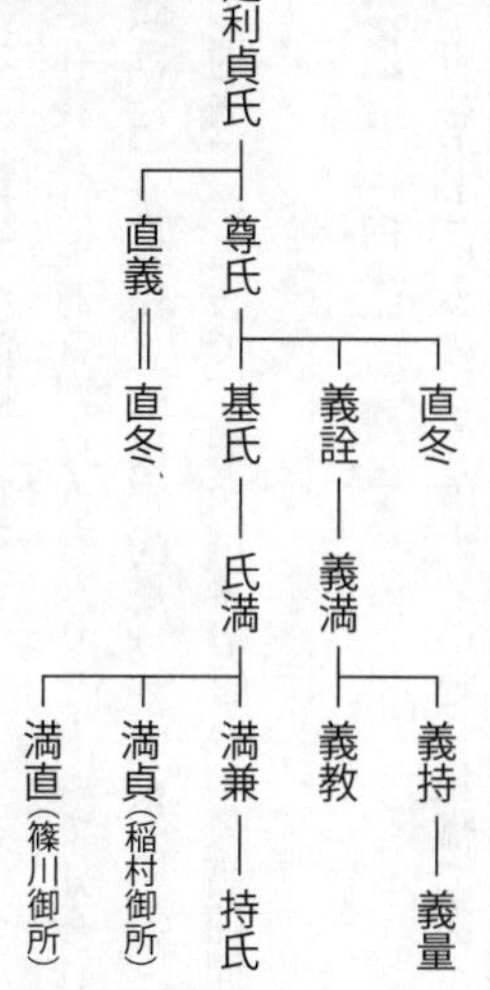

ちなみにもう一人の黒幕では、と私が推理している畠山満家は、伊勢国（この国には反幕府の北畠氏が頑張っていて南半分を押さえており、面倒ごとが多く、実入りが少なかった）と交換ではあるが、首都京都を含む山城国守護職を入手し

ている。これまた褒賞であろう。

足利義教は酷薄苛烈な人となりをもって知られるが、満済の進言には終始真摯に耳を傾けた。義教嗣立に決定的な役割を果たしたことにより、一四三五（永享七）年のその逝去に至るまで、満済は幕府行政の最高顧問として重きをなすことになるのだ。

「公儀」と「内々」

室町幕府というのは守護大名の連合組織であって、将軍固有の権力はほとんどないのだ、とは古くから指摘されてきた命題である。現在ではどうかといえば、幕府政治の研究はさほど進展しておらず、次の二点が付け加わったくらいである。

一　将軍を政治的に補佐するのは管領で、管領のもとに実務官僚である奉行人が組織され、彼らが政務を取り仕切っている。
二　有力守護大名はたしかにさまざまなことについて合議を行っており、その決定は将軍に報告され、将軍の意思決定を強く拘束する。

さらに、将軍権力への関与の仕方について、制度に則した「公儀」と、制度外、現在ならさしずめ私的諮問機関のような「内々」の別があることも指摘されている。

そこで『満済准后日記』を見てみよう。一四三一（永享三）年頃の政治的な重大事は、幕府と鎌倉府、将軍と鎌倉公方《くぼう》の確執であった。鎌倉公方は後述するように、関東地方を支配するもう一つの足利家であり、ことあるごとに京都の本家に対抗意識を示していた。この年の五月一二日、醍醐寺の満済のもとに、畠山満家と山名時熙《ときひろ》（一三六七〜一四三五）が使者を送り、出京を要請してきた。

天下のあり様を将軍家がどうお考えになるか、それこそが大事なことです。それなのに我ら両人の大名は内々宿老分としてご奉公申しながら、関東対策を心の中に秘めています。そこでこの際率直に話し合い、将軍家のお耳にも入れたいと思います。ですから、准后さまには、急ぎご出京くださいませ。

「内々宿老分として」の箇所に注目してほしい。満家と時熙は六〇歳と六五歳。まさに宿老であり、大名の会議の中心メンバーであった。彼らの将軍への奉公の形態が「内々」であるとすれば、諸大名の会議そのものが「内々」の存在なのだろう。このことに気付いて整理してみると、幕府政治は次のように図式化できる。

将軍─┬─A　［公儀］管領──奉行人
　　　└─B　［内々］諸大名の合議

ドキュメント「大名合議」

調整能力に秀でた満済は、応永末年から、Bの諸大名の合議のとりまとめ役を務めている。右の関東との交渉における、白熱したやりとりの一例を紹介しよう。

鎌倉公方は険悪になった将軍との関係改善を図り、使者を送ってきた。将軍義教は言う。「幕府は関東に親幕府勢力を育ててきた。鎌倉府は将軍に断りなく彼らを攻撃しない。そういう内容の誓約書を使者に書かせよ。そうしたら、使者に対面しよう」

満済から将軍の意を伝えられた大名たちは、管領斯波義淳《よしあつ》を中心に反発した。

「誓約書など無用。鎌倉府がせっかく下手に出てきたのです。すぐに使者に会ってください」との意見を義教に申し入れるよう、満済に依頼した。この時の満済の対応は凄まじい。

「あなたたちの意見は将軍のお考えに比べて『事浅し』。これでは申し入れられない。もう一度考え直し」と取り次ぎをにべもなく拒否したのである。

大名たちは違う切り口を考える。「親幕派の代表、陸奥の足利満直《みつなお》殿（篠川御所。後述）のことを忘れておりました。勝手に関東との和平を進めては、たしかに満直殿の立場がありませぬ。満直殿には私たちが事情を説明しますので、使者とご対面くださ い」

すると満済は「聊か《いささ》分別しましたね」と恐ろしく高飛車な態度で褒めたあと、「ですが」と続ける。

「将軍はもともと使者にお会いになりたいのです。でも『天下無為（平穏）』を願われるからこそ、わざわざ誓約書のことを言われたのです。だから、どうあなたたちが工夫しても、誓約書免除のことは、私は将軍の『お耳に入れない覚悟』です。このことについては再び協議なさい。この次は必ず申し次ぎましょうから」

結局、使者との対面案は、満済によって再び門前払いとなったのである。

将軍と大名たちとの意見を調整する。ある時は大名の会議の答申を握りつぶす。満済の示す政治性はきわめて高い。満済は言う。「（自分は）公儀においては叶いがたし。（役に立たない。でも）内々のことは承るべし（まかせとけ）」

彼は「内々」の最上位の存在として、諸大名の合議を統轄していたのである。

「都」と「鄙」

今さらながらではあるが、満済は日記を書き残していた。『満済准后日記』と呼ばれるもので、室町中期の政治・宗教を学ぶ研究者の必読史料となっている。この日記を読んでいきながら、満済は当時の「天下」をどう捉えていたのかを、明らかにしてみよう。

「都鄙《とひ》」という言葉が、日記には頻繁に現れる。これは京都の幕府と、関東の鎌倉府を指している。また、京都の幕府が統治するべき領域が「都」(みやこ)、鎌倉府が治める地域が「鄙」(いなか)である。「都鄙の境」または「国境」という語も用いられ、駿河の守護大名の今川氏が国境に位置している、と意識される。駿河・信濃・越後あたりが境界になるのだろう。

足利尊氏は子息基氏《もとうじ》(一三四〇～六七)を鎌倉公方として鎌倉に置き、はじめ関東八カ国と伊豆・甲斐を治めさせた。後にこれに陸奥・出羽の両国が加わる。鎌倉公方の政務組織が鎌倉府であり、公方を補佐する関東管領《かんとうかんれい》には上杉氏が任命された。鎌倉府は第二の幕府として機能し、鎌倉公方は次第に独自の動きを示すようになる。京都の幕府のコントロールを受け付けなくなり、さらに敵対行動さえ示すようになる。

「鄙」は「関東」と「奥」とに分かれる。満済の時代、「関東」には足利義教を何か

図3　都鄙の概念図

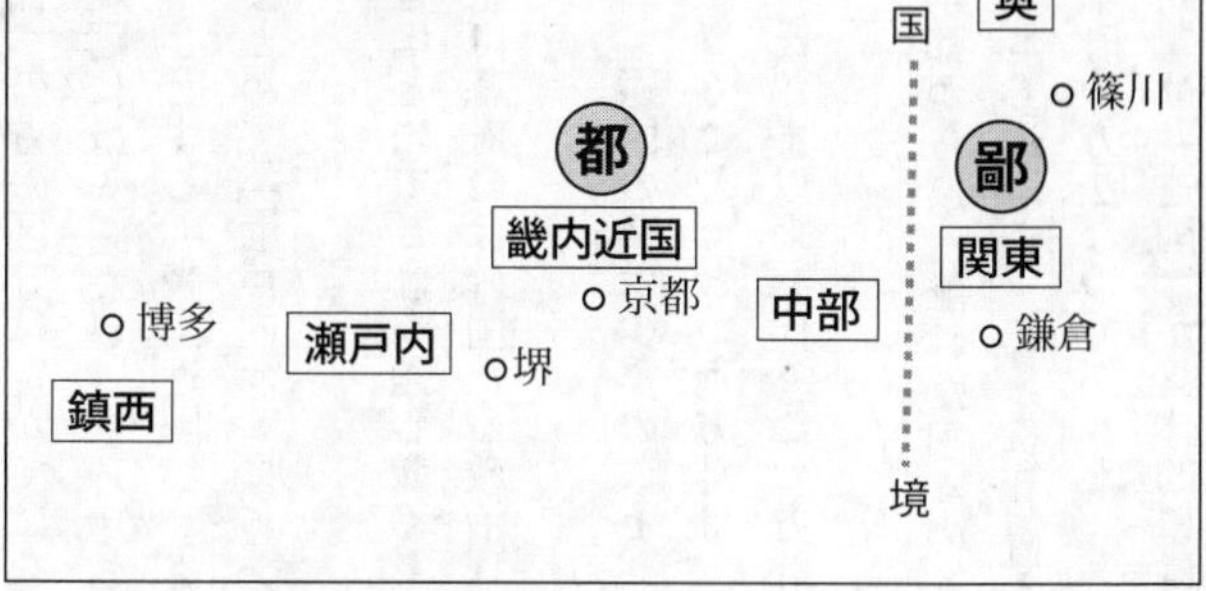

とライバル視する、鎌倉公方足利持氏《もちうじ》（一三九八～一四三九）がいた。彼はどうやら京都に上って、将軍になりたかったらしい（自分は義持と猶子の契約を交わしている。だから自分こそ義持の正統な後継者だ、とする。この論理に対抗する意味でも、義持と同母、つまり義持と血縁の深い義教を担ぐ意味がある）。

「奥」は東北地方を指している。「奥」には鎌倉府から足利満貞《みつさだ》と足利満直が派遣されて、統治を担当することになっていた。両人は持氏の叔父にあたるが、彼らの権限も、相互の責務分担も、よく分かっていない。満貞は稲村《いなむら》（現在の福島県須賀川市）に拠点を置き、鎌倉府に忠実であった。満直は篠川（福島県郡山市）に拠点を置き、親幕府の立場を標榜した。ただし、両人の存在は地元の勢力には魅力的に映らなかったようで、その勢力は「奥」になかなか浸透しなかったようである。

「都」の方の区分は定かではない。一つ確実なのは、九州は「鎮西《ちんぜい》」と呼ばれ、「都」の範疇《はんちゅう》には入らない。そうすると、「都」は三つに分類できるように思う。まず京都を中心とする「畿内近国」。京都と鎌倉の中間地点としての「中部」。中国地方と四国をまとめて「瀬戸内」。この三つである。

よきほどにてこれを差し置く

室町幕府には確固たる政治理念が存在した。満済は次のように書き記す。

「遠国の事は少々のこと、将軍の思うようでなくとも、よきほどにてこれを差し置くこと」という方針は、いまの室町殿、義教さまだけのお計らいではない。尊氏さま以来、代々この方針で臨まれたのだと承っている。

京都から遠く離れた国々のことは、将軍と幕府の意思が十分に実現しなくても、「よきほどにて、これを差し置く」。有り体に言えば、気にしない。放っておく。それが幕府の方法なのであった。

問題は「遠国」が具体的にはどの地域を指すかだが、それは「都」以外を当てはめればいいのだろう。幕府での大名会議に参加する守護大名の領国は、みな「都」に分布していた。通常彼らは京都に滞在し、江戸時代の城代家老にあたる「守護代」を国元に置いて、領国支配を行っていた。都鄙の国境に位置する今川氏、それに鎮西と都の境にいる大内氏は、大名会議のメンバーとして数えられているが、京都に滞在する義務は免除されていたらしい。いまで言えば国境警備を担当していたのだろう。これを考慮すると、やはり「遠国」とは、おおよそ「奥」「関東」「鎮西」を指すものとイメージできる。

事なかれ主義

一四三三（永享五）年二月、幕府は九州での大友氏と大内氏の軍事衝突のことを議論していた。大友氏は豊後に本拠を置く、源頼朝以来の名門である。筑前の少弐《しょうに》、薩摩の島津、肥後の菊池と肩を並べる大勢力であった。その大友氏は幕府の信任厚い大内氏と戦闘状態に突入したが、幕府自体に対しては恭順の意を示している。

どうするか。将軍義教の問いかけに、管領斯波義淳以下は声を揃える。戦闘を終結させる「無為（平穏、平和の意）」のご成敗こそが大事です。大友の行動は赦免してやるべきです。

神経質な義教は、おそらくイライラしながら反論する。「無為」だと？　そんなに簡単な話ではなかろう。大内持世《もちよ》は養父の盛見《もりみ》を大友持直《もちなお》に討たれているのだぞ。不倶戴天《ぐたいてん》の両者をどうやったら「無為」にできるか、その方法を余は尋ねているのだ。

将軍にそう言われても、大名たちは「無為の成敗を」と繰り返すのみであった。畠山満家に至っては次のような、まったく無責任な意見を述べている。幕府が大友を赦免し、なおかつ大内と大友が合戦するなら、それはもはや私闘であって、幕府の与《あずか》り知らぬことである。

満済も満家ら大名たちも、しばしば「天下万民安堵《あんど》」などと口にする。そうした概念をもっていたり、意識していたことは疑いがない。だが右の満家の論理は、少なくとも「天下」全体を治める為政者にふさわしいものではない。

ここでは「無為」は文字通り「なすことなし」。事なかれ主義といわれても仕方がない。ただ、彼らはそれでもよかったのだろう。合戦が行われているのは九州、すなわち「遠国」であるから。

幕府が本気になって対処するのは、大名たちの領国がある「畿内近国」「瀬戸内」「中部」の三ブロックだけなのだ。ほかは「よきほどにて、これを差し置く」のである。

論証はさておいて、結論だけ記すと、「都」での政務は、将軍―管領―奉行人のラインが担当していたようである。「都」で戦乱が勃発すると、大名会議が対策を話し合い、鎮圧軍が編成される。また「遠国」（「鎮西」も入るので、「鄙」ではなく「遠国」とする）の諸問題については、大名会議が「よきほどにて、これを差し置く」精神で、のんびりと対処する。大づかみに整理すると、そんな感じだろうか。

将軍┬A　［公儀］　管領―奉行人　→「都」の政務
　　└B　［内々］　諸大名の合議　→「都」の軍事と「遠国」の諸事

王権の所在

足利尊氏は「一つの王権」を打ち立てるために東奔西走したのだ、と私は書いた（前章「足利尊氏」を参照）。京都の朝廷と鎌倉の幕府と、「二つの王権」の並立を若き日に体験していた尊氏は、京都で「一つの王権」樹立を目指したのだ、と。

だが、尊氏の後継である一五世紀前半の室町幕府は、「一つの王権」への道を放棄し、畿内近国を中心とする、いわば「小さな王権」へと方向を転換していた。それがいつ、なぜ選択されたのか、どういう特質を有していたのかは、次の細川政元《まさもと》の章でもう一度考えることとするが、その小さな政府を動かしたのは大名会議であり、三宝院満済は、会議と将軍との結節点に立っていたのである。

ただし、「小さな王権」に飽きたらぬ人もいた。ほかならぬ六代将軍、足利義教その人である。彼は将軍権力の拡充を図り、朝廷や仏教界に打撃を与えた。日野家がどうも力をもちすぎだと判断するや、当主の裏松義資《うらまつよしすけ》（妻の兄に当たる）を暗殺した。実務貴族たちにも弾圧を加えた。信長に先んじて、あの比叡山すら攻撃している。「都」での強力なイニシアチヴを再確認した上で、彼は「関東」や「鎮西」へも将軍権力の伸張を画策した。

満済らの補佐を受けているうちは、義教にもまだ遠慮があったように見える。だが、満済が世を去り、大名会議の宿老である畠山満家・山名時熙も前後して没すると、義教を止められる人はいなくなってしまった。彼は誰憚《はばか》ることなく、将軍権力の再構築に乗り出していく。畠山・斯波・山名・京極《きょうごく》の各家は家督相続に介入され、義教の選んだ人が当主の座に就いた。一色義貫《いっしきよしつら》と土岐持頼《もちより》は暗殺された。大規模な軍事動員が行われ、反抗的であった鎌倉公方、足利持氏も討伐された。

だが、ここまでであった。ついで赤松氏の勢力を削ごうとした時点で、義教は赤松邸で殺害された。「将軍犬死」と評された、嘉吉《かきつ》の乱である。「天下の義者」と賞賛された満済を失った義教は、「一つの王権」の確立へと再び走り出したように見えて、実は滅びへの道を突き進んでいたのだ。

形のない将軍の権威とか、統治の伝統とか、政務の先例とかを上から叫ぶだけでは、人はもはや動かない。実のあるサービスを提供できなければ、人はついてこないのである。尊貴ならざる生まれの満済は、その実力ゆえに立身することができた。権威ではなく実力こそがものをいう時代、下克上の時代は、もうすぐそこまで来ていた。

第七章 細川政元

【秩序なき戦乱へ】

細川政元
（龍安寺所蔵）

細川政元略伝　［一四六六〜一五〇七・六・二三］

生涯女性を一切近づけず、若衆を愛し、空を飛ぶ修行に余念のなかった人。そう書くと随分変わった人物のように思えるが、中世史上に彼が果たした役割は、至極ストレートなものであった。

幼名聡明丸《そうめいまる》。通称九郎。官途は右京大夫《うきょうのだいぶ》。摂津・丹波・讃岐・土佐などの守護。細川勝元《かつもと》の嫡子として生まれる。一四七三（文明五）年、勝元の死去により八歳で家督を相続。一族の政国《まさくに》の後見を受けて成長する。父の勝元も一三歳で家を継ぎ、叔父持《もち》賢《かた》の補佐を得た。持賢の養嗣子が政国である。

こうした時に他家なら間違いなくお家乗っ取りなどの騒ぎが起こるのだが、細川氏では不思議とそうしたものがない。なぜかは私にはよく説明ができないが、それが細川氏隆盛の一因になっていることは間違いがない。

一三歳で前将軍足利義政《よしまさ》の一字を賜って政元と名乗り、一五歳で政治活動を開始する。一五歳に満たない時期の花押《かおう》（今ならさしずめ正式書類へのサイン）は無効、という認識の存在も確かめられるので、この時期は「一五歳＝成人」なのかもしれない。二一歳で早くも管領《かんれい》に就任。九三（明応二）年にクーデターを起こして実権を掌握。

翌年から死没まで、管領職を独占。足利将軍家を傀儡《かいらい》として、畿内の領有をすすめた。

室町幕府の財源

武士の政権なのに、どこか武士らしくない。平原を騎馬で疾駆《しっく》しての合戦のイメージもないし、といってチャンバラでもない。物語を無理矢理こしらえても、主要人物はみな畳の上で死んでいて波瀾万丈のドラマに欠ける。いきおいテレビでも小説でも取り上げられない。それが室町幕府・室町時代である。

足利尊氏（一三〇五～五八）は京都に幕府を開き、幕府と朝廷を一体化して、「一つの王権」の実現を図った。尊氏の孫である義満（一三五八～一四〇八）は名補佐役の細川頼之《よりゆき》（本章の主人公、政元の先祖。一三二九～九二）の助力を得て、朝廷の権限を急速に幕府へと吸い上げていく。

鎌倉時代、実際には幕府の援助なしに集金することはできなかったものの、朝廷は全国一律に課税する権限をいまだ保持していた。新しい内裏を造営するための造内裏《ぞうだいり》役《やく》、伊勢神宮を修造するための役夫工米《やくぶたくまい》（伊勢神宮の遷宮は、内・外宮それぞれ二〇年に一度）、天皇が即位した年の大嘗会役《だいじょうえやく》などがこれにあたり、国家高権を拠り所として公領・私領（荘園など）の区別なく一斉に賦課《ふか》するために、「一国平均役」と呼ばれた。

室町幕府はこの一国平均役に代えて、田の面積に応じて課税する「段銭《たんせん》」を徴収した。段銭徴収の主体は室町幕府であり、朝廷は全国への課税権を失ったのである。

室町幕府財政の重要な財源は段銭、それに棟別銭《むなべつせん》であった。棟別銭は日本一の経済都市として繁栄を謳歌する都市京都限定の税であり、家の棟ごとに課せられた。鎌倉時代の京都を治めていたのは朝廷であり、官衙《かんが》としては検非違使《けびいし》庁であった。室町幕府は検非違使庁から着々と都市京都への警察権・裁判権などを奪取して、侍所《さむらいどころ》の仕事とした。幕府は侍所の軍事力を用いて京都での経済活動を保護しながら、京中の有力商人に、棟別銭である酒屋役や土倉《どそう》役を納めさせるようになる。ここにも、朝廷から幕府へ、という動きを見ることができる。

西国限定の王権構築

朝廷固有の権利を奪取して、幕府へ。この動きを基軸に据えて、足利義満は天皇の臣下である貴族たちをも自らの膝下に取り込んでいく。大納言も大臣も、摂政・関白ですらも。

伝統を誇る高貴な公家たちは、上皇に仕える如くに足利将軍家に臣従の礼を尽くした。義満は天皇家の家長である上皇と同等の振る舞いを示し、天皇を凌駕《りょうが》する権威と

花の御所（『洛中洛外図屏風』米沢市上杉博物館所蔵）

して君臨する。彼は中国大陸の明と国交を開くに際して「日本国王源道義《げんどうぎ》」を名乗るが、それはまさしく、彼の実力に見合った称号であった。義満のもとで、尊氏の悲願であった「一つの王権」は達成されたかに見えた。

しかしながら、義満の王権もまた、日本全国を均等に統治するものではあり得なかった。幕府の施政の根本方針は「遠国をば、少々の事、上意の如くならず候といえども、よき程にてこれを閣《さしお》かれること」というものであって（前章「三宝院満済」を参照）、日本全国を強力かつ均一に統轄するという意欲は、消極的なものにとどまっていた。

足利尊氏は「一つの王権」を目指し

て東奔西走し、戦いに明け暮れて逝去した。東西の統一は容易なことではなかった。

本郷恵子氏（同業者であり、ひらたくいうと、私の家内です）のご教示に拠れば、この状況を冷静に分析した人物こそが、先にもふれた政元の祖、細川頼之であった。彼は南北朝合一のめどが付くと見るや、思い切って関東以東を切り離し、いわば「小さな王権」へと路線を切り替えた。西国を中心とした、室町幕府体制を確立したのだという。

一三九二（明徳三）年、陸奥・出羽二カ国が鎌倉府の管轄下に移されて鎌倉府の権限が強化されるとともに、南北朝の合一が実現する。東国は鎌倉府に任せる。西国は北朝と一体化した室町幕府が抑える。本郷氏の推論はたしかに的を射ているように思う。

経済の主要ライン、海上交通

東国の分離によって、室町幕府の重心は西に大きく傾いた。現代の政治・経済の大動脈は、「東京↔大阪」（さらにいえば東京への一極集中）であるが、これはいうまでもなく江戸時代の「政治の中心・江戸」と「伝統の町・京都」と「経済の台所・大坂」との流通を踏襲したもので、徳川家康が築いた江戸と豊臣秀吉が整備した大坂を結ぶルートは、四〇〇年の長きにわたって日本の中心ラインを形成している。

これに対して室町時代は、西国偏重の時代であったといえる。都市でいえば「京都↕堺↕博多」ということになろうか。しかも陸路ではなく海路、瀬戸内海の海上交通こそが経済の主要ラインであった。

外洋に比べれば波の穏やかな内海は、ところどころに難所はあるものの、物資の大量輸送に適していた。農業生産力が向上し、各地に特産品が誕生したのをうけて、また銭貨が全国に流通して（一三世紀の第二四半期に実現した、というのが近年の説）商業取引の隆盛の素地が作られ、多くの物資が比較的小型の船に積み込まれ、盛んに京へ、堺へ、博多へと運ばれた。

博多の彼方には朝鮮半島と中国大陸があり、琉球を経由すれば東南アジア諸国との取引も可能であった。日本からは硫黄や扇子・刀などの工芸品が輸出され、朝鮮の木綿製品、中国の陶磁器、東南アジアの香辛料・医薬品などが輸入されたのである。

全国的な土地の支配は諦める。その代わり、海上に展開する流通ルートをしっかり確保し、銭貨による収入に依存する。それが室町幕府の経済方針であった。

守護とは何？

鎌倉幕府が国ごとに守護を置いたことはよく知られている。だが、この守護とは何？　と問われると、答えに詰まる方が多いはずだ。

まず、守護は江戸時代の大名とは違い、その国の「王」ではありません。これはしっかり確認しておきたい。たとえば下野の国なら下野の国の土地を支配し、物産を支配し、人々を支配し、という存在ではない。あくまでも役人、官人なのである。

官人ならば当然職務があるわけだが、これが有名な「大犯三箇条《たいぼんさんかじょう》」である。一、謀反人の逮捕（読んで字のごとし）。二、殺害人の逮捕（同前）。三、大番の催促（国内の御家人を順繰りに京都に赴かせ、天皇・内裏の警護に当たらせる）。この三つ。

さて、そこで気をつけなくてはならないのは、守護の職務はこの「大犯三箇条」を代表とする、もろもろ、なのではない。「大犯三箇条」だけです。「大犯三箇条」以外に、守護は関わってはいけないのだ。

各国にはそれ以前から、朝廷が任命する国司が置かれ、地方行政を司っていた。平安時代も後期になると、国司に任命された貴族は任国に赴くことをしなくなった（遥任《ようにん》、という）が、それでも国司が存在したことは間違いがない。守護は国司の権限に抵触しないよう、「大犯三箇条」のみを職務と定められたのだ。

ただしそれはあくまでも机上の定義であって、鎌倉幕府の勢威が朝廷を圧倒していくのと軌を一にして、守護は次第に国司の権能を侵食していく。守護の役所である守護所は、国司の役所である国衙《こくが》を吸収して機能するようになる。そうした動きが鎌倉時代を通じて進行し、守護は国内のさまざまな動向を掌握し、管掌するようになるのである。

守護大名と戦国大名の違い

やがて鎌倉幕府が倒れると、足利氏は一門の武士たちを各地に派遣し、新たな守護に任じた。斯波・畠山・細川・今川・一色・吉良《きら》・渋川・仁木《にき》・石塔《いしどう》・石橋・桃井《もものい》などなど……。

彼らは南北朝の戦乱に対応するために、将軍や幕府の権威を利用して、国内の武士を束ねていった。小規模な武士を家来として取り込み、優勢な軍事力を構築したのである。それを達成できない者は、争乱の中で容赦なく淘汰されていき、新たな守護が京都から任命された。三代将軍の足利義満の代になると争乱と権力闘争もひとまず終息し、各国の守護の顔ぶれが確定する。ここに生き残った者たちが、新たな守護である「守護大名」であり、幕府政治の担い手ともなった。

丹後
一色満範
加賀
斯波義種
佐渡
上野？
畠山基国
細川満元
能登
山城
高師英
越後
上杉房方
若狭
一色詮範
越中
下野
結城基光
越前
斯波義重
飛騨
京極高光
上野
上杉憲定
信濃
小笠原長秀
常陸
佐竹義盛
美濃
土岐頼益
武蔵
上杉朝宗
波
甲斐
武田信春
津
河内
三河
一色詮範
駿河
下総
千葉満胤
大和
興福寺
伊勢
遠江
相模
三浦高連
上総
上杉朝宗
尾張
斯波義重
今川泰範
紀伊
伊賀
仁木？
伊豆
上杉憲定
志摩
土岐頼益
安房
上杉？
畠山基国
土岐康行
近江
京極高光
六角満高
和泉
仁木義員

図４　守護大名の形成（15世紀初め頃）

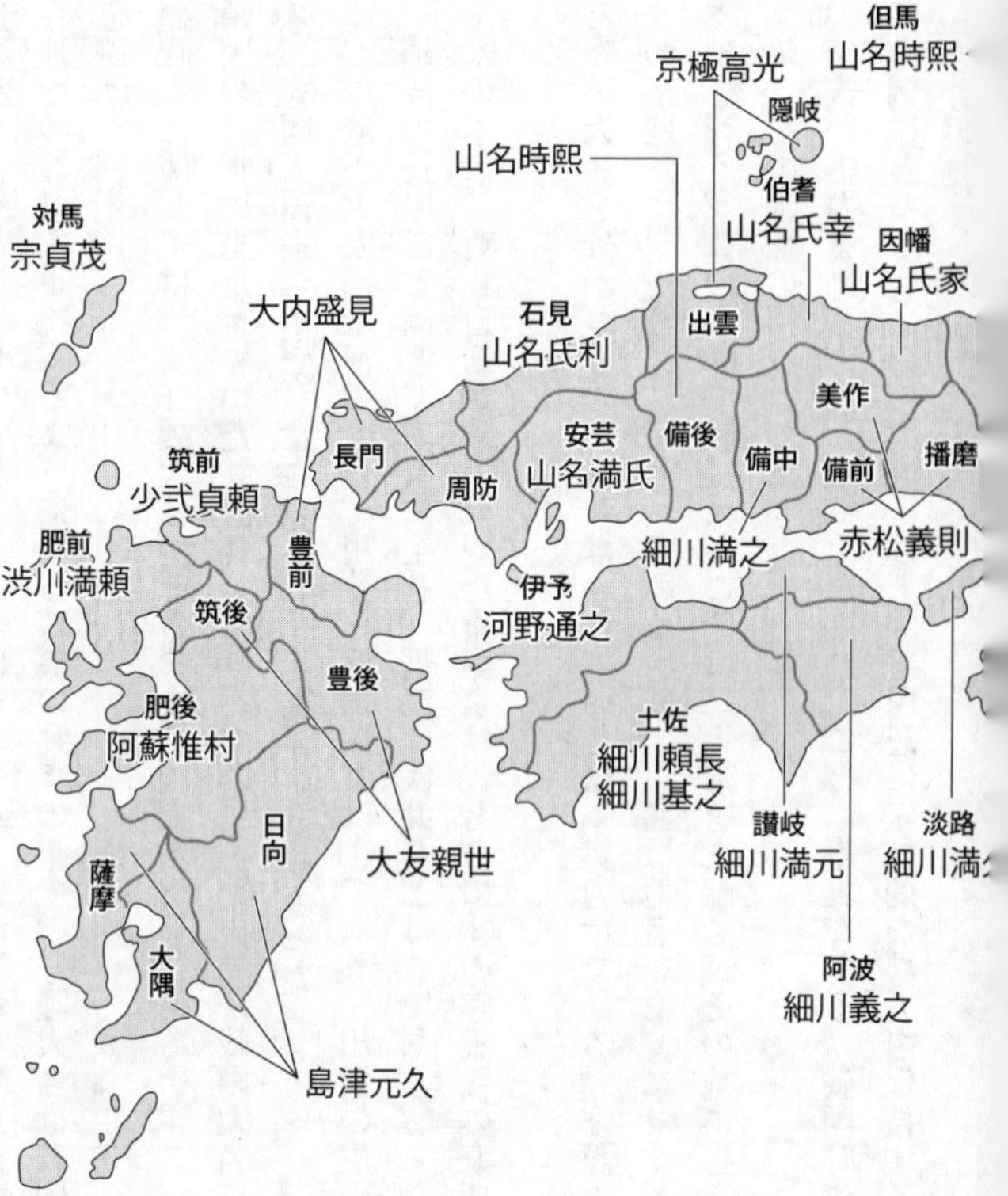

やがて応仁の乱などを契機として守護大名たちはそれぞれに領国に帰り、京都政界ではなく、在地への対処を重視するようになる。この動きの中で、守護大名は戦国大名へと変貌を遂げていく。

戦国大名の誕生に関しては、①守護大名がそのまま戦国大名へ移行するケース、②かねてから領国の経営に当たっていた守護代（守護大名の第一の家臣）が戦国大名に成長するケース、③国人《こくじん》領主（国内の武士）がのし上がるケースがあった。

薩摩の島津、豊後の大友、駿河の今川、甲斐の武田などは①であり、出雲の尼子《あまご》、越前の朝倉《あさくら》、越後の長尾《ながお》などは②、安芸の毛利、近江の浅井《あざい》などは③である。ちなみに信長の織田家の本家、斎藤道三《さいとうどうさん》が乗っ取った斎藤家は、ともに②の守護代の家柄であった。

戦国大名と守護大名を分かつもの。それは一言でいえば「実力」である。守護大名は将軍や幕府の権威（その定義は後述する）を頼る。戦国大名は他者をあてにせず、自己の才覚で支配を行う。この意味で戦国大名こそは、土地を支配し、その地に生きる人々を支配する、その地域の「王」であった。

もっとも、伝統が実力を飾る方便として用いられたことも事実である。戦国時代の大宰府・博多を例にとると、山口の大内氏は大宰府周辺に伝統的な勢力を保持する少《しょう》弐《に》氏を圧倒するために、律令制に依拠する「大宰大弐」の官職を入手した。すると豊後の大友氏は、これに対抗するために幕府に願い出て、もはや何の権限も付随しない「九州探題」に就任した。こうした、一面では滑稽な駆け引きがしばしば行われており、だからこそ伝統の宝庫たる京都の占拠が意味をもったのだ。このことについては織田信長の次章で触れよう。ただ、それはあくまでも虚飾であり、戦国大名の権力の本質が自身の実力にあったことを見逃してはなるまい。

話を急ぎすぎてしまった。ここでいったん応仁の乱前後にまで、視点を戻してみよう。本章は理屈が多くてスミマセン。

三管領四職

室町幕府の政治を担った守護大名とは、どのような面々なのだろう。

ここに一つの面白い史料がある。一四三一（永享三）年八月三日、六代将軍足利義教（一三九四～一四四一）は御所の新造を企画し、その費用を大名たちに充て課した。「三カ国四カ国守護」七人には一〇〇〇貫、一カ国守護一五人には二〇〇貫という金額であった。一貫が一〇万円とすると、一億円と二〇〇〇万円になる。

これだけの金額を臨時に取られるのではかなわないだろうなあ、という感想はさておいて、この「三カ国四カ国守護」七人は誰？　というと、斯波・細川・畠山・山名・赤松・一色・京極である。

「三管領四職《さんかんれいしし》《しき》」という歴史用語をご存じだろうか。高校の教科書に出ているはずなのだが、管領を交代で務める三家と、侍所の長官を務めることの多い四家とを指す言葉で、その具体的な家の名は右の「三カ国四カ国守護」七人に重なるのだ。

このことを踏まえてみるならば、この七家、それに在京義務のない大内氏を加えたあたりが、有力守護大名を構成すると考えてよいだろう。ではこれらの家はどのような方向性をもっていたのだろうか。

斯波氏と畠山氏

三管領中で名門というと、斯波氏である。斯波氏は足利本家と代わり得る高い家格を有し、初代の高経《たかつね》（一三〇五〜六七）は足利高経を名乗っていた。また管領への就任を要請されると、喜ぶどころか、足利本家の従者と位置づけられることになるから「家の恥」だ、と嘯《うそぶ》くほどであった。

この斯波氏の浮沈について、私は少しく突飛なアイデアをもっている。西国と東国、「都」と「田舎」の線引きが、深く関与しているのではないか、と思うのだ。

伝統的な東国と西国の国境というと、美濃国の墨俣《すのまた》の名が史料には現れる。国名でいうと、越前・美濃・尾張を結んだラインがこれにあたる。それゆえに、天下分け目の戦いは南北朝時代では青野原（足利勢vs.北畠勢）、一六〇〇年の関ケ原（青野原の別の呼び名）で起きた。

また京都を落ち延びた新田義貞（一三〇一～三八）は、京都と東国の中継地として越前に根拠を築こうとしたのだった。義貞はこの時点で足利尊氏の第一のライバルであって、その新田氏の勢力を一掃する任務を与えられ、要衝越前国を授けられたのが斯波氏であった。同氏はさらに尾張・遠江に守護職を有し、東国と西国の結節点を扼《やく》する存在として幕閣に重きをなした。

ところが国境はやがて、三宝院満済の前章で見た如く、越後・信濃・駿河のラインへと移動した。越前と尾張は政治的な役割を失い、ごく普通の国となった。しかも室町幕府の関心は、かつての武士の本場たる東国には向かず、西方、莫大な富をもたらす海外との交易に引き付けられていく。

このとき斯波氏は、領国の地理的条件ゆえに、時流に取り残されていったのではないか。しかも悪いことに、斯波氏の当主は比較的短命で、強烈なリーダーシップを発揮できる人がいなかった。これも斯波氏凋落《ちょうらく》の一因になった。

斯波氏を考える際に、忘れられぬのが一色氏である。一色氏は九州探題に任じられたものの、手腕を発揮できずに空しく帰京し、守護大名として再出発した。分国は若狭・丹後・三河。若狭は越前に、三河は尾張と遠江に隣接している。しかも尾張の国内に、一色氏は知多郡と海東郡の分郡（郡は国の下の単位。郡を対象とした守護職も数少ないながら存在し、分郡守護と称した）を与えられていた。

南北朝時代以降の経済は、海上・水上交通抜きには語れない。陸路を行くより、水路を行く方がはるかに効率的なのである。このことに留意すると、一色氏による若狭・三河と知多半島、それに木曾川・長良川を含む海東郡の一括保有という地理的条件は、東と西との中継基地としての越前・尾張の重要性を著しく低下させている。足利義満は九州から逃げ帰ってきた一色氏に対し、名門斯波氏の牽制という新たな役割を課したのではないだろうか。一色氏の領国での活動が盛んになると、斯波氏の領国支配は円滑を欠くようになっている。

三管領の一、畠山氏においては、家督争いが熾烈《しれつ》であった。満家（一三七二～一四三三）・持国《もちくに》（一三九八～一四五五）・義就《よしひろ》（一四三七～九〇）の三代にわたり、この家では家督が争われ、家臣団に亀裂が入った。一族の結束が強固な細川氏（後述）と好対照をなしており、このため勢力は細川氏に及ばなかった。とくに従兄弟に当たる畠山義就（持国の実子・根拠は河内）と政長《まさなが》（持国の甥かつ養子・根拠は紀伊。一四四二～九三）は不倶戴天《ふぐたいてん》の仇敵《きゅうてき》であった。応仁の乱をある資料が「畠山一家の乱」と呼ぶように、彼らの争いこそが大乱の引き金を引いたのである。

細川氏と赤松氏

管領家の一つ、細川氏は着実に実力を蓄えていった。同氏の当主も代々壮年で死去しているが、一族が固くまとまり、次代の年少の当主を守り立てて、家臣団の分裂が生じなかった。なぜ畠山氏は内部抗争し、細川氏はよくまとまったのか。細川氏は家臣団をうまく制御し、重臣が特定の土地に勢力を扶植《ふしょく》することを妨げた。そのために重臣間で実力差が生じることがなく、主導権争いも起きなかったのだ、との説明はすでにある。たしかに一理あるが、いま一つ説得力に欠けるような気もする。むしろ内部で争わなかったからこそ、細川氏は繁栄への道を歩めたのだ、と発想を逆転して叙述するべきなのかもしれない。

細川持之《もちゆき》（政元の祖父。一四〇〇～四二）は「讃岐国のことは、丹波・摂津国のようなわけにはいかない。一段と心にかけている」と述べている。細川本家の守護領国は讃岐・丹波・摂津、それに土佐なのだが、なかでも讃岐国を本拠地と考えていたらし

【細川氏系図】

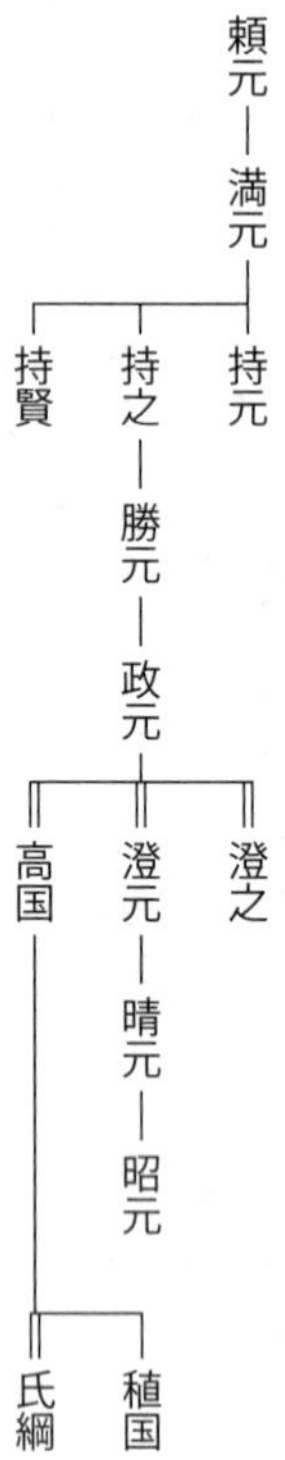

いことが分かる。細川氏は堺商人と結びつき、博多商人と連携した大内氏と海外貿易の主導権を巡って後々まで争っていく。瀬戸内海に臨む宇多津《うたづ》に守護所を置いて讃岐国を経営し、一族間で阿波・和泉（堺が含まれる）の守護職を保有した同氏は、早くから瀬戸内海交易圏に強い関心をもっていたと考えられる。

摂津国西成郡というと、現在の大阪市を含む大変重要な土地であるが、この地には分郡守護が置かれていた。その補任状況を見てみると、興味深いことに、細川本家と赤松家が頻繁に交代して任じている。これは両者が激しい鍔迫《つばぜ》り合いを演じているか、あるいは逆に、事務処理の引き継ぎなどが円滑に遂行できるほど、きわめて良好な関係を保っているかの証拠だと考えられる。その視点で両家を見ていくと、文芸・遊興の席には細川・赤松はいつも一緒に顔を出す。代表的なのは連歌の席である。細川・赤松、それに近江と出雲に勢力を有する京極氏。貴族では、将軍の側近く仕えて権勢を有した広橋《ひろはし》家。このあたりはいつも同席しており、一つの党派を形成していると想定できる。細川氏と赤松氏はとくに親しく交わっているようだ。

一三三五（建武二）年、建武政権と訣別して鎌倉から西上する足利尊氏に呼応し、京都を攻撃したのが播磨の赤松円心（一二七七～一三五〇）と四国の細川定禅《じょうぜん》であった。両者の縁はこの時から始まり、赤松則祐《のりすけ》（一三一一～七一）の娘が細川頼元《よりもと》（一三四三～九七）の正妻になるなど、良好に推移した。

一四二七（応永三四）年に赤松満祐《みつすけ》（一三七三～一四四一）が足利義持（一三八六～一四二八）の逆鱗に触れて討たれようとしたときも、討手の総大将となった細川持元《もちもと》は口実を設けて攻撃を遅らせ、満祐のライバルである赤松持貞《もちさだ》の失脚、満祐の赦免を実現している。細川氏は赤松氏といわば同盟を結び、両者の勢力が重なる摂津を平和裡に分掌し、瀬戸内海の制海権の強化を目論んだのだろう。

山名氏の興亡と南北朝合一

それともう一つ。両者が協調するメリットは、山名氏の脅威に対抗するためであった。

山名氏は、元来は新田家の支流なのだが、鎌倉末期には足利氏の準一門と位置づけられていた。南北朝争乱時、山名時氏《ときうじ》（一三〇三～七一）は伯耆《ほうき》の守護として山陰に派遣される。名和長年《なわながとし》（?～一三三六）の勢力の一掃を命じられたのだろう。時氏はこの期待によく応えるだけでなく、近隣をまたたく間に制圧し、大勢力を築いた。この地域の製鉄技術を取り込んだことも、山名氏の軍の強さに影響していると思われる。観応《かんのう》の擾乱《じょうらん》では足利直義《ただよし》（一三〇六～五二）の有力与党となり、彼の没後は直冬《ただふゆ》（生没年未詳）を擁して何度も京に攻め上った。その鋭鋒への盾となって苦闘したのが、備中に根拠を持つ細川氏と、播磨・備前・美作《みまさか》を領国とする赤松氏だったのだ。

やがて山名氏は幕府に帰順するが、その勢力は温存され、一族で一一カ国もの領国を有し、「六分一殿」（日本全国が六六カ国だから）と呼ばれた。足利義満政権を支えた細川頼之にとって、山名氏の勢力削減は一生をかけた大事業であった。

一三九一（明徳二）年、一族の不和につけ込まれた山名氏は分裂し、南朝に降《くだ》った山名氏清《うじきよ》（一三四四～九一）・満幸《みつゆき》（?～一三九五）らは幕府軍と戦った。京都内野《うちの》を舞台としたこの戦闘は激烈を極め、幕府軍は辛うじて勝利し、氏清・満幸は滅びた。明徳の乱である。幕府に従った山名時熙《ときひろ》（一三六七～一四三五）は生き延びたものの、一族の勢力は大幅に削減された。頼之はライバル山名氏の没落を見届けて、翌年に没した。潜在的な友好勢力を失った南朝も、北朝に降らざるを得なくなって、南北朝の合一が実現したのである。
　このの ち山名時熙は幕府に忠実に仕えるとともに、勢力の回復に努めた。晩年の彼が幕政に重きをなし、宿老として遇されていたことは三宝院満済の章で見た如くである。

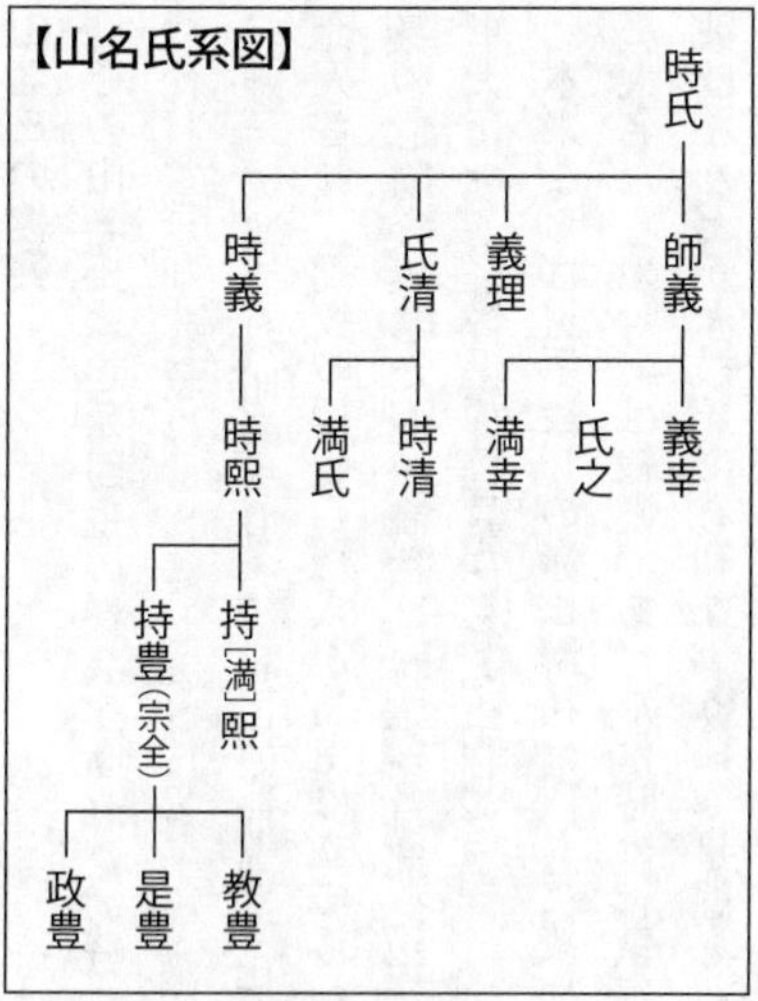

山名時熙
(東京大学史料編纂所所蔵肖像画模本)

山名氏の復興

その山名氏に起死回生の機会が訪れたのは一四四一（嘉吉元）年のことであった。六代将軍足利義教は、当時しきりに有力守護への弾圧を画策していた。一色・土岐（世保《よやす》）の当主は暗殺された。畠山・斯波・山名・京極の各家は、家督相続に強引に介入され、義教の指名した人が当主に立てられた。次はわが家の番ではないか、そう身の危険を感じた赤松満祐は将軍を自邸に招き、殺害したのである（嘉吉《かきつ》の乱）。「将軍犬死」。ある皇族は日記にそう記した。

本来ならば、主殺しの赤松満祐は直ちに攻め滅ぼされるべきであった。ところが守護大名たちの対応は緩慢であった。時の管領は、満祐とは強い紐帯《ちゆうたい》を有する細川持之。彼はなんとか赤松氏に有利なように、事態を収拾しようと画策したのではないか。赤松氏討伐のための幕府軍の編成が遅れたのは、そのせいではなかったか。

事態に直ちに反応したのは、ひとり山名氏であった。時熙の跡目を継いだ山名持豊《もちとよ》（一四〇四〜七三）は急ぎ軍を編成し、西から攻撃を仕掛け、ほとんど独力で赤松氏を討った。満祐以下は自害し、赤松氏はいったん滅亡した。赤松氏の領国であった播磨・備前・美作は、すべて山名一族の領国となった。持豊の発言力は急速に上昇し、彼は幕政の一方の旗頭になったのである。

大乱前夜

細川氏は一族で九カ国の領国を有していた。これに肩を並べるのは、嘉吉の乱後に八カ国の守護に躍進した山名一族だけであった。

細川氏の当主は勝元（一四三〇～七三）で、山名氏の当主は持豊、法名は宗全《そうぜん》。勝元と宗全は当初協力関係にあって、勝元は宗全の娘を妻にしている。だがやがて両者は、瀬戸内海の制海権と幕府政治の主導権をかけて争うようになる。

細川勝元（龍安寺所蔵）

山名宗全（『本朝百人武将傳』国立国会図書館デジタルコレクション）

勝元は永年の盟友であり、山名氏の宿敵でもある赤松氏の再興を援助し、斯波氏で起きた家督争いにおいては、斯波義敏《よしとし》（？～一五〇八）を支持した。これに対し宗全は、斯波義廉《よしかど》（生没年未詳）を支持。伊予国で細川氏と対立する河野氏（源平合戦以来の名門。念仏踊りで知られる一遍の生家でもある）と結び、対外貿易に力のある大内氏とも連携した。

両者の対立が一層深まったのは、畠山氏との交渉であった。両者は初め一致して畠山政長を支援した。そのため畠山義就は帯びていた守護職（山城・河内・紀伊・越中）をすべて剝奪され、幕府を追放される。勢いに乗った政長は義就の討伐を図ったが、孤立無援の義就は三年を独力で戦い抜いた。宗全は彼の軍事的手腕を大いに評価し、義就支持に転向する。

一四六六（文正元）年、八代将軍足利義政（一四三六～九〇）の側近、伊勢貞親《いせさだちか》と季瓊真蘂《きけいしんずい》（禅僧）は義政の実子、生まれたばかりの義尚《よしひさ》（一四六五～八九）を次代の将軍にするために、一時は正式に後継者と定められていた足利義視《よしみ》（義政の弟。一四三九～九一）の暗殺を企てた。

有力守護は一致してこれに反対し、領国の軍勢を京に呼び寄せた。貞親と季瓊の企ては頓挫し、二人は近江に逃亡、同時に辛うじて余命を保っていた義政の政権は破綻した。京都には守護たちの軍勢が居座り、勝元派と宗全派に分かれ、睨《にら》み合いを続けた。

応仁の大乱

一四六七（応仁元）年正月、戦闘の火蓋が切られた。

勝元率いる東軍は、細川一族・畠山政長・斯波義敏・赤松政則《まさのり》（細川氏の盟友）・京極持清《もちきよ》（先述したように、この家も細川氏と親交がある）・富樫政親《とがしまさちか》・武田信賢《のぶかた》ら。宗全率いる西軍は、山名一族・畠山義就・斯波義廉・六角高頼《たかより》（近江国をめぐって京極とライバル）・一色義直《よしなお》・河野通春《みちはる》（伊予国をめぐって細川とライバル）・土岐成頼《しげより》・大内政《まさ》弘《ひろ》らであった。

畠山氏と斯波氏がそれぞれの軍に分かれるのは当然として、これを除外して他のメンバーを見ると、興味深いことが指摘できる。かつて足利義満は細川頼之の補佐を得て、有力守護を討伐し、室町幕府の権力の高揚を実現した。討たれたのは土岐氏（一三九〇年）・山名氏（明徳の乱、一三九一年）・大内氏（応永の乱、一三九九年）。

すると、応仁の乱での対立は「細川氏とその友軍 vs. 一たびは幕府と戦って敗れた勢力」という根本的な構図が浮かび上がってくる。七〇年前の戦いが繰り返されているのだ。

東軍一六万、西軍一一万という兵力は誇張されたものであろう。ただ、畠山義就の軍勢は騎兵三五〇、歩兵二〇〇〇であったというから、合計すれば数万の軍勢が京都を舞台として激突したことは間違いがない。戦闘は初め東軍が有利であったが、大内軍が海路東上すると西軍が盛り返し、膠着《こうちゃく》状態になった。

七三（文明五）年三月、山名宗全が急死した。同五月、細川勝元が四四歳の若さで没した。両軍の総師がともにいなくなり、厭戦《えんせん》気分がみなぎっても、戦いはなお終息しなかった。両軍を調停すべき足利将軍家と幕府は、能力の無さを満天下にさらした。七七（文明九）年、土岐成頼が足利義視を伴って美濃に下り、最大の戦力を有する大内政弘も和睦を申し入れて帰国した。これをもって応仁の乱はとりあえず終了した。

細川勝元は没するときに「私には聡明丸がいる。彼がいれば我が家は安泰だ」といったという。それほどに将来を嘱望されていたのが当時八歳の聡明丸、五年後の細川政元であった。

明応の政変と権威の崩壊

病弱だった九代将軍足利義尚には二人の養子がいた。足利義視の子の義稙《よしたね》（義材《よしき》・

義尹《よしただ》とも。一四六六～一五二三）、それに義政・義視の庶兄であり堀越公方（新しい鎌倉公方に起用され関東に下ったが、敵対勢力が多く鎌倉に入れず、伊豆堀越に居を構えたのでこの名がある）と呼ばれた足利政知《まさとも》（一四三五～九一）の子の清晃《せいこう》（後の義澄《よしずみ》）である。

【足利氏系図】

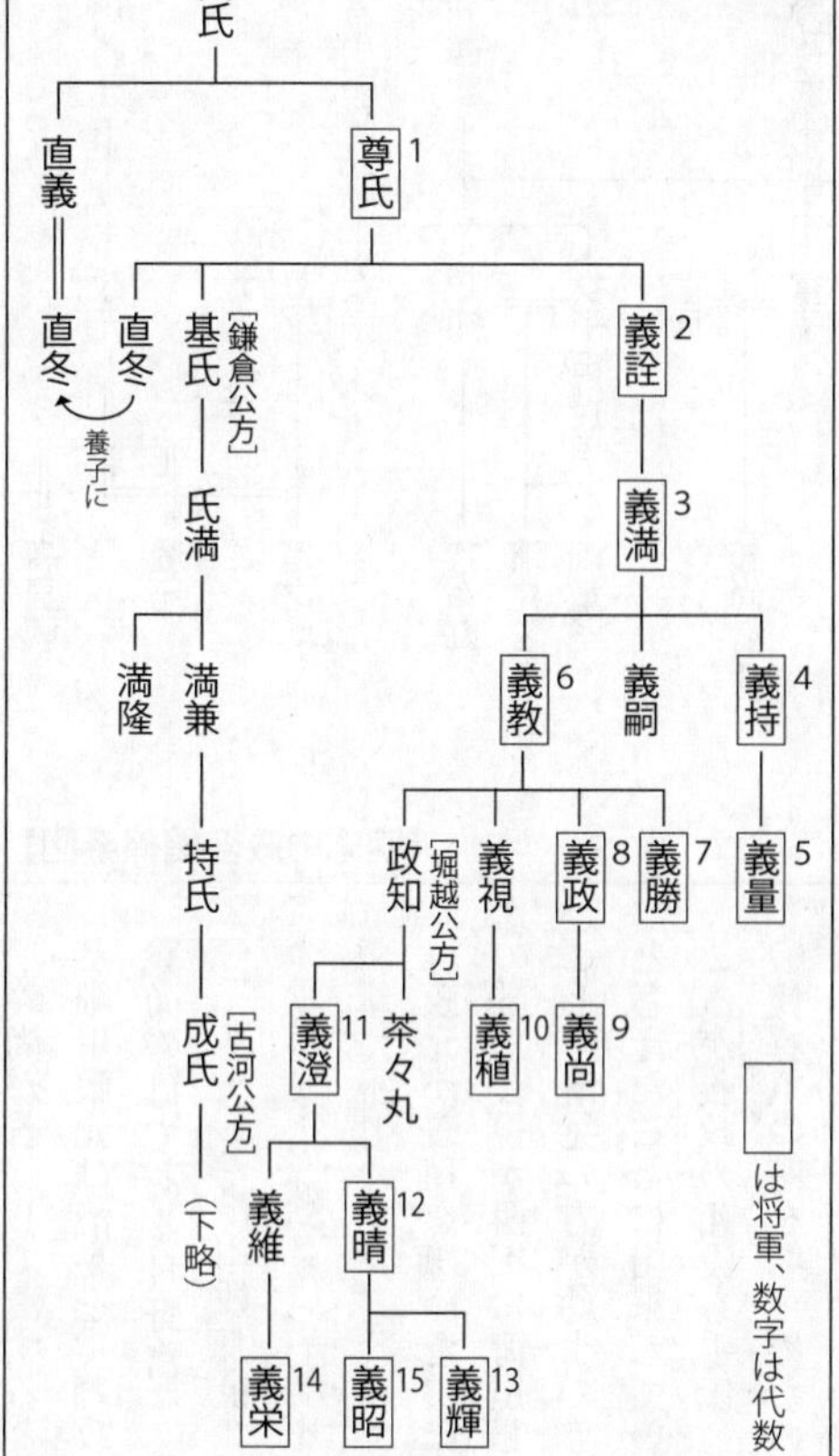

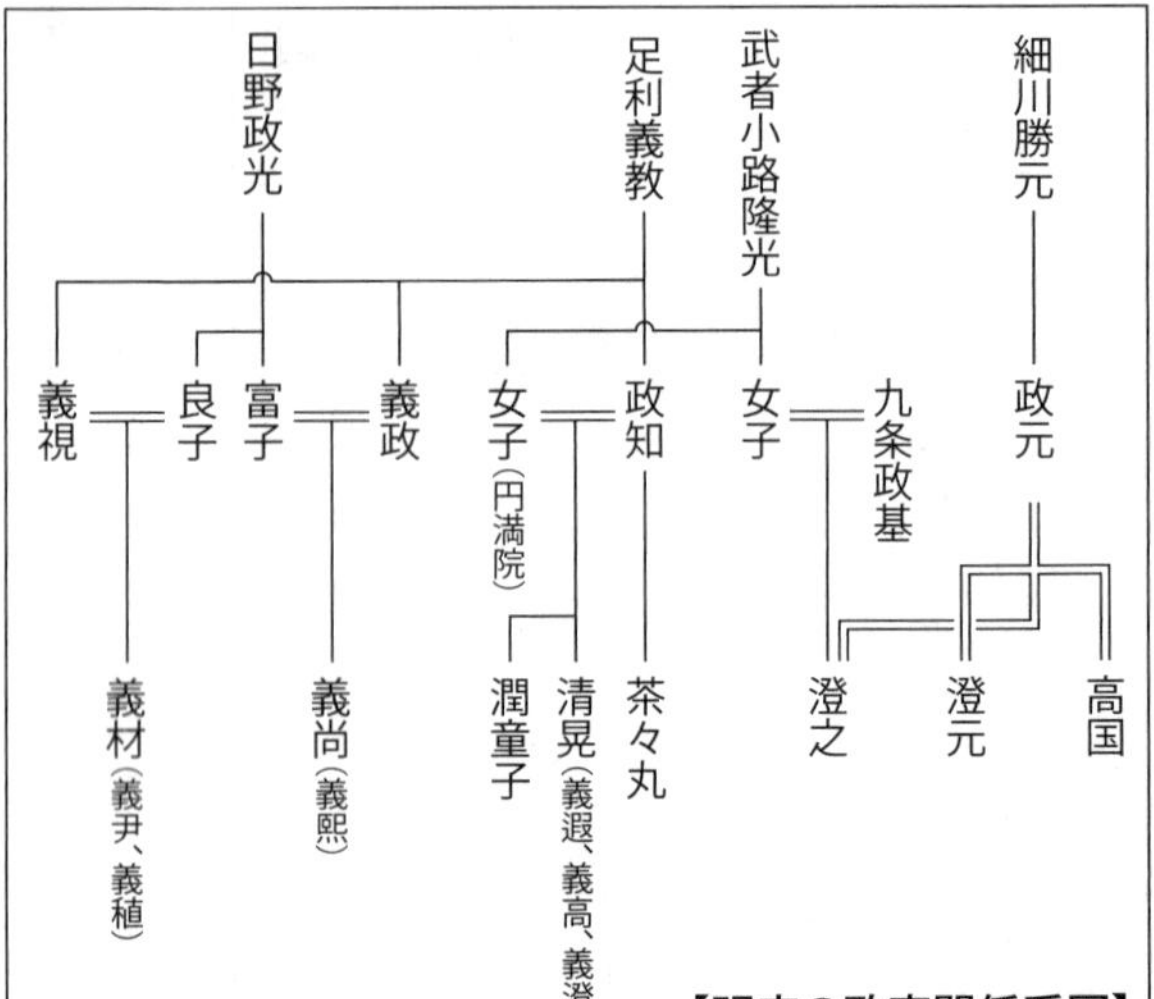

【明応の政変関係系図】

義尚が若くして没すると、義政と細川政元は清晃を、義政の妻で義尚の母である日野富子《とみこ》（一四四〇～九六）と畠山政長は義稙（彼の母は富子の妹であった）を次代の将軍に推した。

政元が義稙を嫌ったのは、応仁の乱で義視が西軍に荷担していたこと、清晃の方が幼少で与《くみ》し易しと考えたことに由来していた。ところが義政の死没も手伝って、一〇代将軍の座を射止めたのは義稙の方であった。義稙は政長を重用した。

一四九三（明応二）年、政元は水面下で慎重に用意を調え、突如として清晃を将軍の座につけた。一一代将軍の義澄《よしずみ》（義遐《よしとう》・義高《よしたか》とも。一四八〇～一五一一）である。足利義稙と畠山政長は、病没した畠山義就の遺子、義豊《よしとよ》を討伐するために河内に出陣していた。守護大名たちは政元を支持し、義稙と政長は孤立した。やがて政元は安富元家《やすとみもといえ》（讃岐守護代）・上原元秀《うえはらもとひで》（丹波守護代）率いる大軍を河内に差し向け、政長を自害に追い込み、義稙を捕縛した。これを明応の政変という。

政元のクーデターによって、足利将軍家の権威は地に落ちた。六代将軍の義教は暗殺されたが、将軍を殺害した赤松氏も滅ぼされた。だが、政元は討伐されるどころか、幕府の実権を掌握したのである。

これ以降、将軍は有力者に奉じられるだけの傀儡《かいらい》となった。もちろん守護大名たちは、そうした将軍に依存する愚かさをよく理解しており、先述したように、戦国大名へと転化していく。政元もまた、京都を拠点として戦国大名への歩みを始めていくのである。

日本史における権威とは

さて、少し視点を変える。日本史に学んだとき、権威とはどういうものと考えることができるだろうか。事例は豊富にあって考察の材料には困らないのだが、それはそれで逆に定義が難しい。とりあえず、試みに。「日本史における権威とは、自らの意志で屹立《きつりつ》し、服従もしくは譲歩を要求する、代替不可能な存在である」と、こんな感じでいかがだろうか。たとえば承久の乱までの天皇家。三代の源氏将軍家。北条得宗家。中途までの足利将軍家。織豊政権と徳川将軍家。これらは余人をもって代え難い故に権威であった。

権威を完全に否定するためには、それは代わりがないのだから、滅し去らねばならない。源実朝が暗殺されたのも、北条一族が族滅の運命を辿《たど》ったのもこの故である。織田信長も豊臣秀頼も炎の中に滅びていった。例外は徳川慶喜《よしのぶ》だが、大政奉還後の徳川氏は諸侯の筆頭になったのであり、権威の座から自ら降りたのだ、となんとか強弁することができる。

一方で、権威のいったんの延命もしくは残滓《ざんし》の存在が許容されるときは、代わりが用意される。それまで権威として君臨していたものは辛うじて生存を許され、放逐される。隠岐島に流された後鳥羽上皇がこれである。明応の政変で捕らえられ、後に流浪を余儀なくされた足利義稙もこれにあたる。将軍とは名ばかりの存在となった足利義昭《よしあき》（一五三七〜九七）などは、おそらくは殺す価値すら認められなかったが故に、生かされた。

この考え方からすれば、承久の乱の後、皇位の継承に関して幕府の干渉を受けた天皇家は、もはや「完全な権威」とは言い難い。ただし、それはあまりに長い伝統を身にまとっていたが故に、「完全な権威」への復活の可能性を内包していたのだろうけれど。

天皇や将軍の衰微

足利義昭を例に出したが、戦国時代の天皇家、将軍家は、まさしく権威の残滓と呼ぶにふさわしい。利用しようと思えばさまざまな使い方が可能であり、織田信長も豊臣秀吉も巧みにこれを活用した。ただしそれは、決して自ら立つことはない。あたかも月の如き存在であり、他者の光を反射して輝きを演出しているにすぎない。

研究者の中には、天皇とか将軍とかの名称をことのほか重視する方がいる。天皇なんだから伝統的な権威を有していただろう、将軍なのだから偉いに違いない、と発想するのである。まことに愚かである。たしかに時間が経過するにつれ、そうした特殊な立場には、可視・不可視を問わず相応のパワーが付加されていく。そうした運動を無視することはできない。

しかし、やはり基本は実態である、と私は考える。盛時の天皇と戦国時代に衰微した天皇では、政治的にも経済的にも、文化・宗教においてさえ、果たし得る役割はまったく異なる。将軍・幕府もその通りであり、明応の政変以降のそれは弱体化し、せいぜいが一地方政権であった。その意味で、足利義維《よしつな》（一二代将軍の足利義晴《よしはる》の兄弟。一五〇九〜七三）が堺を中心に勢力を築いたことを重視して「堺幕府」を提唱する説もあるが、幕府の名に固執する点について、私は無意味であると思っている。

政元の構想と破綻

足利義澄の生母は公家の武者小路隆光《むしゃのこうじたかみつ》の娘であり、彼女にはもう一人、潤童子《じゅんどうじ》という男子がいた。政元はこれを次代の鎌倉公方に据えて、「京都―鎌倉」の連携を密なるものにしようと計画していた。さらに、彼女の姉妹と前関白九条政基《まさもと》との間に生まれた子を自らの養嗣子として澄之《すみゆき》を名乗らせ、将軍と管領の結合を深めようとしていた。この構想が実現すると、京都の将軍と鎌倉公方は兄弟、将軍・鎌倉公方と管領は母方の従兄弟になるはずであった。

ところが潤童子の父である足利政知が一四九一（延徳三）年に没すると、政知の長子の茶々丸が潤童子とその母を殺害してしまい、構想の一角が崩れた。

政元がクーデターを実行するのは二年後であるが、それに呼応して伊勢盛時《もりとき》が茶々丸を攻撃し、伊豆堀越《ほりごえ》の地を占拠した。盛時は政元派である幕府政所執事の伊勢貞宗《さだむね》の従兄弟（貞宗の父の貞親と盛時の母が兄弟姉妹）で、堀越に隣接する北条を領していたため、彼の子の氏綱《うじつな》は姓として北条を名乗った。

そう、伊勢盛時こそは、北条早雲《そううん》（一四三二～一五一九）として広く知られる人物なのである。明応の政変は戦国大名の典型ともいうべき早雲の登場と、深く関わっていた。

権威が役に立たず、実力こそがものを言う。他ならぬ政元が満天下に示したかかる命題は、当の細川家にも大きな波紋を生ぜしめた。これまでは他家に例のない、それ故に家の発展に大きく寄与していた、一枚岩の如き結束を誇っていた細川家中。彼らは下克上の風にさらされ、ついに激しい権力闘争を開始するに至ったのである。

政元は修験道に深く傾倒し、実践に努めた。「いつも魔法（飯綱《いづな》の法や愛宕《あたご》の法）を使って、近国・他国を動揺させたり、津々浦々をうろつき回ったりしていた」。また「空に飛び上がったり、空中に立ち止まったり」していた（『足利季世記』）というから尋常ではない。女人禁制の教えを厳守し、性的な相手は専ら美童であったから、当然実子ができるはずもない。

そこで摂津守護代の薬師寺《やくしじ》元一《もとかず》は、有力な一族の阿波細川氏から新たな養子、澄元《すみもと》

(一四八九〜一五二〇)を迎えることを提案し、公家出身の澄之に代えることを目論んだ。澄元擁立の計画を急いだ元一は、軍事活動で多大な功績を挙げていた赤沢朝経《あかざわともつね》を味方につけて一五〇四(永正元)年に挙兵、政元への反逆に踏み切った。だが、この企ては大方の支持を得られず、朝経は許されたが、元一は自刃に追い込まれた。

この元一、なかなか人を食った男で、かつて自分が建立した一元院という寺で最期の時を迎えると、「皆さんご存じのように、私は一文字が大好きで、諱は元一、通称は与一《よいち》、この寺も一元院と名付けました。ですから腹も一文字に切るのがいいでしょう」と言って、切腹して果てた。辞世の句が残されていて、

冥土にはよき若衆のありければ　思い立ちぬる旅衣かな

彼もまた、若衆をこよなく愛していたのであった。

秩序なき戦い

やがて阿波国から澄元が三好之長《ゆきなが》(有名な三好長慶《ながよし》の曾祖父)と共に上洛すると、澄之派の香西元長《こうざいもとなが》(山城守護代)・薬師寺長忠《ながただ》(元一の弟、摂津守護代)は、澄元派の之長

や赤沢朝経らと鋭く対立するようになった。彼らは地元の武士である国人を取り込んで軍事力を組織し、自派の勢力の伸張のために戦ったのである。

一五〇七（永正四）年六月、京都の自邸でくつろいでいた政元は、元長の放った刺客、竹田孫七《たけだまごしち》という者の手にかかって、あっさり暗殺された。澄之と元長は澄元邸を急襲し、澄元・三好之長を近江に敗走させた。丹後出陣中に急を聞きつけ、帰京しようとした赤沢朝経は、澄之と結んでいた丹後守護の一色氏の攻撃を受けて戦死した。澄之の企みは成功したかに思えたが、細川一族の高国《たかくに》（一四八四～一五三一）が兵を集めて京都に攻め上る。彼に続いて細川一族は次々に反澄之の旗幟《きし》を鮮明にし、澄之・元長・長忠は京都での戦いに敗北して戦死し、澄之派の勢力は一掃されたのである。

この後、戦いは「澄元・三好之長の四国勢 vs. 高国ら畿内勢」の様相を呈し、澄元・之長・高国がみな滅びてもなお、存亡を賭けた凄惨な争いが延々と続いていく。

畿内の戦乱に一定の結末が見えてくるのは、織田信長の登場を待たねばならない。この意味で、細川政元は畿内の秩序なき戦いを開始した人物であり、織田信長はそれを収束した人物だったとまとめることができる。

第八章

織田信長

【圧倒的な合理性】

織田信長
（長興寺［豊田市］所蔵、
写真協力 豊田市郷土資料館）

織田信長略伝　［一五三四・五・一二〜八二・六・二］

尾張国の過半を掌握していた織田信秀《のぶひで》の嫡子として生まれる。幼名吉法師《きっぽうし》。子どもの頃から当時の人々の常識を逸脱する行動をとったため、当初は「うつけ」と評されたという。

一五四六年に元服。五二年頃といわれる父の没後に家督を継承し、本家である清洲・岩倉両織田家を滅ぼして尾張を統一。六〇年に桶狭間の戦いで今川義元《よしもと》を討ち取る。六七年に斎藤龍興《たつおき》を降《くだ》して、美濃を占領。本拠を岐阜に移す。翌年、足利義昭を奉じて上洛し、これを将軍位につける。こののち近江浅井氏、越前朝倉氏、比叡山延暦寺、甲斐武田氏、一向一揆などと各地で戦う。七一年、延暦寺の焼き討ちを敢行し、平安時代以来の堂塔・寺宝を破壊。このとき同寺に伝来した他を圧する膨大な文書も焼失したと思われ、後の中世史家は残念だ残念だといいながら、勉強する量が減ったことに内心ほっとしているともいう。

七三年に朝倉・浅井氏を立て続けに滅ぼす。信長を打倒すべく、全国に文書を発給して「反信長包囲網」なるものを形成していたつもりの将軍義昭はこの事態に動転して挙兵するも、鎧袖一触《がいしゅういっしょく》、打ち破られて畿内を追放され、室町幕府は滅びた。中世人が長らく信じてきた文書の魔力が、生きた武力の前にもろくも敗北した事件であった。もっとも「反信長包囲網」だの文書の魔力だのについては、いまだに妄信している研究者もいる。

七五年、長篠の戦いで鉄砲を効果的に用い、武田勝頼《かつより》に勝利する。ただし「鉄砲の三段撃ち」といわれる戦術は実際にやってみるとうまく機能しないそうで、フィクションである可能性が高い。七六年、安土城を築いて居城とする。同城にそびえる天主閣はこれより後の城郭建築の模範となった。八〇年、石山本願寺を降して畿内を統一。八二年、武田氏を滅ぼす。同年、中国・四国地方の平定のために京都に入り本能寺に滞在するうちに、自ら登用した明智《あけち》光秀《みつひで》に襲撃され自害する。

上洛とはなんだろう

織田信長は日本史を代表する著名人である。小説やテレビドラマでも頻繁に取り上げられ、私などよりも彼の動向に詳しい方が数多くいらっしゃるはずである。そこでここでは信長の足跡の一々を追うことはやめようと思う。

そうではなくて、歴史研究者や小説家が作り上げた戦国時代理解の常識を再考することにより、織田信長という人物の位相を明らかにしていきたい。まずは「戦国大名は競って上洛し、天下の覇権を握ろうとした」という著名な命題について、もう一度ゆっくり考えることから始めよう。

上洛とはなんだろう。もちろん京都に上ることであるが、もう少し厳密に定義するとどうなるだろうか。

越後の上杉謙信《けんしん》(一五三〇~七八)は手兵を率いて京に上り、後奈良《ごなら》天皇や一三代将軍足利義輝《よしてる》(一五三六~六五)に拝謁している。けれどもそれは、彼が政治権力を掌握したことと同義ではない。大内義興《よしおき》(一四七七~一五二八)は大軍を率いて京に滞在し、畿内に影響力を及ぼしたが、将軍足利氏が中心となる幕府の体制を変えることなく、やがて国に帰ってしまった。

これらの例を参照してみると、ここでいう上洛とは、ただ単に軍勢を整えて京都に上ることではなく、京都を自分の領国に組み込むことを意味しているのだ。

試みに地図帳を開いてみてほしい。尾張国は面積こそ狭小なものの、そのほとんどは肥沃な平野である。それゆえに同国の生産力は高く、石高《こくだか》は全国でも五指のうちに数えられるほど(陸奥・武蔵・近江に次ぐ)であった。加えて隣国の美濃も豊かな国であり、斎藤氏を滅ぼして同国を手中にした信長は、三万人を超える兵力を養うことが可能になった。

東方の徳川家康と協調関係を築くのに成功していたこともあって、岐阜城を新たな本拠とした信長の関心はそのまま北西に向かった。米原付近に勢力をもつ浅井長政と婚姻を通じて同盟した。その上で大軍を催して古く鎌倉時代の初めから琵琶湖の南を支配する六角氏と戦いこれを駆逐、一五六八（永禄一一）年に入京した。岐阜から京までは、曲がりなりにも彼の領地となったのである。

尾張の織田信長の名が一躍有名になったのは、いうまでもなく桶狭間での戦勝によってであった。今川義元は大軍を率いていながらあえなく討ち死にを遂げたのであるが、このときの彼の軍事行動も、上洛を目的としたものと大方には認識されている。けれども、上洛の意味を右のように捉えると、この理解には無理が生じざるを得ない。仮に首尾よく織田氏を滅ぼしたとしても、いまだ義元の前には堅城稲葉山（後の岐阜城）に拠る美濃の斎藤氏が立ちはだかっているのであるし、近江国への対応も手つかずである。一挙に京都に進むことなど、できるわけはなかったのだ。一五六〇（永禄三）年の今川氏西進の目的は、生産力の高い濃尾平野に版図を広げることに他ならなかった。そう考えるべきなのである。

伝統的権威との関わり

信長に名をなさしめた今川義元はさておいて、本題に戻ろう。

では、なぜ上洛するのだろうか。京都を手に入れようとするのか。この疑問に対しての言い習わされた応答として、次のようなものがある。高校教科書などの記述にも「京都に上って朝廷や幕府の権威を借りて、全国に号令しようと意図する者が多かった」等とあるように、「天下をわがものにするにあたり、朝廷・幕府の伝統的権威を利用するため」である。

ただ、この説明では、元から京都にいた勢力の位置づけが困難になる。たとえば細川高国《たかくに》（一四八四～一五三一）である。彼は細川政元暗殺後の混乱を勝ち残り、二〇年にわたってなんとか政局を維持していた。

高国を滅ぼした三好元長《もとなが》の子、有名な三好長慶《ながよし》（一五二三～六四）はどうだろうか。彼も京にあって将軍を思うままに操っていた。

戦国と称せられる時代に、京都周辺が政治的な空白地帯であったことはない。常にそれなりの実力者は存在した。けれども彼らは、決して全国政権への歩みを示してはいない。全国へ号令する意思すらも示してはいない。

朝廷は衰微の極にあった。後土御門《ごつちみかど》天皇（一四四二～一五〇〇）が亡くなったとき、朝廷は葬儀費用を用意できず、天皇の亡骸《なきがら》は痛ましいことに四三日間も放置されていた。次の後柏原《ごかしわばら》天皇（一四六四〜一五二六）・後奈良天皇（一四九六〜一五五七）は、これも経済的な理由から、皇位継承の証である大嘗祭《だいじょうさい》を行うことができなかった。

足利将軍家は分裂していた。政争が起こるたびに一方の将軍は京都を追われ、流浪を余儀なくされた。一〇代将軍足利義稙（一四六六〜一五二三）は阿波国で没した。一一代義澄（一四八〇〜一五一一）と一二代義晴（一五一一〜五〇）は近江国で没した。義晴の兄弟の義維《よしつな》（一五〇九〜七三）は京の義晴と争い、堺に幕府を模した勢力を築いた。一三代義輝（一五三六〜六五）は京都で没しているが、松永久秀による弑殺《しいさつ》であった。

三好長慶
（東京大学史料編纂所所蔵肖像画模本）

小難しい理屈はこの際どうでもいい。ごく単純に思いを巡らしてみよう。時は実力こそがものをいう下克上のただ中である。さてそこで、右のように限定的な天皇家・将軍家の力――それが現実的なものではなく象徴的な権威であるにせよ――を借りたからといって、それだけで天下の実権を握れるものだろうか？

世の注目を集めなくなって久しい天皇・将軍を担いだからといって、人々は歴史を思い出し、平伏してくれるのだろうか？

私は思うのだ。世の中そんなに甘いわけがないではないか。

下克上社会の到来

そもそも戦国大名とはなんだろうか。

細川政元の章でまとめたことを、憶えておられるだろうか。室町幕府が衰えるにつれ、守護大名は将軍・幕府の有形無形の援助をあてにできなくなっていく。そのもっとも端的な例が、前後一〇年にもわたる応仁の大乱（一四六七～七七）であった。大軍の激突で京は焼け野原になったが、将軍も天皇もこれを停めることができなかった。西軍の総帥は山名宗全（一四〇四～七三）であったが、彼は「例、ではなく、時」を行動の指針にせよと主張する人物であった。「伝統なんていったって、ダメですよ。いま、です。大事なのは今この時なんですよ」。そういう人だったのだ。

伝統や権威はあてにならない。何事も自分の力で行わねばならない。こうした風潮を体現しているのは、なにも守護大名に限ったことではなかった。

たとえば一四七一（文明三）年、まさに応仁の乱が戦われているころ、備中国にある新見庄《にいみのしょう》の庄官、金子衡氏《かねこひらうじ》なる人物は次のように言い切っている。「いまの時分は田舎も京も腕をもちてこそ、所をも身をも、もち候時分に候」。田舎も京も同じです。地方の下級役人自分の腕、実力によってこそ、土地も地位も守れるというものです。までがこうした意識を共有していたのだ。

出自は卑賤であっても、現実的な力を蓄えれば、伝統を身にまとう上流者を打倒しても構わない。世間はそれを許してくれる。下が上に勝つ、「下克上」の社会が到来

今川義元（芳年画「桶狭間合戦稲川義元朝臣陳歿之図」静岡県立中央図書館所蔵）

したのである。応仁の乱がなし崩しに終結すると、大名たちは将軍や京をきっぱりと捨て去り、領国へ帰っていった。自らの力量で領国を経営する。地方の時代が始まり、ここに戦国大名が生まれるのである。

先にふれた今川義元（一五一九～六〇）は不慮の死こそ遂げたけれども、優秀な戦国大名であった。彼は領国を治めるために『今川仮名目録』という法を整備し、次のように説いた。「只今はおしなべて、自分の力量をもって、国の法度《はっと》を申し付け、静《せい》謐《ひつ》することとなれば、守護の手はいるまじき事、かってあるべからず」。今の世にわが今川家は、誰の助けを受けることもなく、自分の力量を頼りに、領国の法を制定し維持し、みなの生活を穏やかに守っている。だからわが今川家の威勢がおよばないことが、領国内にあってはならない――。ここで義元は、将軍や他の権威からの自立を高らかに宣言している。

もう一度、従来の通説を記す。戦国大名には「京都に上って朝廷や幕府の権威を借りて、全国に号令しようと意図する者が多かった」。

いや、それは絶対におかしい。戦国大名とは自らの器量をもって自立する存在ではないか。その彼らが再び、将軍や天皇などの伝統的権威を希求し、すがりついていく。こうした歴史理解は、私には矛盾であるとしか思えない。

「天下の覇権を握るために上洛する」、もう少し極端に言い換えると「天下の覇権を握るためには、どうしても上洛しなくてはならない」。かかる歴史認識はまったくの誤りである、と私は考えてみたいのだ。

京都の重要性

天皇や将軍の伝統的な威光が、何らの意味をもたなかったと言うつもりはもちろんない。そこまで極端なことを言おうとは思わない。なぜなら、他の戦国大名にせよ、使えるものはなんでも使ったであろうから。

権威については細川政元の章に述べたが、京の天皇や将軍の「権威の残滓《ざんし》」は、それなりに効果を見込める要素ではあった。けれども、それはあくまでも版図を拡大するための有効な手段の一つであって、上洛にさえ成功すれば自ずと天下制覇の道筋が見えてくる、といったオールマイティーな性格のものではなかったのだ。

織田信長の本拠は岐阜であり、安土であった。彼の後継者である豊臣秀吉も、天下を統一した後ですら大坂と伏見に築城し、居住した。格別京都だけにこだわっていたわけではない。この史実から単純に考えても、京都が政治的に卓絶した存在であった、上洛と天下制覇が同義語あるいは類義語であったとは、どうしても思えないのである。

的容易である。

ではなぜ京都なのか。当然そう問われるであろうが、この疑問に答えることは比較

一つには右に述べたように、伝統的権威は有名無実であっても、残滓としての政治的価値があった。これは認めてよいだろう。また、文化の発信地であったことも見逃せない。武士の主導による北山・東山文化は有名であるが、京都の町人はその流れを受けて、「天文文化《てんぶんぶんか》」とも呼べる庶民の文化を花開かせていた。文化の話はあとで触れるが、それは一方で海外からもたらされる華やかな「唐物《からもの》」を愛好しながら、もう一方で枯淡の美を示す「和物《わもの》」の価値の再発見を試みるものであった。連歌や能や茶の湯は一般の人々の日常に浸透していった。特別にあらたまった「よそ行き」の文化ではなく、生活に根ざした文化のありようを当時の京都は提示していたのである。

加えて、私は次のことに注目したい。それは京都が他とは比べものにならないほどに重要な、商業都市だったことである。はるか平安時代の古くから、貴族や大寺社からなる荘園領主の大半は京都に居住していたから、全国各地と京都を結ぶ物資の流通ルートは時を経て網の目のように整備されていった。しかも京都は最大の人口を擁する一大消費地でもあり、まさに経済の中心に位置していた。それゆえにこそ、かつて室町幕府は都市京都に大きく依存する存在形態をとったのであり（前章「細川政元」

を参照)、信長にとってもこれを掌握することは非常に有益であった。

信長は足利義昭(一五三七〜九七)を奉じて入京し、彼を形ばかりの将軍職に就けたとき、副将軍への就任を要請された。ところが彼はこれを固辞し、京・大津・堺に奉行を置くことのみを求めた。大津は琵琶湖を利用した物資の流通を制御する経済拠点であった。海外に開かれた貿易都市である堺の繁栄は、ことさらに述べ立てる必要もないほどである。大津・堺とともに京都も、まずは経済流通の中心として信長の目に映っていたのではないだろうか。

足利義昭
(東京大学史料編纂所所蔵肖像画模本)

先に述べたように、今川義元の西上作戦は上洛戦ではあり得ない。上杉謙信は死の直前に領国内に大々的な動員令を出していたが、対象地は京都ではなく、関東であったらしい。一五七二(元亀三)年の武田信玄(一五二一〜七三)の出兵の目的も上洛ではないかもしれない。そうなると上洛を試みた事例は、信長だけなのだ。比叡山と呼応していた浅井・朝倉の軍勢が京都を襲ったことはなかった。石山(大坂)を本拠とする本願寺勢力も、さして遠くない京都に執着していた様子は見られない。

天下を望む

戦国大名が上洛を望んでいた、とする通説が誤りであるならば、さらに踏み込んで考えてみよう。戦国大名は本当に天下の覇権を望んでいたのだろうか。

上杉謙信が関東管領《かんとうかんれい》という地位に非常なこだわりを示し、常に関東に目を向けていたことはよく知られている。謙信の侵攻を迎え撃つ立場の北条氏も関東に執着し、上方の政権にはできる限り無関係でいようとしていた。下克上を代表する斎藤道三（?～一五五六）が国外に出兵したのは、北ではなく、南の尾張であった。毛利氏も中国地方を平定することで満足していた。九州では大友・龍造寺《りゅうぞうじ》・島津氏。四国では長曾《ちょうそ》我部《かべ》氏。彼らも地域の安定を図ることで手一杯であり、大友氏が毛利氏と戦火を交えている他は、本州に関わりすら有していない。

こうした一つ一つの実例を確かめていくと、「全国に号令しようと意図する者が多かった」などとは軽々に言えないのである。

戦国大名は自分の領国の経営こそに心血を注いでいた。戦国大名の目的は、彼らが自らの才覚で形成した領国、すなわち自分の国の保全であった。国を守るため、国を富ませるため、たしかに彼らは合戦をし、勢力圏を拡大していった。この運動を突き詰めていけばいつかは天下の統一に帰結していくが、それは強く確固たる意思のもとに、能動的に天下を望むこととは大きく隔たっている。

ここまでの理解をふまえてみたときに、一人の戦国大名がひときわ鮮烈な光芒を放って再認識を迫ってくる。いうまでもなくそれこそが織田信長である。信長は戦国大名による個々の領国という枠組みを超えて、日本全国を見据えた。いくつもの国が並び立つありようを否定し、日本は大きく一つにまとまるべきだと考えた。統一国家としての日本を想定し、その実現に向けて行動した希有の人物であったのだ。

図5は信長の花押である。日本中世史の大御所佐藤進一先生は、この花押を見たときに直ちに勝海舟の花押との類似を感じられたという。海舟勝安芳《やすよし》の通称は麟太郎《りんたろう》。図6に掲げた彼の花押は、「麟」の字をくずし、デフォルメしたもの。すると、信長の花押も、基本になっているのは中国の霊獣「麒麟《きりん》」の麟の字ということになる。

一五六五（永禄八）年、一三代将軍足利義輝は松永久秀や三好の一党のために殺害された。松永らは新たな傀儡《かいらい》将軍を準備せず、室町幕府は事実上崩壊した。信長が麟の花押を使用し始めたのは、まさにこの時だったのである。当時、彼は美濃斎藤氏の攻略を目指しており、本拠を清洲城から、美濃に近い小牧城に移していた。

図５　織田信長の花押

図６　勝海舟の花押

（「麟」の草体）

図７　竹中重治の花押

（千年）　（おゝ）　（とり）

点線部分は未考

（佐藤進一著『花押を読む』より転載）

図7は秀吉の謀臣として名高い竹中重治《たけなかしげはる》の花押で、「千年おおとり」と読める。想像上の動物である鳳凰《ほうおう》があらわれ、千年の平和がもたらされることを願ったものとされている。

当時はこのように、自己の理想を花押や印判に用いることがあった。おそらくは信長も同様であったろう。京都での政権が瓦解した様を見た彼は、泰平の世に出現するという麒麟を花押とした。全国をまとめあげ、戦乱のない世を創造しよう。信長は少なくともこの時に、すでに天下統一を夢見ていたのだ。時に彼は三二歳であった。

真の革新

二年後、美濃を制圧すると、信長は稲葉山を岐阜と改名して本拠とした。岐阜の阜とは丘陵、小山のことで、中国大陸の古代王朝である周の創始者である文王の居所、岐山にならったといわれている。もっとも、岐阜の名称は信長以前から雅称として用いられてもいたようであるが、公式に唱えられたのは信長の居城となってからであり、ここにも彼の意図を見ることができる。さらに有名なのはこの時から彼が使い始めた印判である。次ページの文書の印がそれで、「天下布武（天下に武を布く）」と書かれている。天下統一のこころざしを公然と内外に表明するのである。

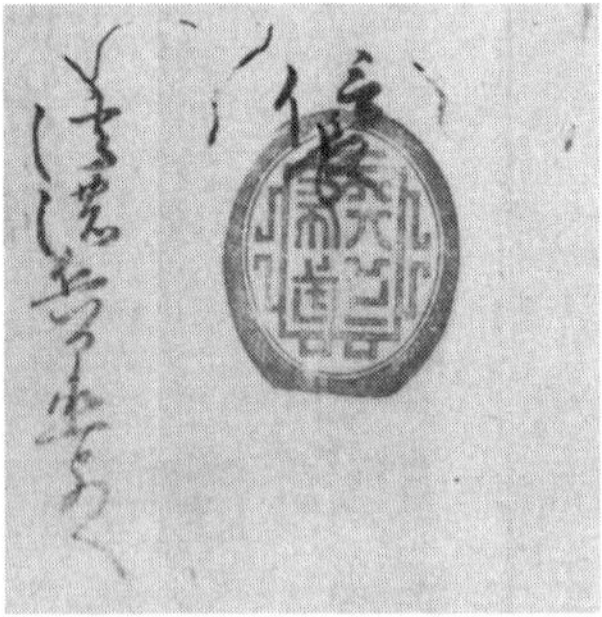

天下布武印（「織田信長朱印状」国立国会図書館デジタルコレクション）

　これ以後の信長は、まさに自らの武力を天下に示し、統一事業を推し進めていく。いや正確に言うならば、天下とは、それ以前から厳然と存在するものではなかった。はるか昔、源頼朝が「天下草創」を標榜したように、イメージとしては存在したけれども。戦国大名が自らの器量をもって「領国」を形成し、経営したのと同じように、信長ははるかに大きなスケールで「天下」の輪郭を鮮明にし、統治の対象としたのであった。それまでのいかなる為政者もなし得なかったこと、日本全国を均一に統治することを信長は目標に掲げた。この意味で、天下とは、信長が作り上げた概念であると言っても過言ではなかった。領国を越えて天下を見据えたこと、そこにこそ信長の真の革新性があったのである。

　大都市京都を掌握することも、将軍や天皇などの権威の残滓と交渉することも、天下を効率的に統一するための方法であった。天下を手中にするという目的に対する手段にすぎなかった。ところが、この方法が鮮やかな成功を収めたために、江戸時代の歴史家はうっかり解釈を誤った。結果にとらわれすぎて、手段と目的とを取り違えたのである。そのために「戦国大名は競って上洛し、天下の覇権を握ろうとした」という間違った命題が創作され、人口に膾炙《かいしゃ》し、現代にいたるまで拘束力をもったのだ。だけどそれは、ゲームの中だけでの話です。

神仏・伝統の否定

すみません。筆者が顔を出します。私は論文を書く際に、「怪《かい》・力《りき》・乱《らん》・神《しん》」をみだりに語らなかった孔子にならって、日常を超えた不可思議な力に言及しないことにしている。いうまでもなくその代表は神仏なのであるが、こうした要素を持ち出して叙述すると、どのようなことでも何となく説明できたような気分になってしまう。論理の陥穽《かんせい》をたやすく埋めてくれるので、研究者としての自分を甘やかす結果になる。それを恐れてのことである。

ただし、中世は神仏の時代、信仰の時代でもあって、私たちが慣れ親しんでいる合理的な解釈だけでは捕捉しきれない部分があることも確かである。中世人の心性は言葉にならない矛盾を内包しており、それを現代の学問的言語のみで類推しようとする私の方法は、時としてひどく傲慢なものであると、中世の人間を無知かつ蒙昧《もうまい》と見下したものであると批判を受ける。

そうした私だからこそなのだろうか、信長が示す行動は一般的にいわれる暴君の（小説では魔王とまで描写される）それ――すなわちきわめて気分的で恣意的なもの――ではなくて、すっきりと筋が通っている印象をもつ。

むろん子どもすらも容赦なく「なで切り」にするような残虐性には辟易《へきえき》するし、「多くの民草の屍《しかばね》は戦国時代が近世へと移行するために必要な代償であった」などと書く気には到底なれない。朝倉義景《よしかげ》と浅井久政《ひさまさ》・長政父子のドクロで酒杯を作る趣味にも吐き気を催す。

ただ客観的に見てみると、彼は近代的な合理性をいち早く身にまとった人物だったのではないだろうか、と思うのだ。

存在を実証できない神や仏、説明の困難な伝統や因習。信長はそうしたものを認めなかった。そう考えればさまざまなことが納得できる。若き日の「うつけ」の世評も、比叡山の焼き討ちも、身分にとらわれぬ才能の発掘も。

古代からの政治の主役であった朝廷は中国大陸における科挙のごとき制度を整えようとしなかったから、貴族社会は一般の人々に向けて完全に閉じられていた。戦国時代においても最高水準の教養を誇っていた貴族たちは、定められた年中行事を滞りなく遂行することにたいへんな情熱を傾けていた。殿舎の階段を上がるときに右足から踏み出すべきか、左足なのかが大まじめに議論されていたのである。

そうした彼らが一方のオピニオン・リーダーであったのが、中世という時代であった。そこでは個性的な才能は重んじられるはずがなく、神仏や悪霊、祈りや祟《たた》りの地位はきわめて高かった。それゆえに中世史を多少なりとも学んだ人ならば、神仏世界のシンボルである比叡山を焼くことがどれほどのインパクトをもつか容易に想像できる。

有能な人材の抜擢、という現代では当たり前にいわれることも、あの時代においてはどれほどあり得なかったことであろうか。信長の戦いを担い続けた羽柴秀吉も明智光秀も滝川一益《たきがわかずます》も、常態であれば決して歴史に登場できない人々であった。

むやみな攻撃はしない

合理性と並ぶもう一つの法則（?）を挙げるなら、信長は自分に逆らわない者をむやみに攻撃していない。容赦ない討伐の対象になるのは、あくまでも明確な敵対行動を示した存在に対してであった。彼の行動の基準は、思いのほか明瞭なのである。例外的に陰謀めいた手段がとられた事例としては、信長の次男信雄《のぶかつ》に家督を譲る条件で降伏しながら、後に謀殺された伊勢の大名北畠具教《とものり》（一五二八～七六）が想起されるくらいである。

しばしば彼は裏切りを嫌い、内通者を許さなかったなどともいわれるが、そんなことはできるわけがないのだ。これは戦国大名全般に言えることであるが、調略で敵方の、とくに勢力圏の境界に位置する領主が寝返ってくれるのを歓迎しなければ、版図の順調な拡大は望めない。会戦にしろ城攻めにしろ、合戦で勢力を広げるのは物資の急激な消耗を伴うから、あくまでも最後の手段と捉えられていた。

武田勝頼（一五四六～八二）を滅ぼしたケースを例にとると、織田家に通じた穴山《あなやま》信君《のぶきみ》も木曾《きそ》義昌《よしまさ》も、武田一門でありながら本領を安堵《あんど》されている。許されなかったのは勝頼を土壇場で裏切り、醜い進退を嫌われた小山田《おやまだ》信茂《のぶしげ》だけであった。

信長と天皇

信長が示すベクトルを確認したところで、いよいよ信長と天皇との問題を考えてみよう。天皇家と朝廷がこの動乱期を生き延びたことは誰も疑いようのない史実であるのだが、それはどういう様態であったのか。

近年、戦国時代に天皇が果たした役割を、積極的に評価する研究がなされている。

当時の正親町《おおぎまち》天皇（一五一七～九三）が信長と対等に交渉をし、政治的に大きな足跡を残したとする説まで登場している。

こうした理解に立てば、なぜあのような窮乏に追い込まれても天皇家が存続したのかを考える必要はまったくないわけで、気楽といえば気楽に違いない。なんといっても天皇家は、日本に冠たる権威だったのです。そういえばいいのであるから。

ただ、私にはそうした解釈は、普通いわれている命題をひっくり返してみせれば、専門家としてのアイデンティティーを主張できる、極端なことをいって読者をびっくりさせれば本が売れるというが如きの、あざとい試みのように思えてしまうのである。

正親町天皇
（東京大学史料編纂所所蔵肖像画模本）

巨大な政治権力を支えるものとしては、古今東西を問わず、官僚組織と軍事組織を挙げることができる。朝廷の官僚組織はおそらくは一五世紀前半、六代将軍足利義教の頃には壊滅していると私は理解している。

また朝廷固有の軍隊や警察権力が室町時代の到来とともにきれいさっぱりと消滅していることは、

誰しもが認めるところであろう。仮に幕府がそれを肩代わりしていると想定したとしても、将軍の親衛軍たる奉公衆の活動は応仁の乱の時点ではすでに停止しているし、守護大名たちの軍事力はこの乱を境に領国に下向していて、あてにすることができなかった。

要するに、戦国時代の天皇と朝廷は、もはや統治のための政策を決定することができなかったし、たとえ何かを思いついたとしても、それを強制する現実的な力を何ももっていなかった。

天皇と朝廷にわずかに残されたのは現実的ならざる力、伝統と古代以来の祭祀権、ともに合理的な説明が不可能なものだけであった。

伝統と神仏。ほかのさまざまな場面で示される信長の行動から推し量って、この二つの要素が彼を効果的に拘束したとは、私には考えられない。

「天下」を創成しようとする人物が、身分にとらわれずに才能を抜擢する人物が、いまさら伝統に身を屈するだろうか。変化をこそ本領とする人物が、因習を重んじるだろうか。鎮護国家の総本山たる比叡山を焼き、一向宗の門徒をなで切りにする人物が、祭祀に拘泥するだろうか。答えは火を見るよりも明らかではないか。

無力だからこそ

松永久秀（一五一〇〜七七）という梟雄《きょうゆう》がいる。彼はよく知られるように、一三代将軍足利義輝を謀殺し、東大寺の大仏を焼いた。伝統的権威を踏みにじり、仏の教えに唾《つば》したのである。ところが信長は、臣従を求める久秀を平然と受け入れた。しかも情勢を見て反旗を翻した彼を、一度は許してさえいるのだ。久秀は結局もう一度信長を裏切って滅びるが、信長が彼のような人間を拒絶していなかったことは疑いがない。

私には、信長が天皇と朝廷を必要としていたとは想定できないし、尊重したとも思えない。では室町幕府を滅ぼした信長が、なぜ天皇家と朝廷の存続を認めたのか。

それは逆説的な言い方になるが、天皇家と朝廷が無力だったからに他なるまい。先述したように、信長は自己に刃向かうことをしない限りにおいて、むやみに他者を否定しない。天皇家と朝廷は少なくとも反信長行動をとらなかった。あるいは実行力をまったくもたなかったから、とることを企図することも不可能だった。だからこそ信長は利用できる部分は天皇を利用し、天皇家の位置づけを後回しにしたのだろう。彼が優先したのは天下統一事業の遂行であって、さしあたり天皇家の存在は障害にはならなかったのである。

天皇家のもっとも危険な時

信長の後継者である羽柴秀吉（一五三七〜九八）は、有力な同僚であった柴田《しばた》勝家《かついえ》（？〜一五八三）を打倒したのちに、信長の同盟者であった徳川家康（一五四二〜一六一六）と対峙《たいじ》した。

家康は独立した戦国大名として東海地方に抜きがたい勢力を築いており、一五八四（天正一二）年の小牧・長久手の局地戦において、秀吉は手痛い敗北を喫する。軍事的に家康を一蹴することは不可能である。徳川家を滅ぼすには自らも多大な犠牲を覚悟しなくてはならない。そう判断した秀吉は政治的に家康を懐柔することを目論んだ。

この時に彼が外交カードとして最大限に利用したのが天皇であり、朝廷という形骸化した官制体系であった。天皇を奉戴する者として自らを演出し、家康にも満足できる地位を用意する。それにより、家康との講和、続いてゆるやかな臣従を実現させたのである。

「豊臣」の姓を創出した秀吉は、豊臣家を摂政関白の職を独占する家柄、天皇家に次ぐ家柄と位置づけた。このことによって天皇家は廃絶の危機を乗り越えることになる。

それゆえに、もしも信長が自身の手で全国統一を成し遂げていたら。私はそのことを想像せずにいられない。信長には、秀吉にとっての家康の如き存在はいなかった。天皇の助力はまったく必要とされなかった。このとき信長は、自己を最終的にどのように位置づけようとしていたのだろうか。それに関連して天皇をどうしようとしていたのだろうか。いうまでもないが、彼は宣教師を通じてヨーロッパの歴史事情を耳にしていた。中国大陸や朝鮮半島の情報も当然蓄積されていた。そこでは皇室なり王室が終焉を迎える実例を、数多く見ることができた。しかも信長は神仏を信じず、祟りも恐れていなかった……。客観的に判断して、太平洋戦争での敗戦後とこの時が、天皇家のもっとも危険な時期であったように私には思えてならない。

豊臣秀吉
（東京大学史料編纂所所蔵肖像画模本）

侘び茶

信長は文化振興政策にもめざましい業績を残している。美術・建築の面でも信長の時代は画期となっているが、ここでとくに取り上げたいのは、侘《わ》び茶世界の確立である。

私たちは茶の湯というと、簡素なたたずまいを旨とする侘び茶を即座に思い浮かべるが、室町時代前期の武家による喫茶は、おそろしく派手なものであった。喫茶の場には色とりどりの多くの絵が掛けられ、趣向をこらした金銀の道具が置かれる。椅子には虎豹《こひょう》の皮が敷かれ、珍しい外国の果物が積まれる、という具合であった。部屋飾りは一言で言えば唐物荘厳の世界で、唐物は「からもの」と訓じてとくに中国大陸からの輸入品を指し、荘厳は「しょうごん」と読んで「かざり」の意味である。

現代の日本人は輸入された衣服・靴・鞄・時計・宝石などのいわゆるブランドものが大好きであるが、輸入品に魅力を感じるのは昔も同様であったらしい。鎌倉時代後期から唐物の愛好は熱を帯び、室町時代中期頃まではまさに唐物全盛であった。日明貿易を推進した室町将軍も膨大な唐物のコレクションを有していた。室町中期には、品々の鑑定や荘厳の方法を集成した『君台観左右帳記《くんたいかんそうちょうき》』なども著されている。

そうした中で、室町時代後期になると、唐物に対する和物、日本古来の美意識の再認識が行われるようになった。「幽玄」とか「わび・さび」の強調である。ただし、この点を誤解してはならないのであるが、唐物は評価も需要も依然として高い水準にあった。

各地の遺跡からは比較的安価な唐物が多く出土しており、唐物は一般の人々の生活にまで浸透していっている。和物が見直されたといっても、和物こそは唐物より素晴らしい、という強い調子のものではなかった。和物でも「面白く巧みそうらえば」唐物に勝ることもできるだろう、和物と唐物を融合させて、「和漢のさかい」を「まぎらかす」ことが肝要だ、と主張されたのである。

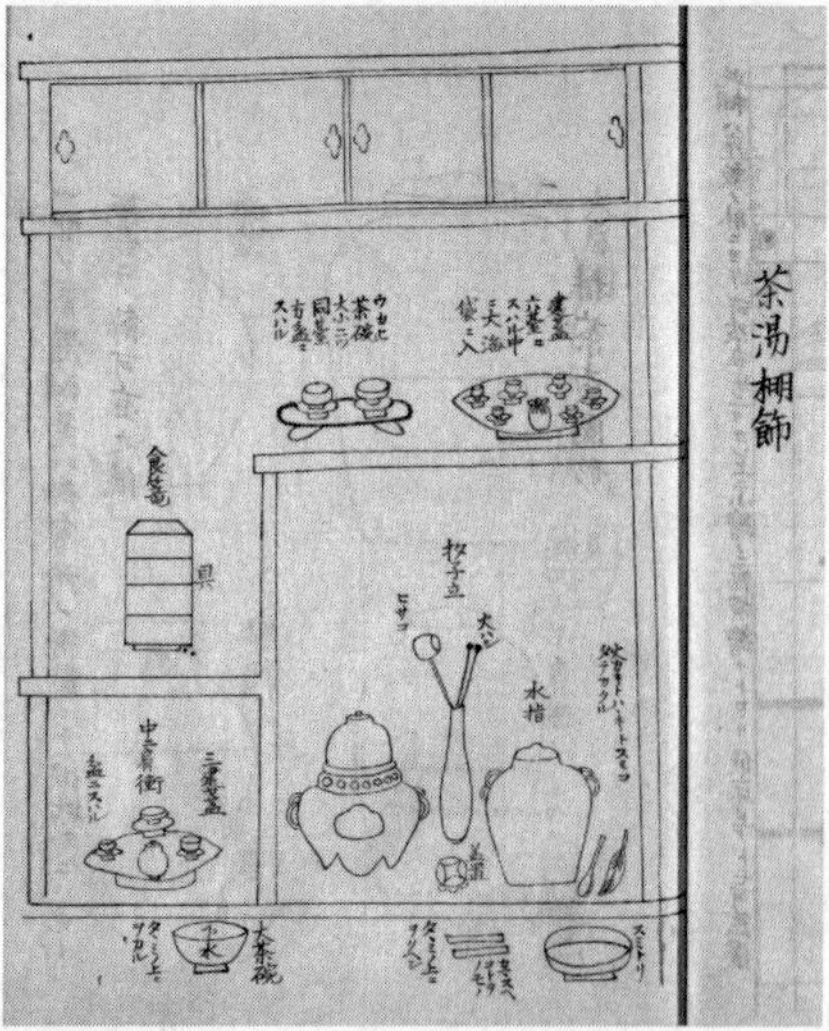

茶室の飾りつけの一例（『君台観左右帳記』国立国会図書館デジタルコレクション）

「和漢のさかい」は茶人村田珠光《むらたじゅこう》（一四二三～一五〇二）の言葉であるが、彼は連歌に発する「枯淡の美」を取り入れて、豪華絢爛《けんらん》な喫茶の世界ではなく、簡素な茶を提唱した。それが武野紹鷗《たけのじょうおう》（一五〇二～五五）や千利休《せんのりきゅう》（一五二二～九一）によって大成された侘び茶であった。

価値の創造

信長は千利休・津田宗及《つだそうぎゅう》・今井宗久《いまいそうきゅう》らを側近くおき、侘び茶に親しんだ。それによって侘び茶は急速に武将や知識人の間に広まり、喫茶の本流の座を占めた。ただし、信長は唐物収集の風をも受け継ぎ、名物道具を用いての侘び茶を行ったのである。

利休は名物道具がなくても精進を続けることこそ侘び茶の神髄だと説いており、信長のやり方は一見矛盾であるかのように見える。けれども簡素だ、質素だと強調する侘び茶の論理的指導者は、実はみな富裕な商人であった。当時の天文文化では、さかんに「身をやつす」ことが重んじられていた。

たとえば千金の馬（現在でいえば超高級車）を賤《しず》が苫屋《とまや》に繋いで悦に入ってみたり。豪壮な家に住みながらわざわざ四畳半の小部屋を作り、そこで隠遁者を気取ってみたり（「市中の山居」という）。キザというか、俗物性というか、少し視点を変えるとまことに鼻持ちならない気質を当時の文化はもっていたのであって、信長はそれと同様な傾き――後に利休と秀吉の衝突となって噴出したもの――を侘び茶の中に鋭く見て取り、あえて逆手に取ったのかもしれない。買いかぶりすぎかな。

ともかくも、信長の文化への親近は、名物道具の価値のインフレーションをもたらした。上級武将たちはあらそって名物道具を収集した。合戦で命を的に力戦したあげく、褒美には城ではなくて名物の茶碗が欲しいと、およそ封建制を否定するような言辞を弄する武将まで現れた。名物はかつての官位のような恩賞となったのであり、信長の文化は現実的な経済に通じていた。

大事なことは次のことである。すなわち、信長はこのように価値を創造できる人物であったのだ。そのことを確認すると、再び朝廷の問題を想起せざるを得ない。

従来、教養のない武士たちは人間関係における「価値を定める」ことがどうしても苦手であった。自他の位置関係を定めること、と言い直してもよい。AとBではAの方が偉い、でもどれだけ偉いのか。Aとは交流があるもののBとは面識もないCがここに加わるとどうなるか。BとCの序列はどう決めるのか。困り果てた武士たちは、朝廷がもっていた官位・官職に飛びついたのである。鎌倉幕府も室町幕府も。

ところが、信長はおそらくそのようなものを利用はしただろうが、本質的には必要としなかった。どうしても必要であれば、自分で創出することが彼にはできたから。文化を現実の価値として使いこなす様を見ていると、そう思えてならぬのだ。だからこそ、くどいようだが私は考えてしまう。全国統一が終了し、自分の位置づけを内外に表明せざるを得なかったときに、信長は天皇や朝廷をどう変えたのだろうか、と。彼はもしかしたら、抜本的な変革に着手したかもしれない、と。

信長の最期

信長は伝統や因習を否定し、社会の上層に君臨する者の存在意義を絶えず問い直した。その試みは論理的には、主君としての信長自身の絶対性に懐疑的であることを、家臣たちに暗に教唆《きょうさ》することに通じていく。信長の絶対性は観念や倫理や道徳ではなく、反逆者を踏みつぶす強大な軍事力によって担保されるべきものであった。この意味で、本能寺の変における信長は、不用意にすぎた。

なぜ明智光秀（一五二八？～八二）は本能寺に信長を襲撃したのか。

この、昔から何度も繰り返される疑問に答えるのは、これまでの推論をふまえるならば、むしろ容易《たやす》いとすらいえる。信長は才幹を重んじる人であり、光秀は才幹ゆえに抜擢された代表者であった。

実力と才能が他に抜きん出ているからこそ信長は天下人であるのであって、信長との主従の関係は超常的な要素によって規定されているのではない。ならば千載一遇の機会が到来したなら、光秀が躊躇《ちゅうちょ》する必要などまったくもってなかったのである。信長を確実に葬れるのか、彼に代わって天下人になりおおせるのか。問題は善悪などではなく、一にきわめて現実的な可否にかかっていた。

信長の跡を継ぐべき信忠《のぶただ》（一五五七〜八二）は二条城にいて同時に倒せる。羽柴秀吉は毛利氏と、柴田勝家は上杉氏と、滝川一益は北条氏と。有力な同僚武将は各地で敵対勢力との戦闘に従事しており、多くの軍勢を率いては帰ってこられまい。丹羽《にわ》長秀《ながひで》は多くの兵を率いていない。徳川家康はわずかな供のみを連れて堺に遊んでいる。今ならば自分は生産性の高い畿内を掌握し、天下人になり得る。光秀はそう判断したから信長を襲ったのである。

ただし秀吉の反応は常人の想像を超えていて、光秀の判断は結果的に、たまたま、誤っていた。

明智光秀
（東京大学史料編纂所所蔵肖像画模本）

それだけのことである。そして、反逆者が他ならぬ光秀であると知った信長の応答は、紛《まご》う方なくただ一言「是非もなし」、仕方がないな、であった。

時代の風を超越し得た人物、それは日本史においては、信長をもって最右翼とする。私はそう考える。しかし、その善悪は、日本史学だけでは容易には量れない。

おわりに——ネタばらし的な言い訳として

中世史の主役、二つの要素、王権の所在

私は中世史の主役は、何といっても武士であろうと思っている。私もその中の一人であるところの一般民衆を私は大好きだが、彼らはいまだ自らの意志を効率よく表明する手段を有していない。もっとも室町時代の中ごろともなると人々は格段に饒舌《じょうぜつ》になるのだが、中世を通じて見たときは、やはり武士に軍配が上がると思う。貴族は偉そうで嫌いだが、とくに鎌倉時代は彼らの勢力は武士と拮抗《きっこう》するものであり、重要性を再認識すべきである。ただ、室町時代から戦国時代への流れを考えると、中世史は朝廷と貴族が没落していく過程と捉えざるを得ない。

草深い在地から身を興した武士は、武力を核として集結し、自らの意志を表明するようになる。まさに、吉田松陰《しょういん》の説く「草莽崛起《そうもうくっき》」である。やがて彼らは朝廷・貴族と交渉（ある時は学び、ある時は争い）し、民衆を統治する術《すべ》を身につけ、統治者としての道を歩むことになるのだ。この意味で私は、武士の権力の府である幕府と、武士を統轄する将軍の動向とを説明するにあたり、「武士の利害を代弁すること」と「統

治者として振る舞うこと」の二つの要素に注視することが必要であると考えていて、目下学界に提案しているところである（研究者の支持を得られるかどうかは、学説の純粋な説得力の他にも、思いもかけぬようないろいろな、もう本当にいろいろな要素が作用するから、定かではありませんが）。

中世政治史を読み解く視座をもう一つだけ付け加えると、「王権の所在」、東か西か、ということに留意したい。この場合の王とは、統治を行う者のことである。東の鎌倉幕府、西の朝廷。あるいは西の室町幕府、各地域に誕生する戦国大名。

先の二つの要素と、王権の所在と。言葉を換えるなら、統治のありようと、地理的状況と。これに注目していけば、中世政治史の理解はバッチリだぜ（ノリが如何せん、おやぢだな）。そう私は考えている。

武士の登場と進化

鎌倉時代前半の伊勢国に、藤原実重《さねしげ》という武士がいた。平家の侍大将として名高い悪七兵衛景清《あくしちびょうえかげきよ》の一族ではと推測できる彼は、朝廷との関係を有し、筑後守の官職を与えられている。おそらく御家人ではなく、そのために活躍が後に伝わらなかったのだろうが、当時としては間違いなくトップクラスの武士である。

彼は丹念に日記を書き継いでいた。それがたまたま今に伝えられている。ほう、どんなものだろうと覗いてみると……、これがひどいシロモノなのだ。使用する字は仮名ばかり。希《まれ》に使われる漢字は「米」とか「大」とか「田」。あんたは小学生か。いや、小学生の方がもう少しうまい表現を工夫するだろ、という程度である。京都の文物にも接触していたのだろうに……。

こうした史実を踏まえてみると、源頼朝が鎌倉に幕府を開いた時点で、「ようし、貴族さまに取って代わって、俺たちが天下を経営してやろう」と武士たちが気勢を上げていたなどとは、私にはとても想像できないのだ。たしかに有力な武士たちは、自らの権益を保持するために、各国の国衙《こくが》に参入し、それなりの官職に任じ、地方自治に携わっていた。皇室や貴族に臣従し、京都の文化に親しんでもいた。彼らが体得していたノウハウを軽視すべきではないけれども、それでも武士の大多数は体系的な教育の機会を得られず、国家を統治する意図も技能ももたなかったと思われる。それゆえに頼朝は京都から有能な下級官人を呼び寄せ、彼らを支えとして将軍独裁を現出し、幕政の基礎を構築していったのだ。

武士が在地の出身であり、当時の庶民との繋がりが深いとすると、ここに鎌倉新仏教の姿を投影することが可能になる。仏教の教理を深く学ぶことができず、寺院や仏像を造る経済的余裕などとてももち得ない。日々の暮らしに追われ、統治者の怠惰の弊害を真っ先に被る名もなき人々。鎮護国家を唱え、上層の人々のみに目を向けていた仏教が救うべきは、実は彼らなのではないか。そうした問題意識を強くもったのが、顕密仏教の総本山たる比叡山を下りた法然であった。彼が唱えた「平易な教え」は、やがて多くの民衆の心を捉えていく。

幕府という権力に結集し、自らの利害を朝廷・貴族・大社寺に主張していくうちに、武士たちは彼らから影響を受け、権勢の有りようを学び、文化を吸収する。決定的な契機は承久の乱だったろう。「朝敵」となりながらも後鳥羽上皇の皇軍を撃破した幕府は、好むと好まざるとにかかわらず、朝廷と統治を分掌する存在となった。幕府がそうした働きをすることを、朝廷や大社寺の側が求めたのである。

幕府は「公平性」をもって、その要請に応えた。御成敗式目を制定し、法源を高く掲げ、是は是、非は非であると公平かつ合理的な裁定を下していったのである。この時、非があれば御家人であっても、法の下に公平に、権利の行使をとどめられた。武士の利害を代弁するために生まれた幕府は、いまや統治の実現のため、自らを否定することをも辞さぬ、高度な権力に成長しつつあった。

鎌倉幕府の滅亡

九条道家の主導のもとに、朝廷は徳政を推進し、承久の乱の敗北から立ち直ろうとした。ただ、道家の権勢はあまりに巨大になりすぎたために幕府に警戒され、攻撃を受け、新たな朝政の担い手として後嵯峨上皇が登場する。京都で上皇が徳政を展開していく一方で、鎌倉では北条重時に補佐された北条時頼が撫民《ぶみん》を標榜し、統治を推進していく。

重時・時頼の政治路線は確実な方法論となって、安達泰盛へと受け継がれていった。泰盛は北条時宗の舅、北条貞時の祖父（泰盛の養女、実は妹が時宗の妻となり、貞時を産む）として、モンゴルの襲来にさらされた幕府の進路を模索していく。ところが、このころ、経済的な困窮（銭の普及に伴う貨幣経済の進展に対応できなかったのが第一の要因。モンゴル襲来の影響も見逃せない）にあえぐ御家人たちからは、幕府はもっと我ら武士の切実な求めに耳を傾けてほしい、との要望が出されていく。彼らの声をまとめ上げ、泰盛の政敵となったのが平頼綱という人物であり、彼はついに兵を動かし、泰盛を打倒するに至る。統治を重んじる側の武士たちは、あるいは泰盛と共に討たれ、あるいは失脚した。霜月騒動と呼ばれる大規模な内乱である。

この乱の後、幕府は統治への情熱を失い、迷走を続けることになる。その端的な表れが徳政令の発布で、御家人は質入れした土地を無償で取り戻せる、というもの。借りた金は返さない。質入れした土地はタダで返せ。こんな法令を出されては、御家人は大助かりだが、金を貸した側はたまったものではない。まさに御家人のことだけしか考えていない法であり、かつて大事にされていた公平性などはどこかに吹き飛んでしまっている。

武士とはいえ、御家人の列に加えられず、幕府の保護を受けられぬ者たちがいた。彼らも次第に不満を募らせ、各地で暴力的な行動を示すようになっていった。これが「悪党」と呼ばれる存在である。悪党の蠢動《しゅんどう》が全国に拡大していくのを見て取った後醍醐天皇は、好機の到来と解釈し、倒幕を呼びかけた。けれども直ちに立ち上がる者はなく、天皇はいったん捕縛され、隠岐島に流される。天皇の皇子である護良親王はゲリラ戦を展開し、悪党の楠木正成・赤松円心らと共に反幕勢力の掘り起こしに努めた。親王の活動が畿内を中心に功を奏し始めるうちに、隠岐島を脱出した天皇への合力を、有力御家人である足利高氏（のち尊氏）が表明する。このことが歴史の流れの転機となった。御家人たちは雪崩を打って高氏の行動に従い、北条氏の政権は崩壊する。

室町幕府の選択

足利尊氏と直義の兄弟は、将軍権力を二分割し、尊氏が主従制的支配権を、直義が統治権的支配権を掌握したというのが定説である。これを私なりに読み替えると、武士の利害を代表し、武士の利益の進捗に努めたのが尊氏であり、統治の実現をつかさどったのが直義であるということになる。鎌倉幕府末期の政権運営を否定して樹立されたのが足利氏政権であったから、そこでは統治への努力が復活されたのであった。だが、霜月騒動が起きたように、「武士の利害」と「公平な統治」とは再び衝突し、それが全国を二分しての観応《かんのう》の擾乱《じょうらん》となった。

乱の結果として直義は滅んだが、それは霜月騒動の時のような、統治行為の廃絶を意味するものではなかった。武士たちはかつての失敗に学び、過ちを繰り返さなかったのである。「武士の利益の代弁者」と「統治する者」の二つの要素は、二代将軍足利義詮《よしあきら》のもとに併置された。軌を一にして、前者の補佐役としての「執事」と後者の先頭に立つ「引付頭人」の権能を兼ねる「管領《かんれい》」職が新設され、将軍権力の代行者として幕政をつかさどった。

しかしながら、やはり二つの要素は、容易には融合しなかった。武士の利益を追求しようとすれば、ややもすれば公平な統治を損なったし、伝統的勢力に配慮すると、武士の要求にうまく応えられなかったのである。

この難題に、王権の所在の観点から、管領細川頼之が一定の解決策を見出した。それはまったく発想の転換の産物というべきものであった。頼之はややもすると相反する二つの要素を満足させるため、きめ細やかな施政の実現に努めた。そして、その実効性を高めるために、幕府の勢力圏を思い切って西国（現在の中部・畿内・中国・四国）に限定し、関東以東と大宰府から南の九州とを切り離したのである。

あとで家庭内争議のもとになると困るので明記しておきますが、この細川頼之の「室町幕府＝西国ブロック政権論」（とでも呼んでおきます）の発想のオリジナリティは本郷恵子氏に帰属する。私は氏からこの考えを聞かされて、深く納得したのだった。

切り離された地域への畿内の優位性、ここで天皇の存在が重要になってくる。京都には他の地域にはいない天皇がいる。幕府は天皇を奉じて、「外交」を展開する。その対象はある時は日本国内の他のブロックであり、ある時は中国大陸の明や朝鮮半島の李氏朝鮮であった。また実際の外交官として働いたのは、幕府が庇護を与え育てた新しい宗教、禅宗の僧侶たちであった。

地域統治に飽きたらず、日本全国に室町幕府の勢力を拡大しようとした将軍もいた。それが六代将軍の足利義教で、彼の政治顧問が三宝院満済であった。だが、地方自立の動きは加速し、一人の将軍の努力で止められるものではなくなっていた。義教は結局のところ非業の最期を遂げることとなり、その後の応仁の乱の勃発を通じて、足利将軍家の勢威は地に墜《お》ちた。幕政を担っていた守護大名たちは、もはや幕府に期待することなく、自分の領国に帰っていった。そしてこのとき、将軍権力に保護されてきた天皇の権威も、すべての意味を失ったのだ。その長い歴史に終止符が打たれたのである。

分権と統一と

実力を頼りに自立する戦国大名が各地に生まれようとしていた。それはそれぞれが、地域を統治する「小さな王」であった。文化の先進地域である畿内にも、そうした存在があった。足利将軍家を傀儡《かいらい》として利用した細川政元の政権がそれである。けれども、実力を根拠として強権を確立しようとする者は、自らもまた実力によって打倒される。政元は有力家臣の主導権争いに巻き込まれ、落命する。

戦国大名は、おおむね地域の王であることに手一杯であった。天下争覇などとは、かっこいいけれども、小説やゲームの中だけでの話なのだ。己の統治を全国に拡大しようなどとは、彼らはまったく望んでいなかった。それでも、やがてその中から、天下統一の機運が生まれてくる。

きっかけは、宗教勢力であろう。法然に淵源を有する「平易な教え」は、広く民衆に受容され、各地で武士勢力に抵抗を示し、さらには支配を拒絶するようになっていった。国や地域を越えて結びつく彼らに対抗するためには、武士も統一政権を指向しなくてはならない。その先頭に立ったのが織田信長であり、彼は中世に終止符を打つべく戦い続けた。

信長の路線を継承した豊臣秀吉・徳川家康により、日本で初めての統一政権が誕生した。「士・農・工・商」の秩序が定められ、武士は日本全国を均一に統治する存在となった。さまざまな桎梏《しっこく》はあるものの、とりあえずは「平和な日本」、人を殺す自由もない代わりに、人に殺されることもない日本が現出したのである。

人物史のタネあかし

こうまとめてみると、「なあんだ、人物史を掲げながら、結局は政治史じゃないか」と言われるかもしれない。そうなのだ（いや、開き直りではなくて）。何人かの人物を取り上げて一冊の本にまとめる、という企画を立てたとき、私は個々の人物を描きながら、政治の一連の流れを浮き彫りにしたかったのだ。人物をあくまでも客観的に見ながら、さらに欲張って何かを語れれば。その「何か」が、私にとっては中世の政治史だった。

政治史、という選択は人物史の可能性の一つにすぎない。本書「はじめに」で記した「三つの視点」を忘れずに、客観的で慎重なアプローチを積み重ねていけば、何だって語ることができそうである。

藤原定家、吉田兼好、世阿弥に村田珠光……うん、文化も魅力的だ。生き生きと女性を描くと、女性の読者も獲得できるのではないか。子ども、も面白いかもしれない。もちろん一人の人間に沈潜し、その時代をまるごと復元するのも興味深い。ともかく、人間は面白い。今回の作業を通じて、そのことは確実に再認識できた。そこで、調子に乗った私は声を大にして呼びかける。

さあ、もっと人物を語ろう。

あとがき

「ぬかみそサービス」ということを手塚治虫先生が言っていた。マンガを週刊誌に連載する。読者の反応がリアルタイムで報告される。先生が「これこそを描きたい」と力を込める箇所にさしかかると、どうしてもプロットが複雑になり、ストーリーが難解になる。読者がついてこられず、人気が落ちる。

このとき先生はどうするか。本筋には関係ないところで、主人公に野球をやらせたり、柔道をやらせたりするのだそうだ（今ならサッカーとかバスケかな）。必然性などまったくない。けれども、そうすると、人気がみるみる回復する。先生はこれを「ぬかみそサービス」と命名した。

名前はずいぶんだが、その捉え方に私は感銘を受けた。「ぬかみそサービス」を軽んじてはいけない。先生はそう力説される。不勉強で理解の足りない読者への迎合だ、と尊大に構えたら、マンガ家はそこで終わりである。人々に受け入れられて初めて、芸術は芸術たり得るし（モーツァルトが例示されていたと思う）、エンターテインメントも存立し得る。読者あってこそのマンガであって、読者との対話を通じて、マンガ家もマンガ自体も成長していく。独りよがりなマンガは意味を持たない。

中学・高校時代から大変お世話になっている先輩に茅根《かやね》さんという方がいる。いまは東大の理系の研究所で教授として活躍されているその方と、大学院に進学したばかりの頃に赤門の前でばったり会った。「やあ本郷、修士に進んだんだよな。どんな卒論を書いたんだ?」「はい。中世の高野山のですね、えーと……」。いやあ、茅根さんは畑違いだから、説明しても分からないんじゃないかな」。そのときの茅根さんの言葉は忘れられない。

「あのな、本郷。それじゃダメなんだ。専門が違おうが、文系だろうが理系だろうが、クリアーな議論はできるんだ。誰でも参加できるクリアーな議論にならないようじゃあ、良い論文とはいえないんだ」

私はいま、情報学環というところに在籍している。「情報」をキーワードとして選りすぐりの研究者(イクセプト私)を集めたこの職場は、なにしろ清新の気が漲《みなぎ》っていて、潑剌《はつらつ》としている。同僚の先生方は、みな頭が抜群に切れて、それぞれのやり方で「いま」を考察している。

私がいままで所属していた、また数年後に帰れる予定の史料編纂所はまことに愛すべき研究機関で、百年一日の如く、日本の歴史の編纂に従事している。私が現在も担当させていただいている『大日本史料』第五編（承久の乱から鎌倉幕府滅亡までをカバーする）などは、完成まで八〇〇年を要する、という気の長い仕事である。だが、これも、過去を丹念に解き明かしながら、「いま」を見据える試みなのである。

研究者は時として独りよがりになる。「いま」と本気になって格闘する際に、これほど有害なことはない。本書は統治を扱ったが、民衆の声に耳を傾けない統治は、啓蒙的であることよりも（そのこと自体も、現在では批判の対象になっているが）、暴政になることの方がはるかに多い。それと同様で、自分だけの言葉を立てて自分だけの世界を作り、そこに籠もることは、まあ無益であることの方が多いだろう。

分かりやすい言葉で、分かりやすい論理で――君は頭が良くないのでそうするしかないのだ、と友人には言われるのだが――ともかくも問いかけを続けていきたい。それが歴史研究者の端くれである私の責務であり、権利であり、楽しみでもあると考える今日この頃である。

昨年のいまごろ、『新・中世王権論』（新人物往来社）を書き、意欲作をモノにしたつもりの私は、一番の身内の研究会でぼこぼこに、叩かれた。それはきわめて理不尽なもので、今でもあの会合を思い出すと、屈辱でふるえが来るほどである。そんなときに本の内容に一定の評価を与え、新しい本の執筆を打診してくださったのが山崎比呂志さんだった。山崎さん、本当にありがとうございました。感謝の言葉もありません。理解してくださる方がいる。あのときぼくは嬉しくて、ホントは泣いてたんですよ（笑）。

熱心な読者になってくれて、本作りをしてくださったのは井上威朗さんである。井上さんの的確な整理のおかげで、駄文に「かたち」ができました。ありがとうございました。

本書に目を通してくださったみな様、ありがとうございました。ご感想、ご意見、ご叱声、どうぞお聞かせください。お待ち申し上げております。

二〇〇六年三月末日

本郷和人

文庫版あとがき

ぼくは史料編纂所が「象牙の塔」になってはいけないと考えています。学問というのは社会で共有されてこそ、生活に浸透してこそ意味がある。歴史資料の編纂というのは地道で、かつ難解な作業です。といって研究者による研究者のためだけの史料編纂というのは、決して学究的・良心的と評価すべきではなく、独善的でしかないと思っています。要するに、素人はすっこんでろ、相手にしないよ、ということになりますからね。古文書や古い日記（古記録といいます）の読解と分析を通じて得た知見を、分かりやすく、社会に発信するべきではないか。

そうした信念に基づいて、ぼくはある大手の出版社と組んで「歴史講座」を実施しようと企画しました。出版社の会議室に聴衆を集め、一シリーズ全一〇回の講話を行う。もちろん講師は史料編纂所の所員が務め、研究の最先端、ホットな話をする。質疑応答の時間もたっぷりとって「双方向性」（少し古いですね）にも気を配る。話の内容はそのまま文章にして、書籍としてまとめる。なかなか良いアイデアでしょう？

ぼくは準備に二年ほどかけて、少しずつ所内の合意を取り付けていきました。出版社の担当編集者と相談して第一弾の統一テーマとして掲げたタイトルが「歴史を変えた人物」。古代から幕末まで、男女、聖俗、貴族・武士を取り混ぜてバランスよく一〇人を選び出し、その人についてもっとも適任と思われる所員が、最新の研究成果をもとに縦横に語る。しつこく言うけれど、良い企画でしょう? それに所員のみんなにとって、さほどの負担になることもない。何の問題もない、と思っていたのです。けれど結局は最後の最後、教授会でつぶされてしまった。

文科省は研究成果の社会還元に高いポイントを付ける。その出版社は東大と同じく文京区に所在するので、「地域への貢献ポイント」も稼げる。「私たちはこんな仕事もしています」と胸を張れるはずなのに、何がいけなかったのか。いまだによく分かりません。研究者はうかつに社会に働きかけるべきではない、と考える人は少なからずいたみたいです。仕事が増える(といったって、たいした仕事量ではないはずですが)のを嫌った人もいたみたい。でもぼくが一番ショックだったのは「一人の人間が歴史を変えるなんて、勘弁してくれ」との罵《のの》りを受けたことでした。

人間一人では歴史は変えられない。たしかにそうなのです。でも、時代の要請が、一人の人格に集約されて現れる、ということはある。たとえば西郷隆盛と勝海舟による「江戸城無血開城」の一コマ。実は西郷は、大久保利通への手紙で実証できるのですが、ぎりぎりまで「徳川慶喜の断罪」にこだわっていました。主人が腹を切らされるとなれば、旗本・御家人はいやでも江戸城に立て籠もらざるを得ない。そうなると百万都市江戸は火の海になったかもしれない。それを何とか回避した。西郷の判断を変えさせた。それは勝だからできたことではないか。

もちろん、多くの人命を救うことになったであろう二人の決断をもちあげて、彼らをヒーローに仕立てようとするつもりはさらさらありません。そうではなくて、当時の社会思想と政治動向、あるいは海外列強の情勢の中に二人を置き、どうしてそうした判断がなされたのかを客観的に分析していく。そこに歴史事象が見えてくるのではないでしょうか。

とまあ、これは負け犬の遠吠えです。まあ、いいや。今のご時世、文系の学問への風当たりはすごく厳しい。どんどん人もカネも削られている。文学、哲学、歴史学。このあたりは三〇年先、国立大学で生き残っているかどうか怪しいものです。「象牙の塔」を気取ってお取りつぶしになったって、知らねーからな。おっとっと。つい本心が漏れ出てしまいましたが、なるべくなら、そんな事態を生きてるうちに見たくはありません。

本書は駆け出し時分のぼくが、無我夢中で書いたものです。当時からぼくは、人に興味があったようですね。時代の特徴を人物に帰納して捉える。それがうまくいったら、今度は彼の行動から演繹し、社会事象の新たな解釈に挑む。かかる基本はこの時も「できている」ように感じます。あ、えらそうにすいません。

この本を再発見してくださった朝日文庫の編集部には感謝をいたします。よくぞ見つけてくださいました。また丁寧に丁寧に、この至らない文章を読み込み、ブラッシュアップしてくださったのは山田智子さんです。心からお礼を申し上げます。おかげで、昔のぼくに会うことができました。ありがとうございました。

学者バカじゃだめだ、多くの人に読んでもらえなくては。当時はその考えに凝り固まっていたために文章も軽く軽くと書いたつもりが、軽妙ではなく下品で醜悪になってしまいました。本当に恥ずかしい次第です。今回はあまりにひどいものは手直ししています。ですので安心してご一読ください。ご感想をお待ち申し上げます。

二〇一九年八月

本郷和人

日本《にほん》中世《ちゅうせい》史《し》の核心《かくしん》
頼朝《よりとも》、尊氏《たかうじ》、そして信長《のぶなが》へ

朝日文庫

2019年9月30日　第1刷発行

著　者　本《ほん》郷《ごう》和《かず》人《と》

発行者　三宮博信
発行所　朝日新聞出版
〒104-8011　東京都中央区築地5-3-2
電話　03-5541-8832（編集）
03-5540-7793（販売）
印刷製本　大日本印刷株式会社

ISBN978-4-02-261987-7

網野 善彦
中世的世界とは何だろうか
日本は「孤立した島国」ではなかった！ 源平の時代から後醍醐まで広く深く日本の歴史をとらえなおす、若い読者におくる網野史学への招待。

永井 義男
図説 吉原事典
最新の文化やファッションの発信地でもあった江戸最大の遊興場所・吉原の表と裏を、浮世絵と図版満載で解説。時代小説・吉原ファン必携の書。

野火 迅
使ってみたい 武士の日本語
「大儀である」「ぜひもない」など武士ならではの言葉二〇七語を、池波正太郎、藤沢周平らの時代小説や、井原西鶴の浮世草子から厳選して紹介。

原 武史
大正天皇
《毎日出版文化賞受賞作》
これまで風説に埋もれていた大正天皇の素顔を明らかにし、明治と昭和を含めた近代天皇制全体の見取り図を描き出した傑作評伝。

大貫 健一郎／渡辺 考
特攻隊振武寮
帰還兵は地獄を見た
太平洋戦争末期、特攻帰還者を幽閉した施設、「振武寮」。元特攻隊員がその知られざる内幕を語る驚愕のノンフィクション。《解説・鴻上尚史》

青木 理
安倍三代
安倍首相の、父方の系譜をたどるルポルタージュ。没後なお、地元で深く敬愛される祖父と父。丹念な周辺取材から浮かび上がる三代目の人間像とは。